AF451231

50 AÑOS DE HISTORIA DE LA FACULTAD DE DERECHO UNIVERSIDAD PANAMERICANA

1

50 AÑOS DE HISTORIA DE LA FACULTAD DE DERECHO UNIVERSIDAD PANAMERICANA

1

CONTRIBUCIONES INTERDISCIPLINARES
DESDE LA HISTORIA DEL DERECHO
Y LAS IDEAS POLÍTICAS

Manuel Andreu Gálvez

Coordinador

Primera edición, 2022.

50 AÑOS DE HISTORIA DE LA FACULTAD DE DERECHO
UNIVERSIDAD PANAMERICANA
Volumen I

CONTRIBUCIONES INTERDISCIPLINARES DESDE LA HISTORIA
DEL DERECHO Y LAS IDEAS POLÍTICAS
Manuel Andreu Gálvez (Coordinador)

Directores de la colección: José María Soberanes Díez y Manuel Andreu Gálvez

Diseño de portada: Rosario Ivonne Lara Alba
Imagen de portada: Universidad Panamericana
Cuidado editorial: Santi Ediciones

ISBN: 978-607-8826-16-2

Universidad Panamericana, Campus México
Jerez 10, Insurgentes Mixcoac, Benito Juárez,
Ciudad de México, México, C.P. 03920
Conmutador: +52 55 5482 1600
www.up.edu.mx
Impreso en México / *Printed in Mexico*.

*Los directores y coautores de esta obra
agradecemos y reconocemos a todos los decanos
que han dirigido la Facultad de Derecho,
de la Universidad Panamericana,
Campus Ciudad de México,
en estos 50 años de historia:*

*Mtro. Juan G. Soto Cerbón,
Dr. Roberto Ibáñez Mariel,
Mtro. Miguel Ángel Ochoa Sánchez,
Dr. José Antonio Lozano Díez,
Mtro. Héctor Salazar Andreu,
Mtro. Félix Todd Piñero[†] (e. p. d.),
y Dr. Fernando Batista Jiménez.*

ÍNDICE

~

PRESENTACIÓN
DE LA COLECCIÓN

En el año 2020 la Facultad de Derecho de la Universidad Panamericana cumplió 50 años de actividad ininterrumpida formando abogados y, en esa medida, participando activamente en la historia reciente de la cultura jurídica en México. Con ocasión de este aniversario, por iniciativa de varios profesores y el apoyo de las autoridades, se han preparado una serie de libros mediante los cuales manifestamos el jubileo por las cinco décadas de labor y servicio, a través de la forma que nos es más próxima y familiar: compartiendo el pensamiento, la reflexión y la experiencia acerca de la práctica jurídica en clave académica. Celebro la publicación de los mismos, y agradezco el entusiasmo y disposición de todos los implicados en esta iniciativa que ahora ve la luz.

Para cualquier institución celebrar un aniversario es siempre motivo de alegría y agradecimiento. Un aniversario de plata añade a lo anterior la ratificación del compromiso por cumplir la finalidad de hacer de nuestra Facultad de Derecho un espacio de excelencia académica. Se trata del propósito que animó a esos primeros profesores y alumnos del Instituto Panamericano de Humanidades que iniciaron sus labores el 25 de septiembre de 1970, y en el cual, generación tras generación, década tras década, han perseverado fielmente quienes hemos integrado e integran a su comunidad académica.

A los lectores de los libros que componen la colección del L Aniversario de la Facultad de Derecho auguro abundantes frutos intelectuales; cada uno de los capítulos incluidos en ellos son el resultado de una reflexión seria sobre cuestiones de interés en cada materia, que mueve a su vez al pensamiento bien sea para comprender mejor las cuestiones tratadas, bien para iniciar una nueva serie de inquietudes y preguntas que nos impulsen y ayuden a profundizar en el conocimiento de la rica y compleja realidad del Derecho.

Finalmente, aprovecho la ocasión para manifestar mi agradecimiento a los profesores que han coordinado cada uno de los libros con los que celebramos este aniversario, así como a los autores de sus capítulos: tanto profesores de nuestro claustro, como invitados. Gracias por sumarse a la celebración del L Aniversario, pero sobre todo gracias por sus invaluables aportaciones al robustecimiento de nuestra comunidad académica tanto en el aula como fuera de ella.

Dr. Fernando Batista Jiménez
Director de la Facultad de Derecho
Universidad Panamericana,
Mixcoac, agosto 2022

∾

INTRODUCCIÓN

Con motivo del reciente medio siglo de historia que acaba de cumplir la Facultad de Derecho de la Universidad Panamericana, se ha articulado esta obra interdisciplinar, de corte histórico, que reúne las aportaciones de quince autores destacados que han tenido cierta implicación con nuestra institución en mayor o menor medida. Ya sean profesores de licenciatura, coautores que participaron en obras colectivas internacionales con esta institución –bajo nuestra coordinación– o profesores de posgrado, se ha elaborado este libro con una serie de contribuciones que se adscriben al ámbito de la historia, la historia del derecho y la historia de las ideas políticas.

Bajo una división tripartita, un primer apartado trata sobre la enseñanza del derecho y el saber jurídico. En él se podrán examinar tres artículos que tienen que ver con: la enseñanza del saber jurídico en nuestros días –de la profesora Mónica del Carmen Meza Mejía–, la enseñanza del derecho en la universidad medieval y la formación de los juristas en tiempos de la Cristiandad –de la profesora Mariana Durán Márquez–, y "sobre los orígenes de la cátedra de Derecho Penal en la Universidad de Zaragoza" –un trabajo que narra la realidad de esta universidad española desde el ensamblaje del modelo napoleónico/liberal universitario, del profesor Juan Francisco Baltar Rodríguez–.

En un segundo apartado se han reunido cinco capítulos que conforman el epígrafe sobre miscelánea de historia e historia del derecho. Siguiendo un criterio cronológico-temporal, se inicia con el escrito de la profesora María Emilia Montejano Hilton, sobre la regulación en las conductas de la mujer en tiempos de la antigüedad. Dando un salto espacio/temporal, el escrito de Manuel Andreu Gálvez presenta el estudio sobre la figura del síndico en Nueva España –una sección ambientada en la inclusión de este órgano local en estos territorios ultramarinos de la Monarquía hispánica/católica del siglo XVIII–, que es seguido por tres capítulos ambientados en la historia e historia del derecho mexicano –los miembros del consejo de gobierno de la Primera República Centralista, del profesor Fernando Méndez Sánchez, "el mundo en tiempos de las

Leyes de Reforma", de los profesores José Luis Soberanes Fernández y Carmen José Alejos Grau, y "sobre la procedencia de textos hebraicos en el acervo de la Biblioteca Palafoxiana, del profesor Juan Pablo Salazar Andreu–.

Finalmente, la obra aporta un apartado dedicado a la historia de las ideas y la filosofía política en tiempos de la modernidad. En este mismo sentido histórico, se inicia la sección con una comparación entre los presupuestos políticos en tiempos clásicos y la pedagogía política contemporánea –obra del profesor Héctor Ghiretti–. En segundo lugar, la profesora Patricia Rizo Morales trata la situación histórica de la Italia renacentista en tiempos de Maquiavelo, así como los aspectos clave del pensador italiano. Ya en el siglo XVIII, el profesor Juan Fernando Segovia nos adentra en los aspectos del contractualismo y constitucionalismo desde el pensamiento kantiano.

Los dos últimos capítulos de esta tercera sección los escriben los profesores Miguel Ayuso Torres y Juan Francisco Montalvo Cantú, para expresar el pensamiento de la obra de Thomas Molnar y la naturaleza del poder en nuestros días.

Para terminar, el epílogo de este volumen ha corrido a cargo del profesor Mauro González Luna, plasmando un pensamiento crítico ante los abusos de este Occidente desnortado en temas tan importantes como la vida.

Con mis mejores deseos de que esta tradición se mantenga, dedicamos este libro a todos los que formaron, forman y formarán parte de nuestra familia, y también, para que las futuras generaciones guarden el recuerdo de nuestra esencia; pues como diría el escritor Juan Manuel de Prada, la tradición es eso, una larga cadena viviente de relevos en la que cada generación absorbe el acervo moral y cultural que la precede, y lo entrega a la generación siguiente, enriqueciendo a su vez cada generación el legado recibido mediante aportaciones propias.

Estas breves notas introductorias deben estar acompañadas de nuestro sentido homenaje a la figura de nuestro querido decano Félix Todd Piñero, quien estuvo muy interesado en que este proyecto se llevara a cabo para honrar a nuestra querida Facultad. Asimismo, se le dedica este trabajo a los seis decanos que durante estos últimos cincuenta años han estado al frente de la institución.

Dr. Manuel Andreu Gálvez
Codirector de la Colección
Marzo de 2022, Teruel (España)

1

LA ENSEÑANZA DEL DERECHO Y DEL SABER JURÍDICO

~

LA ENSEÑANZA DEL SABER JURÍDICO. APROXIMACIÓN A UN ESTADO DE LA CUESTIÓN

Mónica del Carmen Meza Mejía[1]
Universidad Panamericana

Introducción

La formación de profesionales del Derecho implica desde la perspectiva docente, los modos de enseñar la ciencia jurídica, lo cual a su vez, supone una didáctica específica; es decir, pautas para la enseñanza de un campo del conocimiento factual, como en este caso son, los saberes jurídicos. Según consta en la literatura especializada, la forma y los esfuerzos de renovación de la enseñanza jurídica está en debate desde hace ya varias décadas y continúa en el presente con la incorporación de las tecnologías de la información y la comunicación (TIC) y la gamificación del aprendizaje,[2] que cuestionan el modelo formalista predominante basado

---

[1] Doctora en Pedagogía por la Universidad de Navarra. Profesora-investigadora de la Escuela de Pedagogía del Universidad Panamericana. Miembro del Sistema Nacional de Investigadores, nivel 1.

[2] FIX-ZAMUDIO, H., *Ensayos sobre metodología, enseñanza e investigación jurídicas*. México, UNAM, 1981, disponibile en http://ru.juridicas.unam.mx:80/xmlui/handle/123456789/59406; FIX-ZAMUDIO, H., "Algunas reflexiones sobre la ense-ñanza del Derecho en México y Latinoamérica". En J. A. Witker Velázquez (Comp.)

en la conceptualización normativa, teórica y dogmática del Derecho, la cual de acuerdo con Böhmer,[3] se encuentra en crisis porque está desligada muchas veces de la realidad social, económica y política. Asimismo, la clase magistral como método predominante para la enseñanza del Derecho, se encuentra en la discusión de la educación jurídica, sobre todo, porque sigue respondiendo a modelos tradicionales de enseñar y practicar el Derecho, que resultan más proclives a la repetición de conceptos que a la generación de nuevas ideas y que no logran formar adecuadamente a los estudiantes para que adquieran las habilidades y destrezas necesarias para el desempeño profesional, como afirma Cicero.

Así, la presente investigación tiene como objetivo aproximarse a un estado de la cuestión en la enseñanza del Derecho a partir de publicaciones especializadas e indexadas con la finalidad de perfilar la evolución temática sobre el mencionado objeto de estudio. Para ello, se siguió una forma mixta de abordaje, en donde desde una perspectiva descriptiva interesa contestar

---

Antología de estudios sobre la enseñanza del derecho. México, UNAM, 1995, pp. 77-92, disponible en http://ru.juridicas.unam.mx:80/xmlui/handle/123456789/9221; LISTA, C. A., *La educación jurídica en Argentina; tendencias y perspectivas*. En R. Pérez Perdomo y J. Rodríguez Torres (Eds.), *La formación jurídica en América Latina*. Bogotá, Universidad del Externado de Colombia, 2006, pp. 237-273, disponible en https://publicaciones.uexternado.edu.co/gpd-la-formacion-juridica-en-america-latina-tensiones-e-innovaciones-en-tiempos-de-la-globalizacion-9789587100587.html; MESA RADA, D. J., "Nativos digitales: el reto de enseñar derecho en la actualidad", *Academia. Revista sobre Enseñanza del Derecho de Buenos Aires*, 12.24 (2014): 165-187, disponible en https://dialnet.unirioja.es/servlet/articulo?codigo=5126663; BESARES ESCOBAR, M. A. (Coord.), *Reflexiones sobre la ciencia jurídica. Ensayos sobre metodología de la enseñanza e investigación del derecho*. Austin, UNACH-Instituto de Investigaciones Jurídicas, 2016, disponible en https://www.iijunach.mx/images/docs/ReflexionesSobreLaCienciaJurdicaFINAL.pdf; ELGUETA ROSAS, M. F., "Desafíos de la educación jurídica latinoamericana en tiempos de pandemia", *Revista Pedagogía Universitaria y Didáctica del Derecho*, 7.1 (2020): 1-6. doi: 10.5354/0719-5885.2020.57763; CICERO, N., "Ejes para pensar la virtualidad en la enseñanza del Derecho en Latinoamérica", *Revista de Educación y Derecho* 23 (2021): 1-26. doi: 10.1344/REYD2021.23.34436; COTINO HUESO, L., "La enseñanza digital en serio y el derecho a la educación en tiempos del coronavirus", *Revista de Educación y Derecho* 21 (2021): 1-29. doi: 10.1344/REYD2020.21.31283; NAVARRO, COLL, J. y RAMÓN FERNÁNDEZ, F., "GAME ODS: La gamificación a través del diseño de una actividad lúdica aplicable en el ámbito jurídico para la concienciación social", *Revista de Educación y Derecho* 23 (2021): 1-26. doi: 10.1344/REYD2021.23.34445

[3] BÖHMER, M., "Algunas sugerencias para escapar del silencio del aula", *Academia. Revista sobre Enseñanza del Derecho* 1.1 (2003): 13-34.

a las siguientes preguntas de investigación: 1) ¿Cuántos y cuáles son los documentos escritos en español, en la base de datos Scopus que abordan la temática de la enseñanza del Derecho?; 2) ¿Cuáles son las revistas que los publican y quiénes son los editores de dichas revistas?; 3) ¿Qué país concentra el mayor número de artículos publicados?, y 4) ¿Cuáles son los artículos más referenciados? Además, desde una perspectiva analítica: 5) ¿Cómo abordan la temática de la enseñanza del Derecho?, y 6) ¿Cuáles son los principales hallazgos?

Resultados y análisis de la información

Para conocer el estado de la cuestión en la enseñanza del derecho, la investigación se centró en la búsqueda de literatura especializada en la base de datos Scopus, en la cual, dentro del período que abarcó de febrero de 2021 a agosto del mismo año, se identificaron un total de 207 artículos, a partir de los conceptos "Teaching" and "Law", la cadena de cribado que le siguió a este primer filtro consistió en delimitar aquellos documentos que se ajustaran a las categorías de Scopus (ver tabla 1).

Tabla 1. Categorías y subcategorías de búsqueda en Scopus

Categoría	Subcategoría
Document type	Article
Publication stage	Final
Source type	Journal
Subject area	Social Sciences
Languaje	Spanish

Fuente: elaboración propia.

A partir de esta información y de la revisión detallada del contenido de los artículos, se filtraron solo aquellos que hicieran referencia al objeto de estudio, ya que en la primera búsqueda, había artículos sobre derechos humanos, inclusión educativa, investigación educativa, entre otros. De tal manera, el total de documentos depurados, publicados en español quedaron finalmente en 41 ($N_{documentos}=41$).

En el gráfico 1, puede observase el número de publicaciones por año y en donde se evidencia un incremento continuo de estas a partir de 2018, siendo 2020, el año en el cual se han publicado el mayor número de artículos. En este sentido, habría que considerar que el límite del presente estudio es agosto de 2021 y por ello las publicaciones de este año, no se reflejan en totalidad.

Gráfico 1. Número de publicaciones por año

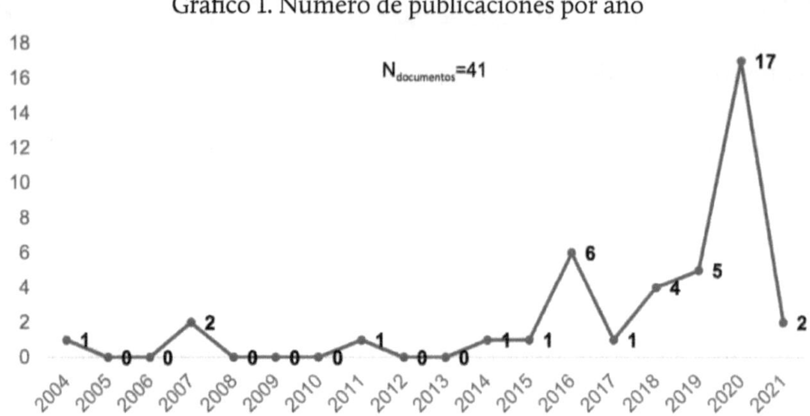

Fuente: elaboración propia.

En cuanto a las revistas que más publican este tipo de contenido, puede visualizarse en el gráfico 2 cuyo total es diecinueve ($N_{revistas}$=19), de ellas, la Revista Pedagogía Universitaria y Didáctica del Derecho, de Chile, es quien más se interesa por la temática en cuestión, al tener publicados 16 artículos, en el periodo acotado para la investigación, lo cual es hasta cierto punto comprensible porque en la descripción de su enfoque está "la difusión de prácticas innovadoras en la enseñanza-aprendizaje del Derecho, considerando el contexto nacional e internacional" (https://pedagogiaderecho.uchile.cl/), lo cual indica una clara vocación hacia la enseñanza de contenidos jurídicos y de formación para el conocimiento del Derecho. Le siguen en número de artículos publicados las revistas Revista de Estudios Históricos y Jurídicos, con cuatro artículos y la revista Opción, con tres artículos. Las revistas Universidad y Sociedad y Revista Llengua i Drit, tienen dos publicaciones. El resto de las revistas, solo han publicado un artículo en relación a la enseñanza del Derecho.

Gráfico 2. Revistas y número de artículos publicados

Fuente: elaboración propia.

Como puede visualizarse en el gráfico 3, la distribución de artículos por país está concentrada en Chile (22 artículos) y España (9), esto coincide con el hecho de que las revistas que más publican este tipo de artículos, como la Revista Pedagogía Universitaria y Didáctica del Derecho, con 16 artículos, la publica la Universidad de Chile. Por el contrario, en el caso de España, los nueve artículos identificados no están concentrados sino que, están distribuidos en nueve diferentes revistas.

Gráfico 3. Distribución de artículos por país

Fuente: elaboración propia con tecnología de Bing.

Una vez perfilados de manera general los 41 documentos publicados en español en la base de datos Scopus sobre la enseñanza del Derecho, se realizó otra depuración para identificar aquellos artículos que han sido citados por otros autores. El resultado fue de catorce publicaciones. La tabla 2, resume dicha información, la cual se ordena del documento más reciente (2020), al menos (2011). Asimismo, para el análisis posterior, cada artículo será identificado con una clave, siendo el primero de ellos consignado como A1 y el resto, en continuidad. En este sentido, queda visible que los artículos más citados (12 citas), son A8[4] y A13,[5] el primero publicado por

---

[4] MUÑOZ, E., "Narrativas en la enseñanza del Derecho: un estudio de caso", *Revista de Llengua i Dret, Journal of Language and Law* 69 (2018): 210-223. doi: 10.2436/rld. i69.2018.3021

[5] ELGUETA ROSAS, M. F. y PALMA GONZÁLEZ, E. E., "Una propuesta de clasificación de la clase magistral impartida en la facultad de Derecho", *Revista chilena de derecho* 41.3 (2014): 907-924. doi: 10.4067/S0718-34372014000300006

la Escola d'Administracio Publica de Catalunya, mientras que el segundo lo publica la Revista chilena de Derecho, coincidiendo con el hecho de que ambas revistas se publican en los dos países con mayor número de revistas identificadas con la temática de la presente investigación (España y Chile).

Tabla 2. Artículos, autores y citas

Clave	Referencia	Citas
A1	Del Mastro Puccio, F., "El ethos socrático y la formación del ser en la enseñanza del derecho", *Revista Pedagogía Universitaria y Didáctica del Derecho* 7.1 (2020): 195-224. doi: 10.5354/0719-5885.2020.57701	1
A2	Meza, P., González-Catalán, F., Pastén, A., y Barahona, M., "Clases textuales de la formación en Derecho", *Revista Pedagogía Universitaria y Didáctica del Derecho* 7.1 (2020): 63-90. doi: 10.5354/0719-5885.2020.56926	1
A3	Agüero San Juan, C., y Coloma Correa, R., "¡Ponga atención en los obstáculos epistémicos de los estudiantes! Una clave para enseñar derecho probatorio", *Revista de Derecho (Valdivia)* 32.2 (2019): 17-34. doi: 10.4067/S0718-09502019000200017	1
A4	Beca, J., Castillo, E., Cid, A., Darritchon, E., y Lagos, S., "Diseño de un examen de grado por competencias en la carrera de derecho", *Revista Pedagogía Universitaria y Didáctica del Derecho* 6.1 (2019): 101-130. doi: 10.5354/0719-5885.2019.53747	1
A5	Camilloni, A., "La enseñanza del derecho orientada al desarrollo de la creatividad", *Revista Pedagogía Universitaria y Didáctica del Derecho* 6.1 (2019): 5-22. doi: 10.5354/0719-5885.2019.53743	4
A6	Garay, T., "Formación por competencias y prácticas pedagógicas", *Revista Pedagogía Universitaria y Didáctica del Derecho* 6.1 (2019): 79-100. doi: 10.5354/0719-5885.2019.53746	2
A7	Sologuren, E., Bonifaz, C., & Núñez, C. "El curso basal de competencias comunicativas en Derecho", *Revista Pedagogía Universitaria y Didáctica del Derecho* 6.1 (2019): 131-154. doi: 10.5354/0719-5885.2019.53748	2
A8	Muñoz, E., "Narrativas en la enseñanza del Derecho: un estudio de caso", *Revista de Llengua i Dret, Journal of Language and Law* 69 (2018): 210-223. doi: 10.2436/rld.i69.2018.3021	10
A9	Pérez Hurado, L. F. "El sistema de enseñanza del derecho y acceso a las profesiones jurídicas en Alemania: lecciones para el debate en México", *Boletín Mexicano de Derecho Comparado* 1.151 (2018): 263-311. doi: 10.22201/iij.24484873e.2018.151.12295	3

Clave	Referencia	Citas
A10	Betancur Restrepo, L. y Prieto-Ríos, E. "Educación del derecho internacional en Bogotá: un primer diagnóstico a partir de los programas de clase y su relación con las epistemologías de no conocimiento", *Revista Derecho del Estado* 39 (2017): 53-89. doi: 10.18601/01229893.n39.04	1
A11	Manent Alonso, L. y Guardia Hernández, J. J. "El régimen jurídico del plurilingüismo en la enseñanza no universitaria en España", *Revista de Derecho Político* 1.96 (2016): 213-248. doi: 10.5944/rdp.96.2016.17064	1
A12	Prado-Carrera G. J. "La moral y la ética: Piedra angular en la enseñanza del derecho", *Opción* 32.13 (2016): 369-390. https://produccioncientificaluz.org/index.php/opcion/article/view/21605/21409	2
A13	Elgueta Rosas, M. F. y Palma González, E. E. "Una propuesta de clasificación de la clase magistral impartida en la facultad de Derecho", *Revista chilena de derecho* 41.3 (2014): 907-924. doi: 10.4067/S0718-34372014000300006	10
A14	Pérez Lisicic, R. A. "Los inicios de la enseñanza del Derecho Constitucional en el Chile decimonónico: el Liceo de Chile y el Colegio de Santiago (1828-1831)", *Anuario De Estudios Americanos* 68.1 (2011): 141-162. doi: 10.3989/aeamer.2011.v68.i1.535	3

Fuente: elaboración propia.

Sobre la clasificación de las revistas de los catorce artículos citados en los cuartiles del *Scimago Journal & Country Rank*, 2020, se identifica que solo la Revista Chilena de Derecho, de la Pontificia Universidad Católica de Chile, se ubica en el Q1; Revista de Derecho, de la Universidad Austral de Chile, Revista de Derecho Político, de la Universidad Nacional de Educación a Distancia y Anuario de Estudios Americanos, del Consejo Superior de Investigaciones Científicas (CSIC), estas dos últimas de España, se categorizan como Q2; Revista de Llengua i Dret, de la Escola d'Administracio Publica de Catalunya, Revista Pedagogía Universitaria y Didáctica del Derecho, de la Universidad de Chile y Revista Derecho del Estado, de la Universidad Externado de Colombia, son Q3; Boletín Mexicano de Derecho Comparado, de la Universidad Nacional Autónoma de México, se registra como Q4. Cabe decir que la revista Opción, de la Universidad de Zulia (Venezuela), ya no apareció ubicada en la clasificación de Scimago, 2020, pero puede inferirse que el haber estado en la base de datos Scopus, implica registro de cuartil en 2016, cuando se publicó el artículo identificado, por ello se registra como s/c (gráfico 4).

Gráfico 4. Clasificación de las revistas en *Scimago Journal & Country Rank*

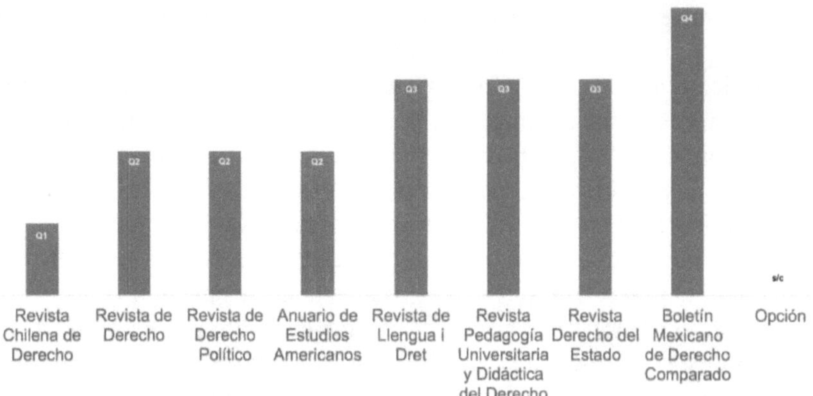

Fuente: elaboración propia.

Las palabras claves que caracterizan los catorce artículos referidos, presentan una cierta constante, como puede observarse en la nube de palabras (figura 1) que concentra la frecuencia de tales descriptores empleados por los autores, con fines de reconocimiento en las bases de datos. Para este fin, se utilizó el software https://www.nubedepalabras.es/.

Figura 1. Palabras clave más empleadas en los artículos citados

Fuente: elaboración propia.

Acerca de la temática que abordan los catorce artículos referidos, evidentemente giran en torno al objeto de estudio de la investigación. Sin embargo, los postulados que en ellos se plantean pueden categorizarse básicamente en tres grandes categorías, las cuales, coinciden con los indicadores visibles que arrojó la nube de palabras; es decir, por un lado, las temáticas más abordadas tienen que ver con la forma como se enseña el saber jurídico, el cual como se argumenta al inicio del trabajo, se basa mayoritariamente en la metodología de la clase magistral y a partir de ese presupuesto, se realizan propuestas didácticas para innovar la docencia del Derecho. Otra categoría es la de la enseñanza del ethos profesional del Derecho. La tercera categoría, aborda la enseñanza del Derecho desde una perspectiva histórica. La ubicación de los artículos en las categorías mencionadas, se muestran en la figura 2.

Figura 2. Categorías y artículos sobre la enseñanza del saber jurídico

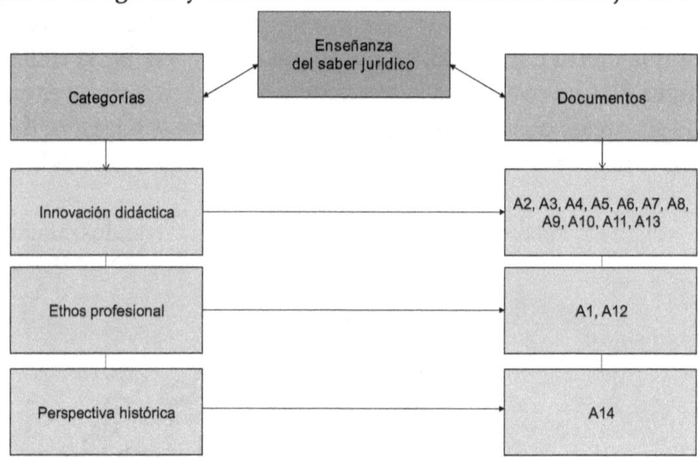

Fuente: elaboración propia.

Es así como, en la categoría Innovación didáctica o metodológica, se realizan estudios de diversa índole para mejorar la docencia y favorecer de mejor manera el aprendizaje de los saberes jurídicos. Por ello, uno de lo trabajos más citados (A13) de Elgueta Rosas y Palma González, mediante una investigación cualitativa, indaga sobre las características que atribuyen estudiantes de posgrado de Derecho (ya abogados) a la clase magistral, a través de la cual, "el profesor da a conocer a un neófito un conjunto de información que conforma el Derecho de que se trate".[6] Esta forma convencional para enseñar y para aprender Derecho, en decir de los mismos autores, tiene un error de base, fundamentalmente porque memorizar es organizar información y no un mero acto de recepción replicada, es decir, mero reflejo de un objeto que se busca retener en el cerebro.

De ahí la necesidad de transformar aquellas clases magistrales exclusivamente orientadas a fomentar la memoria léxica, que no aseguran una instancia mayor de razonamiento, pues el estudiante se limita a repeticiones de expresiones verbales con sentido jurídico literal, pero sin la comprensión profunda del sentido de los términos, por lecciones magistrales que fomenten la memoria semántica, las cuales contienen "el sentido, la significación de las cosas y las palabras",[7] favorece la memoria pero sin retener las palabras exactas. Se trata por lo tanto, en una forma más eficaz y poderosa, ya que, no desplaza a la clase magistral a la cual los estudiantes siguen considerando "trascendente y formativa"),[8] pero desarrollar la memoria semántica "puede ser la puerta que lleva a la ruta de la enseñanza-aprendizaje, es decir, una relación profesor-estudiante en que sin perder relevancia ni el contenido ni el experto, cobra importancia el aprendizaje del estudiante".[9]

El experto en el saber jurídico, como formador de futuros profesionales del Derecho, "debería asumir la responsabilidad de mostrar el valor de la imaginación, la curiosidad y el conocimiento en el proceso de la creación y la práctica del derecho",[10] y explorar otras metodologías por lo que cobra relevancia el artículo codificado como A5, en el cual la propuesta de la autora apunta a formar abogados creativos, sintetizando tres categorías de la creatividad legal: "1) en el más alto grado de abstracción, las ideas o instituciones legales que contribuyen a resolver problemas

---

6   *Ibidem*, p. 920.

7   *Ibidem*, p. 921.

8   *Ibidem*, p. 907.

9   *Ibidem*, p. 921.

10 CAMILLONI, A., "La enseñanza del derecho orientada al desarrollo de la creatividad", *Revista Pedagogía Universitaria y Didáctica del Derecho* 6.1 (2019): 5. doi: 10.5354/0719-5885.2019.53743

básicos de los seres humanos y las sociedades; 2) los modos y procedimientos empleados para litigar y disputar en diferentes contextos o para resistir la aplicación de normas legales; y 3) los conceptos que se crean para desarrollar entidades legales, llegar a acuerdos y monitorear las acciones humanas".[11]

En concordancia con lo anterior, el trabajo A3 de Agüero San Juan y Coloma Correa,[12] propone enseñar usando problemas, en lugar de preguntas o casos, porque "fuerzan a los estudiantes a desarrollar la habilidad de producir, organizar y valorar pruebas que confirmen o refuten hechos relevantes en contextos análogos al judicial y, por el otro, permiten al profesor conocer las trayectorias de pensamiento de los estudiantes, hacer visibles sus obstáculos epistémicos y modificar sus rutinas de pensamiento".[13] Sobre todo, en una materia como Derecho probatorio, donde la toma de una decisión jurídica es estratégica, el aprendizaje del estudiante no ha de configurarse a partir de un listado de limitaciones, "sino que en el conjunto de técnicas de razonamiento y de toma de decisiones que son válidas dentro de ese marco de restricciones y que es aplicable a un amplio número de casos en donde existe un umbral de incertidumbre acerca de los hechos".[14]

Quizá entonces todas estas innovaciones didácticas han de considerarse incluso, desde el diseño curricular de los planes de estudio de los programas en Derecho. Tal es la sugerencia del artículo A6, de Garay Pérez,[15] quien describe la experiencia de la incorporación del paradigma de la formación por competencias, con orientación constructivista, al currículo de la carrera de Derecho, con la finalidad de formar profesionales a partir de la implementación de métodos didácticos activos que guarden coherencia con el modelo pedagógico establecido.

---

[11] *Ibidem,* p. 20.
[12] AGÜERO SAN JUAN, C. y COLOMA CORREA, R., "¡Ponga atención en los obstáculos epistémicos de los estudiantes! Una clave para enseñar derecho probatorio", *Revista de Derecho (Valdivia)* 32.2 (2019): 17-34. doi: 10.4067/S0718-09502019000200017
[13] *Ibidem,* p. 17.
[14] *Ibidem,* p. 32.
[15] GARAY, T., "Formación por competencias y prácticas pedagógicas", *Revista Pedagogía Universitaria y Didáctica del Derecho* 6.1 (2019): 79-100. doi: 10.5354/0719-5885.2019.53746

En la misma línea, están tres investigaciones (A7, A2 y A11): en la primera, de Solguren Insúa, Bonifaz Reyes y Núñez Castillo,[16] se propone un curso basal con enfoque en competencias comunicativas para estudiantes de primer año de la carrera de Derecho; en la segunda, se asienta la necesidad de abrirse hacia otras metodologías didácticas que permitan superar la mirada restringida en las lecciones textuales de textos paradigmáticos, que se centran en lo lingüístico o disciplinar, para adentrarse en trabajos interdisciplinarios que permean de forma transversal en la formación de los estudiantes de Derecho.[17] Los primeros dos trabajos se enfocan en la formación de estudiantes para la redacción de textos jurídicos. El tercero (A11) de Manent Alonso y Guardia Hernández,[18] aborda la problemática de aquellos países, como España, que ha de concebir un régimen jurídico plurilingüístico en la enseñanza del Derecho, por su configuración política a partir de comunidades autónomas con lengua propia.

Si bien la capacidad de expresión escrita y argumentativa en la formación de abogados es una cuestión relevante, lo es también cuando implica un ingrediente de interculturalidad. De eso trata el trabajo A8 de Edgardo Muñoz,[19] por cierto uno de los dos artículos más citados. A partir de textos orales, Muñoz explora la adquisición de competencias interculturales y jurídicas en un curso de Derecho comparado, concluyendo que, "las narrativas en la enseñanza del derecho no solo permiten aprender un derecho más realista y apegado a la realidad del jurista practicante, sino que, además de ello, las historias proporcionan una herramienta eficaz para organizar y vincular principios y normas legales afines

---

[16] SOLOGUREN, E., BONIFAZ, C. y NÚÑEZ, C., "El curso basal de competencias comunicativas en Derecho", *Revista Pedagogía Universitaria y Didáctica del Derecho* 6.1 (2019): 131-154. doi: 10.5354/0719-5885.2019.53748

[17] MEZA, P., GONZÁLEZ-CATALÁN, F., PASTÉN, A. y BARAHONA, M., "Clases textuales de la formación en Derecho", *Revista Pedagogía Universitaria y Didáctica del Derecho* 7.1 (2020): 63-90. doi: 10.5354/0719-5885.2020.56926

[18] MANENT ALONSO, L. y GUARDIA HERNÁNDEZ, J. J., "El régimen jurídico del plurilingüismo en la enseñanza no universitaria en España", *Revista de Derecho Político* 1.96 (2016): 213-248. doi: 10.5944/rdp.96.2016.17064

[19] MUÑOZ, E., "Narrativas en la enseñanza del Derecho: un estudio de caso", *Revista de Llengua i Dret, Journal of Language and Law* 69 (2018): 210-223. doi: 10.2436/rld.i69.2018.3021

de una manera que su interrelación y contenido son comprendidos con mayor facilidad".[20]

Allende las fronteras de los investigadores que han publicado su experiencia profesional en la docencia del saber jurídico, dos artículos contrastan las visiones locales con otras realidades de la enseñanza del Derecho. El artículo A10, de Betancur Restrepo y Prieto Ríos,[21] sobre Derecho internacional, problematiza la enseñanza de dicho saber, usualmente enseñando con un enfoque eurocéntrico, para proponer "incluir en la enseñanza posiciones más amplias y variadas como lo pueden ser las aproximaciones críticas al Derecho internacional con enfoque de género, raza o TWAIL [Third World Approaches to International Law], da herramientas adicionales para incentivar el cuestionamiento de supuestos dados del Derecho internacional".[22] Y, el artículo A9, de Pérez Hurtado que,[23] analiza dos formas de enseñar el Derecho: México y Alemania, con la finalidad de mejorar la calidad de la educación jurídica y el ejercicio profesional del Derecho en México. El autor concluye lo valioso de contrastar con otros sistemas educativos como el alemán, para comprender cómo la formación de y selección de los abogados del Estado (jueces, fiscales, notarios y abogados de gobierno) construyen un sólido sistema legal en el país teutón.

Para concluir el análisis de contenido de esta primera categoría sobre innovación metodológica, resalta el artículo A4 de Beca Fei, Castillo Vigouroux, Cid Droppelmann, Darritchon Pool y Lagos Fuentes,[24] quienes narran la experiencia de un examen de grado por competencias para la carrera de Derecho, el cual se configuraba de dos partes: la primera de ellas consistente en la resolución de tres casos, durante el

---

[20] *Ibidem,* p. 222.

[21] BETANCUR RESTREPO, L. y PRIETO-RÍOS, E., "Educación del derecho internacional en Bogotá: un primer diagnóstico a partir de los programas de clase y su relación con las epistemologías de no conocimiento", *Revista Derecho del Estado* 39 (2017): 53-89. doi: 10.18601/01229893.n39.04

[22] *Ibidem,* p. 76.

[23] PÉREZ HURADO, L. F., "El sistema de enseñanza del derecho y acceso a las profesiones jurídicas en Alemania: lecciones para el debate en México", *Boletín Mexicano de Derecho Comparado* 1.151 (2018): 263-311. doi: 10.22201/iij.24484873e.2018.151.12295

[24] BECA, J., CASTILLO, E., CID, A., DARRITCHON, E. y LAGOS, S., "Diseño de un examen de grado por competencias en la carrera de derecho", *Revista Pedagogía Universitaria y Didáctica del Derecho* 6.1 (2018): 101-130. doi: 10.5354/0719-5885.2019.53747

último semestre de la carrera; la segunda parte correspondía a la defensa oral de uno de los casos. La investigación concluye que, con esta forma de habilitar al estudiante de Derecho mediante un examen de grado distinto al tradicional, "es posible compatibilizar la necesidad de hacer coherente el examen de grado con la formación por competencias, sin renunciar a este hito tradicional en la formación de abogados".[25]

La segunda categoría en la cual se ha estructurado el análisis de los trabajos objeto de estudio, ubicamos los artículos A1 y A12, los cuales reflexionan sobre la formación de profesionistas del Derecho desde una perspectiva ética. El primero de Del Mastro Puccio,[26] pondera el método socrático como una metodología didáctica para promover diálogos "en los que los y las estudiantes revelen la verdad de sus propios pensamientos, así como los modos de vivir asociados a ellos, con miras a ocuparse de sí mismos".[27] El ethos socrático, afirma el autor, sería un camino para trabajar en torno a la comprensión y vivencia del Derecho como parte de la formación jurídica de abogados. La segunda investigación, de Prado-Carrera,[28] argumenta la necesidad de formar a los futuros abogados en temas de Bioética "por la estrecha relación que guarda [el Derecho] con el derecho a la vida y el derecho a vivir, lo cual se traduce en Derechos Humanos, protegidos por el Derecho".[29]

Por último, en la tercera categoría que aborda la enseñanza del saber jurídico desde una perspectiva histórica, se ubica el trabajo catalogado como A14, de Pérez Lisicic,[30] quien rastrea los inicios de formación profesional de abogados en dos establecimientos educativos chilenos en el siglo XIX.

---

[25] *Ibidem,* p. 99.

[26] DEL MASTRO PUCCIO, F., "El ethos socrático y la formación del ser en la enseñanza del derecho", *Revista Pedagogía Universitaria y Didáctica del Derecho* 7.1 (2020): 195-224. doi: 10.5354/0719-5885.2020.57701

[27] *Ibidem,* p. 195.

[28] PRADO-CARRERA, G. J., "La moral y la ética: Piedra angular en la enseñanza del derecho", *Opción* 32.13 (2016): 369-390, disponible en https://produccioncientificaluz.org/index.php/opcion/article/view/21605/21409

[29] *Ibidem,* p. 369.

[30] PÉREZ LISICIC, R. A., "Los inicios de la enseñanza del Derecho Constitucional en el Chile decimonónico: el Liceo de Chile y el Colegio de Santiago (1828-1831)", *Anuario De Estudios Americanos* 68.1 (2011): 141-162. doi: 10.3989/aeamer.2011.v68.i1.535

Conclusiones

Repensar la enseñanza de un saber a través del estudio de las investigaciones y hallazgos que sobre el tema se publican, permite identificar que la intención de mejorar la manera tradicional como se han formado millones de abogados es un tema de actualidad, como lo evidencia el creciente número de trabajos en español registrados en el último año en la base de datos Scopus, lo que también muestra la consolidación de algunas revistas especializadas en el tema, como es el caso de Revista Pedagogía Universitaria y Didáctica del Derecho, la cual registra el mayor número de investigaciones al respecto.

De igual manera, pueden identificarse dos países especialmente interesados en publicar estas temáticas: Chile y España. Sin embargo, se puede inferir a partir de los resultados de esta investigación que, hay una tendencia en Chile hacia la construcción de un espacio interdisciplinario del saber jurídico y el saber didáctico con miras a mejorar los procesos pedagógicos universitarios en la formación de abogados. En este sentido, se considera que desde esta perspectiva, el aula puede pensarse como un laboratorio para generar múltiples y diversas investigaciones que permitan mejorar las prácticas en la enseñanza del saber jurídico y consolidarse como líneas de investigación viables de ser publicadas en revistas especializadas y arbitradas de alcance internacional. Es de destacar en este punto, que un profesor en cuyo artículo suscribe en 2018, ser docente de la Facultad de Derecho de la Universidad Panamericana, sea autor de uno de los dos artículos más citados sobre la temática en cuestión.lhilluptatet latus ius dolorro ipsandem hicipsunt es endit fuga. Abor am laborio con consequate simint volorpos dolore, tectiis as doluptatem quis aute expe prae omnimen iscilictur aut fuga. Itate num que et, sae nim core in res enis moluptur?

Itas neces solupta tatest, illacca epudisquas ad uta perro te soloritio verorrumquis voluptatiur aboremperem. Custi nam hil ipsandae. Dolorestrum faceatati dolume voloritem quam arum iscitia epelicita volumquatis dolesti buscimagnis maximol orectur? Is cus.

Quid etur, sit essimin conet deniminum dolorum hillupt umenias arumqui ssundel iunto corem qui il idel moloribus.

Eriam anis aut asserup tiscilitam susciasit aborum et unt officienda aspienectur modit eruptatint porum quuntio ssitinu lpariti istium sitiat.

~

LA UNIVERSIDAD MEDIEVAL Y LA FORMACIÓN DE LOS ABOGADOS A TRAVÉS DEL *IUS COMMUNE*: UNA MIRADA DESDE LA HISTORIA DEL DERECHO Y LA ENSEÑANZA JURÍDICA

Mariana Durán-Márquez[1]
Universidad Panamericana

Sociedad medieval: Concepción corporativa y estatutos

La Edad Media tuvo como uno de sus mayores rasgos distintivos y constitutivos un orden de creencias en el que la idea de comunidad primaba sobre la del individuo, y cara a las normas que regían la convivencia de la sociedad europea occidental de aquella época, ese individuo sólo podía ser reconocido siempre y cuando perteneciera a un ente colectivo, a una corporación. Contrario a la concepción contemporánea del sujeto de derecho, la unidad de medida del orden jurídico y político en la cultura

---

[1] Profesora de Historia de la Cultura Jurídica en la Universidad Panamericana, Ciudad de México. Miembro del Sistema Nacional de Investigadores (SNI-CONACYT). Directora general de *Oris Prudens*-Revista Mexicana de Justicias Orales y del Centro de Innovación y Aplicación en Derecho (CIAD), México. Correo: mduran@revistajusticiasorales.com.mx. doi: 0000-0002-9051-3357.

del derecho común no era el individuo[2], quien únicamente era concebido cómo mero soporte físico[3] que sin cualquier posible adscripción colectiva carecía de subjetividad jurídica, es decir, no tenía persona; porque la persona se tenía, no se era.

Esta concepción corporativa de la sociedad medieval integró el núcleo del imaginario de la cultura jurídica del *ius commune*[4] dando cobertura al reconocimiento de una pluralidad de grupos humanos dotados de estatutos particulares y titulares de privilegios. La corporación expresaba la unidad esencial que vinculaba a sus miembros y la consecuente personificación de la misma, como instrumento para mantener la función de cada una de las piezas que conformaban aquella sociedad. Cada corporación se distinguió por el tipo de actividad que desempeñaban sus miembros, ya fuera agricultores, ganaderos, médicos, o bien, estudiantes, y jurídicamente esto se traducía en la capacidad que cada corporación tenía para darse su derecho, y con ello acrecentar y hacer valer sus privilegios, entre ellos el fuero, la garantía de ser juzgado por sus propios jueces en el interior de cada corporación[5]. La palabra *universitas*, fue el nombre que recibió una corporación, entendida como una asociación de personas libres reunidas para un fin lícito y reconocidas por las potestades públicas[6]. Como refiere Rubial:

> Cada corporación funcionaba en una sede, su espacio físico de actuación, y poseía sus propios reglamentos y estatutos internos (constituciones) que regulaban el ingreso y las obligaciones de los miembros. Cada una administraba sus mecanismos de elección de autoridades y de autorregulación aunque también las había que no tenían este privilegio. Cada una controlaba los recursos económicos para gastos colectivos y organizaba las celebraciones de sus santos protectores. Por último, cada

---

[2] MARTÍNEZ, F., "Sociedad Corporativa y Persona". En M. Lorente y J. Vallejo, (Coords.), *Manual de Historia del Derecho*. Valencia, Tirant Lo Blanch, 2012, p. 104.

[3] *Ídem.*

[4] *Ibidem*, p. 103.

[5] *Ibidem*, p. 104.

[6] BECK VARELA, L., "La educación del jurista en la época del derecho común". En M. Lorente y J. Vallejo, (Coords.), *Manual de Historia del Derecho*. Valencia, Tirant Lo Blanch, 2012, pp. 83-84.

una detentaba sus estandartes, galardones, imágenes y trajes propios, sistemas simbólicos que cada corporación configuraba, transmitía y exhibía en las procesiones y fiestas civiles y religiosas; para sus miembros se convirtió en algo esencial defender en las celebraciones públicas su posición respecto a los otros cuerpos sociales y su espacio predeterminado y situado jerárquicamente[7].

En este primer momento de formación y desarrollo del derecho común[8] las ciudades adquirieron una relevancia social y económica derivado del auge del comercio que alimentó su crecimiento, con lo cual, las disposiciones normativas estuvieron encaminadas a reordenar la vida urbana, definiendo el estatuto político de las ciudades, principalmente, en torno al territorio señorial e imperial[9]; aunado al impacto generado por las personas, quienes dedicadas al cultivo y explotación de la tierra, se trasladaron de manera paulatina a los núcleos urbanos dejando de lado el ejercicio de oficios directamente vinculados al trabajo de la tierra.

La regulación jurídica interna de las ciudades se alimentó de normas de carácter consuetudinario que nacieron del uso y prácticas respecto a la pluralidad de los pobladores que determinaron conforme a su actividad económica, el modo en el que la comunidad o corporación debía regir su vida. Estos ordenamientos ciudadanos recibieron el nombre de

---

[7] RUBIAL, A., "Los cuerpos de la fiesta. Las corporaciones de españoles de la ciudad de México en la era barroca y sus aparatos de representación". En S. Miranda (Coord.), *El historiador frente a la ciudad de México Perfiles de su historia, México, Universidad Nacional Autónoma de México, Instituto de Investigaciones Históricas, 2016*, (Serie Divulgación, 12), pp. 81-82, disponible en https://www.historicas.unam.mx/publicaciones/publicadigital/libros/historiador/665_04_04_cuerpos_fiesta.pdf. *Cfr. Ibidem*, p. 81: "Toda sociedad se estructura a partir de instituciones dentro de las cuales los individuos desempeñan papeles determinados [...] esas instituciones se organizaban bajo un esquema corporativo, un sistema institucional que articulaba toda la sociedad. Una buena parte de la vida cotidiana de muchos individuos se desarrollaba dentro de esos mundos cerrados que eran las cofradías, los gremios, las provincias religiosas, la universidad, los consulados, así como los cabildos civiles y eclesiásticos. Las corporaciones eran el medio por el cual los individuos podían hacer valer sus derechos [...], recibir asistencia social e incluso obtener ascenso personal. A través de ellas, las autoridades podían vigilar el cumplimiento de obligaciones fiscales y legales y dirimir disputas".

[8] VALLEJO, J., "La cultura del derecho común (siglos XI-XVIII)". En M. Lorente y J. Vallejo (Coords.), *Manual de Historia del Derecho*. Valencia, Tirant Lo Blanch, 2012, p. 60.

[9] *Ibidem*, p. 65.

statuta, su generación tuvo una influencia directa del derecho común que permitió integrarlos dentro del universo normativo, ganando extensión y complejidad al estar íntimamente vinculados al poder político de reconocimiento de poderes superiores –el Rey, el Emperador, el Papa–, quienes se dieron a la tarea de establecer un derecho general en sus territorios, haciendo posible que las ciudades pudieran gozar de mayor o menor medida de autonomía política y jurídica[10].

En una sociedad regida por una diversidad de fuentes jurídicas fue natural que se presentara una variedad de conflictos de aplicación, y con ellos la necesidad de contar con un mecanismo que ofreciera soluciones. En el siglo XIV, la "teoría de los estatutos" surgió derivado de la necesidad de contar con soluciones justas, posibles, adecuadas y realistas, formulando un orden de prelación entre normas, que estuvo vigente hasta el triunfo de la codificación, de acuerdo al cual, ante un conflicto cuya solución estuviera contemplada por diversos ordenamientos con vigencia territorial, los jueces habían de acudir primero a lo dispuesto por los *iura propia,* siempre y cuando la solución prevista se aplicará de manera exacta al caso, a falta de insuficiencia de estos, se debía acudir a lo dispuesto por el *ius commune,* de manera formal prevaleciendo lo local sobre lo universal pero dadas las limitaciones de los derechos locales, el derecho común extendió su vigencia y aplicación más allá de lo que reyes, corporaciones y ciudades pudieron controlar.

El orden jurídico se sustentó en el *ius commune,* como el instrumento preciso para conciliar, interpretar, componer, integrar y corregir[11], en cada caso por el derecho propio, todo el conjunto normativo. Y como refiere Estrada:

> [...] la relación entre el ius commune y el ius proprium, (o mejor, los iura propia, esto es, los derechos de las localidades). [...] El ius commune no es vida estrictamente hablando, pero los iura propia requieren de su luz metodológica, procedimental, y principialista, para vivir[12].

---

10   *Ídem.*

11   GARRIGA, C., "Los derechos propios de los reinos hispánicos". En M. Lorente y J. Vallejo (Coords.), *Manual de Historia del Derecho.* Valencia, Tirant Lo Blanch, 2012, p. 212.

12   ESTRADA, R., *Obedezco pero no cumplo. Lecturas para los programas de iushistoria constitucional en México.* México, Tirant Lo Blanch, 2020, p. 21.

Una breve reseña de la *peregrinatio academica*

La universidad medieval, es uno de los casos más reconocidos de *universitas* –y la de Bolonia la más, tal vez, por ser la primera, derivado de las medidas impuestas por el comune boloñes[13]– representando una bien construida corporación dotada de una estructura organizacional definida que le permitió contar con una notable autonomía respecto de los poderes municipales, señoriales y reales de la época, lo que quedó de manifiesto en la vigencia de sus constituciones y estatutos internos[14], así como en la libertad para la elección de sus rectores y catedráticos.

La ciudad de Bolonia comúnmente asociada con la reconstrucción de los textos del emperador bizantino Justiniano, gracias a la fundación de la universidad en el año 1088, abrió el camino para el desarrollo de una serie de estudios jurídicos, y que gracias a la fama de sus grandes maestros, recibió un flujo de estudiantes, la llamada *peregrinatio academica,* convirtiéndola en una de las diez ciudades más grandes del orbe occidental, que en tan sólo en dos siglos aumentó su densidad poblacional de diez mil a sesenta mil habitantes provenientes de diversas ciudades de la Europa medieval[15].

A propósito de la fundación de la universidad boloñesa, algunos autores concuerdan en que el año 1088 es una fecha ficticia, si bien se tienen referencias generales sobre la existencia de doctores en leyes en el siglo XI[16], también es cierto que la instauración del año en concreto

---

[13]   BECK, L., "La educación del jurista en la época del derecho común". En M. Lorente y J. Vallejo (Coords.), *Manual de Historia del Derecho.* Valencia, Tirant Lo Blanch, 2012, p. 83.

[14]   "[...] el siciliano García Mastrillo afirmaba que a las universitates, en razón de la jurisdicción que se les hubiera concedido, les estaba permitido establecer estatutos, y que si carecían de tal jurisdicción tan sólo podían estatuir acerca de lo concerniente a la administración de sus asuntos, sin que les fuera posible imponer penas". *Cfr.* BARRIENTOS, J., *Historia del derecho indiano del descubrimiento colombino a la codificación. I. Ius commune – Ius proprium en las indias occidentales.* Roma, Il Cigno Galileo Galilei, 1999, p. 321.

[15]   BECK, *op. cit.,* p. 83.

[16]   "La ciencia de la jurisprudencia no tomaría paso firme sino hasta el advenimiento de la escuela de Bolonia. La escuela nace a finales del siglo XI por obra de un simple maestro de artes liberales: Irnerio (1055-c1130). El genio de Irnerio se revela por una triple intuicion: 1) dar al estudio del derecho un carácter autónomo que la enciclo-

pudo responder a un tema político y financiero, ya que en el marco de las celebraciones de los ochocientos años que la universidad boloñesa viera la luz, en el año de 1888 Italia se conformaba como Estado moderno, entiéndase la importancia de su reconocimiento por los otros Estados. Un siglo más tarde, en 1988 se comenzó el llamado "proceso de Bolonia", que a través de la *Magna Charta Universitatum*[17], se firmó la declaración de principios sobre las universidades europeas que trajo consigo la adaptación de las universidades nacionales al espacio europeo de educación superior, en sintonía con las festividades por los novecientos años de la fundación de la primera universidad europea.

Derivado del crecimiento exponencial que la ciudad experimentó a causa de la fundación de la universidad, se generaron conflictos propios de la convivencia entre sus habitantes y de las nuevas formas de asociación con una regulación que les hizo frente de forma insuficiente. La autoridad municipal[18], el *comune* de boloñés, intentó resolver estos conflictos con la intención de imponer un límite a la libre *peregrinatio* y favorecer el comercio local, enjuiciando a los estudiantes por el cobro de deudas, y como refiere Beck, vinculando a los compatriotas de los estudiantes deudores que abandonaran la ciudad a una responsabilidad solidaria por las deudas civiles o penales[19]. De tal suerte, que los principales problemas jurídicos que se desencadenaron entre las personas

---

pedia del saber medieval no le reconocía; 2) estudiar el "derecho de Justiniano" en los textos genuinos, haciendo a un lado los extractos y los epítomes, y 3) "establecer" el significado "verdadero" de la compilación justinianea y llevar a la práctica un "ordenado" y "completo" Corpus iuris". *Cfr.* TAMAYO y SALMORÁN, R., *La universidad, Epopeya medieval. Notas para un estudio del surgimiento de la Universidad en el alto medievo.* México, UNAM, 1987, disponible en https://historiadelasuniversidades. files.wordpress.com/2012/10/tamayo-universidad-epopeya-medieval.pdf ; adicionalmente, se puede a consultar MAGALLÓN, J., *El renacimiento medieval de la jurisprudencia romana.* México, UNAM, 2002, pp. 155-234, y sus referencias a Paul Koschaker.

[17] BECK, *op. cit.,* p. 82.

[18] Como ejecutor del ordenamiento municipal, la mayoría de ellos, como refiere Serrano, "de base consuetudinaria, que se remonta a la Alta Edad Media. Costumbre como norma que se pone de manifiesto a partir de unos usos sociales con trascendencia jurídica, y que por su propia práctica reiterada en el curso del tiempo son sancionados como preceptos de obligada observancia". *Cfr.* SERRANO, J., "El derecho municipal medieval de La Cataluña Nueva (s. XIII-XVII)". En L. Beck y J. Solla (Coords.), *Estudios Luso-Hispanos de Historia del Derecho I.* Madrid, Ed. Dykinson, 2018, p. 47.

[19] BECK, *op. cit.,* p. 83.

nacidas y radicadas en Bolonia y las provenientes de otras ciudades, y éstas últimas frente a la autoridad municipal, estuvieron vinculados a dos factores: la costumbre y los estatutos.

Lo *universitas studiurum* medieval

A partir del siglo XIII, al ya referido término de *universitas* se le sumó la denominación de studiurum/studium[20], para designar a la corporación de tipo universitaria. En la universidad boloñesa existieron dos tipos de *universitates studiurum* integradas exclusivamente por estudiantes foráneos, mientras que los estudiantes y maestros nacidos en Bolonia seguían sujetos a la normatividad municipal de la ciudad. Una de las *universitates* fue la de los *ultramontanorum* (los que se encuentran "más allá de las montañas", tomando como referencia los Alpes), a la que pertenecían los estudiantes de las ciudades fuera de la península itálica: germanos, anglos, húngaros, polacos, catalanes, hispanos y galos. La otra, la *citramotanorum* (los que están "más acá o de este lado de las montañas"), a la que pertenecían los estudiantes originarios de la península itálica, con excepción de Bolonia, es decir: toscanos, romanos y lombardos[21].

Respecto a los privilegios que les fueron concedidos a estas corporaciones, representativo de la importancia de la autonomía político-jurídica y del estatuto que ostentaban derivado del reconocimiento y apoyo que recibía por parte de las potestades públicas, de los más conocidos deben mencionarse: la constitución *authentica habita* en el año de 1155, promulgada por el emperador Federico Barbaroja, que prohibía el cobro solidario de deudas a los estudiantes[22], así como el establecimiento de la jurisdicción especial, que en caso de un conflicto entre miembros de las corporaciones este debería ser atendido por el maestro, o bien por el obispo en el caso de los clérigos, sin intervención de la jurisdicción ordinaria de la autoridad municipal de la ciudad; y la *licentia docendi ubique* en el año de 1291, por el papa Nicolás IV, que reconoció oficialmente a la *universitas studium* de Bolonia, y que sumado al estatuto de *studium*

---

[20] *Ibidem*, p. 84.
[21] *Ídem.*
[22] *Ídem.*

generale lo convirtió en un centro de estudios que cumplía con la enseñanza de al menos una de las disciplinas superiores de la época, teología, medicina, derecho civil y derecho canónico, así como de las artes liberales –*trivium* (gramática, retórica y dialéctica) y *quadrivium* (aritmética, música, geometría y astronomía)–.[23]

Como parte de la jurisdicción especial y las autoridades facultadas para ejercerla, los estudiantes tuvieron la facultad de elegir a quien ocuparía el cargo de rector, la autoridad máxima dentro de la corporación de estudiantes, y en el caso de Bolonia, cada *universitates* tuvo su propio rector. Este esquema de elección entre estudiantes duró poco tiempo, ya que al estar conformada la mayoría de la población universitaria por clérigos y conforme a las disposiciones de derecho canónico estaba prohibido el ejercicio jurisdiccional de los laicos sobre los clérigos[24], la silla del rector tuvo que ser ocupada por un clérigo, quien en principio no tuvo ningún impedimento para conocerme causas que involucraran tanto a laicos como a clérigos. El papel del rector estuvo encaminada a desempeñar funciones tanto jurisdiccionales como administrativas, como conocer de las causas civiles y penales de poca monta, y al mismo tiempo, realizar funciones de vigilancia y remuneración de los profesores, situación que cambió dramáticamente entrado el siglo XIV, cuando el comune comenzó a intervenir en la actividad jurisdiccional.

Al término de sus estudios, los peregrinos académicos regresaron a sus hogares, ayudando a la proliferación de otros centros de estudio por toda Europa con el apoyo de sus príncipes y autoridades espirituales, teniendo algunos ejemplos como la Universidad de Oxford 1096, la Universidad de Padua en 1222 y la Universidad de Cambrigde en 1214[25]. Se calcula que para el año de 1500 por toda Europa existían más de 65 centros de estudio universitario, y en el espacio de la península ibérica, en el siglo XV se habla de la existencia de 30 centros de enseñanza, la más célebre la Universidad de Salamanca que destacó por sus estudios de derecho canónico y como inspiración para la creación de universidades en las posesiones de ultramar de la monarquía católica hispana.

---

[23] *Ibidem*, p. 85.
[24] *Ibidem*, p. 84.
[25] *Ibidem*, pp. 86-87.

La educación del jurista en la universidad medieval

El sistema de enseñanza del derecho común, con excepción de la enseñanza de los *iura propia*, se mantuvo relativamente uniforme por toda Europa Occidental en su época medieval y moderna. La homogeneidad en la transmisión y difusión del *ius commune* estuvo caracterizada por la uniformidad de los currículos de las facultades de leyes y cánones en los diversos centros de enseñanza de Occidente, vinculado al trabajo jurisprudencial e interpretativo de sus maestros, que tomaron como base, en el caso del derecho civil, los textos del Digestum vetum, novum e *infortiatum*, así como del Codex y el Volumen, incluido el derecho feudal; y para el derecho canónico, las Decretales de Graciano y Gregorio IX, el *Liber sextus* y las Clementinas.

Los métodos de enseñanza fueron instrumentados por sesiones ordinarias, generalmente realizadas por la mañana, y las sesiones extraordinarias, realizadas por la tarde, ambas impartidas en latín y fundamentalmente orales, derivado de la imposibilidad de acceder a los libros, bienes costosos y escasos, que generalmente podían ser costeados por un número reducido de personas. La sesión ordinaria denominaba como *taxatio punctorum* (elenco de los puntos)[26], regulada por el establecimiento de un calendario, tenía como propósito indicar cuando y cuales fragmentos de que texto debían ser leídos, así como el tiempo de lectura y estudio se debía dedicar a cada uno, su cumplimiento era vigilado por el rector, ya que la sesión representaba la única oportunidad para poder acceder a los libros que conformaban ambos *corpus iuris*. Las sesiones extraordinarias estuvieron enfocadas principalmente a resolver problemas suscitados durante la sesión ordinaria, y que tras la lectura del texto no pudieron ser atendidos a causa de la rigidez en los calendarios. Estas sesiones se conocieron como *disputatio* y *repetitio*[27]; la primera, un debate público en el que los estudiantes protagonizaban un ejercicio dialéctico de disputa en el papel *opponens* y *respondens*, y los demás estudiantes asistían como oyentes; la segunda, dedicada a explicar los textos estudiados en la *taxatio* con mayor profundidad.

---

[26] *Ibidem*, p. 88.
[27] *Ídem*.

La duración de los estudios para la obtención de un grado universitario variaba de centro en centro y el tiempo estaba condicionado al grado que se deseara obtener, siendo el de bachiller el de obtención más breve, oscilando en aproximadamente ocho años, representaba el grado de menor valía en la jerarquía universitaria sin dejar de tener relevancia social, habilitando al egresado para ocupar cargos burocráticos en instituciones laicas y eclesiásticas de la época. El de licenciado, al que normalmente se accedía tras otros cuatro o cinco años de preparación y la obtención del grado a través de un examen oral ante una comisión de maestros, previa comprobación de buenas costumbres. Por último, el grado de doctor, el cual era una especie de título honorífico que señalaba el ingreso de un nuevo licenciado al colegio de doctores, teniendo como forma de titulación el haber impartido una *repetitio*, haber tomado parte en *disputationes*, o bien, haber participado en lecturas públicas[28]; en cualquier caso, había que pagar tasas onerosas y prácticamente inasequibles, por ejemplo, las celebraciones en la Universidad de Salamanca, en la que además de la ceremonia y el banquete, el alumno debería cerrar la celebración con una corrida en la plaza de toros, siendo común que las ceremonias de colocación de grado se celebrarán con un aparato suntuoso y solemne[29]. De acuerdo con Beck, en la misma universidad, entre 1598 y 1626, diez mil setecientos treinta y dos estudiantes obtuvieron el grado de bachillerato, de los cuales siete mil ciento veinticinco (sesenta y siete por ciento) se especializaron en derecho canónico, ochocientos veintinueve (ocho por ciento) en derecho civil y dos mil setecientos setenta y ocho (veinticinco por ciento) a las facultades de teología, medicina y artes liberales. Respecto del universo total de bachilleres, solamente doscientos diez (dos por ciento) estudiantes obtuvieron el grado de

---

[28] "Uno de estos rituales internos lo constituían los actos de conclusiones o debates; en ellos, un escolar o un graduado defendían públicamente una tesis sacada de un pasaje de algún texto autorizado. El sustentante procedía a su alocución en el general de actos, teniendo delante a un doctor que presidía y moderaba desde una cátedra. Detrás del sustentante se hallaba un auditoria de estudiantes y maestros dispuestos a replicarle y disputar". *Cfr.* RUBIAL, A. y GONZÁLEZ, E., "Los rituales universitarios. Su papel político y corporativo". En V. Clasing y E. Villarreal, *Maravillas y curiosidades. Mundos inéditos de la universidad.* Ciudad de México, Antiguo Colegio de San Ildefonso, 2002, p. 137.

[29] BECK, *op. cit.*, p. 89.

licenciado, de los cuales, ochenta y ocho fueron en derecho canónico y cuarenta en derecho civil; y se doctoraron únicamente setenta y nueve alumnos, dieciocho en canónico y doce en civil[30].

Es importante resaltar que gracias a la enseñanza estandarizada del derecho, se observó una transformación en la cultura del uso del libro como un instrumento de trabajo que ayudó a la transmisión de conocimientos, y que derivado de su demanda. Bolonia desarrolló un sistema de reproducción bibliográfica a través del *exemplar*, como modelo oficial de texto dividido en varias *pecies* (fásciculos o cuadernillos), en el que cada una de las *pecia* se alquilaba para ser reproducido y a su conclusión ésta era devuelta para ser entregada para copia la siguiente, por supuesto, previo pago de una tasa al *stationarius*, persona encargada de custodiarlas en la *statio*[31]. Se calcula que el tiempo promedio para reproducir de manera completa el *Digestum Vetus* fue de doce meses (dividida en setenta y tres *pecies*, más ochenta de su aparato de glosas), y las Decretales de Graciano en diecinueve meses, y otros dieciséis meses para sus glosas[32].

Ius commune: corpus iuris civilis y corpus iuris canonicum

El *ius commune* tiene varias acepciones, desde una forma de concebir el derecho hasta un conjunto de normas y doctrina, o una manera de establecer relaciones jurídicas, sociológicas y económicas del hombre con su entorno de personas y cosas. Los estudiosos que más se han acercado a obtener una definición integral del derecho común lo describen como "un conjunto de acciones que a través de leyes, usos y costumbres, decisiones judiciales e interpretaciones doctrinales"[33] integran una cultura jurídica.

Respecto a la temporalidad de aplicación del *ius commune*[34], estamos hablando de un "derecho de larga duración" durante siete siglos, confor-

---

[30] *Ibidem*, 90.
[31] *Ibidem*, pp. 88-89.
[32] *Ibidem*, p. 89.
[33] VALLEJO, *op. cit.*, p. 60.
[34] Se utiliza ese adjetivo, *commune*/común, "por su carácter universal, pues afectó a todos los reinos europeos. Se trata del acontecimiento histórico-jurídico más importante del pasado de Europa, tanto por su extensión temporal y espacial, como por su magnitud".

mado por los dos grandes *corpus iuris*, el *civilis* y el *canocicum*, distinguen dos etapas, una bajomedieval, de formación, desarrollo y madurez; y una moderna, de consolidación, diversificación y extensión[35]; si su aplicación en el tiempo fue tan prolongada, su aplicación territorial tomó el mismo rumbo, su denominación de "común" hace referencia a su vigencia tanto temporal como territorial en el orbe cristiano.

Respecto a la elaboración del *ius commune*, por lo que hace al *corpus iuris civilis*, Del Arenal refiere a Franz Wieacker y su concepto de recepción en el que:

> [...] la admisión de partes principales o esenciales de un ordenamiento jurídico extraño por un pueblo, sin haber sido sometido o dominado por otro, [...] el concepto de recepción refiere a un intercambio cultural en el que estriba la perduración de la civilización humana.

En el que el ordenamiento jurídico extraño corresponde al derecho romano justinianeo, ya extinto para el siglo XI; el pueblo receptor, los pueblos europeos de occidente a través de su enseñanza en los centros universitarios y su aplicación en los tribunales, sin que mediara violencia en ambos procesos, lo que describe, propiamente, al *ius commune* como "resultado del consecuente surgimiento de la ciencia jurídica en la Europa medieval"[36].

Lo refiere también Conte, cuando dice que:

> [...] el conocimiento y estudio de la compilación bizantina, que recogía para el futuro gran parte de los textos a través de los cuales conocemos el derecho romano, fue considerado como la premisa indispensable de la existencia de una ciencia del derecho que no podías más que fundarse

---

Cfr. ROJO, M., "El Derecho común y los juristas castellanos", *Rechtskultur Zeitschrift für Europäische Rechtsgeschichte/European journal of legal history* 6 (2017): p. 2.

[35] VALLEJO, *op. cit.*, p. 60.

[36] DEL ARENAL, J., *Historia mínima del Derecho en Occidente*, 3ª reimp. México, El Colegio de México, 2019, pp. 81-82.

en aquel texto prodigiosamente transmitido a la Edad Media y luego al mundo moderno.[37]

Los rubros de la enseñanza y la judicialización[38], pasando por la existencia de una clase judicial fuerte y organizada, el poder del Papa, la influencia de los señores feudales, la continuidad en la vida rural de algunos pueblos y el uso del latín, determinaron las posibilidades de recepción del derecho romano oriental de región a región, temprana o tardía, intensa o leve, teórica o práctica; de tal suerte, que el fenómeno de la recepción no fue uniforme en Europa occidental. Podemos hablar de lugares de no recepción operativa como Inglaterra, en la que si bien dos de sus grandes universidades Oxford y Cambridge enseñaron y difundieron por siglos el derecho romano de recomposición medieval, los tribunales se negaron a aplicar estos conocimientos; lugares de recepción tardía pero intensa como Holanda y Alemania; y lugares de recepción temprana pero menos intensa como el sur de Francia, Castilla, Aragón y Cataluña que hasta el siglo XIV fueron reinos independientes dentro de la península ibérica[39].

Corpus iuris civilis

Por su parte, la compleja y larga tarea de recomposición textual de los cuatro libros de la compilación justinianea realizada en Bolonia trajo consigo la integración del *corpus iuris civilis* en cinco volúmenes, a través de un proceso de conformación hasta el siglo XIV[40]. El *Digesto* sufrió una reconfiguración peculiar mediante una versión medieval compuesta por un *digestum vetus*, el *digestum novum* y el *infortiatum*[41], siendo estos, los tres primeros volúmenes del *corpus*; el cuarto volumen, el *Codex*, que

---

[37] CONTE, E., *La fuerza del texto. Casuística y categorías del derecho medieval*. Madrid, Universidad Carlos III, 2016, p. 43.

[38] Sobre los estudios del proceso judicial en la Edad Media. *Cfr.* MICELI, P., *Derecho consuetudinario y memoria. Práctica jurídica y costumbre en Castilla y León (siglos XI-XIV)*. Madrid, Universidad Carlos III, 2012, p. 143.

[39] DEL ARENAL, *op. cit.*, p. 84.

[40] VALLEJO, *op. cit.*, pp. 68-71.

[41] *Ibidem*, p. 69.

de los doce libros que comprendía la compilación original, únicamente se utilizaron los primeros nueve, los últimos tres libros a los que se les conoció como *tres libri* y que en su versión original regulaban asuntos de derecho público bizantino, más tarde integrado al quinto volumen[42]; y por último, el denominado *volumen parvum* integrado por el ya mencionado *tres libri*, las institutas, las *novelas* en su calidad de *authenticas*[43], y a partir del siglo XIII, el derecho feudal, con la finalidad de seguir regulando el régimen de tenencia de la tierra dadas por los vasallos y el pacto de feudovasallaje (fidelidad y cuidado entre ellos).

Corpus iuris canonicum

El derecho canónico fue el otro pilar normativo y doctrinal sobre el cual se construyó el derecho común. Una de las claras diferencias respecto al derecho civil es que el derecho canónico es un derecho originariamente medieval que fue elaborado a la par de la propia cultura del derecho común[44], por lo que en este caso no podemos hablar de una reconstrucción de ningún texto como sucedió con la compilación justinianea, sino más bien de una integración de los textos normativos y doctrinales de la iglesia elaborados anteriormente al siglo XI, integrados como el *corpus iuris canonici*.

Fue en el mismo siglo XI cuando comenzaron a proliferar las compilaciones de normas canónicas, las cuales tuvieron un largo proceso de formación hasta el siglo XVIII. Para este momento en Bolonia, Graciano quien recopiló cánones conciliares, cartas decrétales y papales, tenía como objetivo eliminar las antinomias y contradicciones de la tradición canónica para lograr una concordia entren los cánones discordantes –*concordia discordantimun canonum*–[45], siendo el primer volumen del *corpus iuris canonicum*, comúnmente conocido como las Decretales de

---

[42] *Ibidem*, pp. 68-69.
[43] *Las Novelas* fue el libro mejor conservado al estar en manos de la iglesia romana, quien puso especial interés en sus constituciones imperiales, ya que regulaban cuestiones eclesiásticas como la edificación de monasterios, el régimen de los obispos y los clérigos. *Cfr. Ibidem*, p. 67.
[44] *Ibidem*, p. 71.
[45] *Ibidem*, p. 72.

Graciano. La distribución de su obra estuvo dividida en *distinctiones* que agrupó en unidades textuales llamadas *cánones*. Las *distinctiones* abordaban asuntos generales, como el derecho divino, derecho natural, costumbres o constituciones eclesiásticas, además de las *causas*, que fueron los casos prácticos que describían un hecho y planteaban un variable número de *questiones* que se iban abordando conforme a los *cánones* que eran adecuados a su planteamiento y resolución. Para el año de 1150, las Decretales fueron objeto de una reelaboración, que agregó una tercera sección relativa a temas sacramentales, afectando su estructura y contenido e incorporó una serie de textos, algunos de derecho romano, que provocaron falta de coherencia del texto en su conjunto. La importancia de este decreto radica en que fue adoptado como texto básico para la enseñanza y aprendizaje del derecho de la iglesia contribuyendo a su difusión en el orbe occidental[46].

Las colecciones canónicas que sucedieron a las Decretales de Graciano lo conservaron como punto de partida, ya que las decretales eran normas singulares que respondían a principios que se entendían como generales. En 1230, el Papa Gregorio IX asumió el papel de legislador universal y juez supremo de la iglesia, por lo que encargó la realización de una compilación que unificara todo el *ius novum* posterior a Graciano, por lo que en el año de 1234 dictó la bula *Rex Pacificus* en la que estableció a las Decretales de Gregorio IX como la única obra reconocida por la autoridad del Papa para ser utilizada en la vida judicial y académica del derecho canónico[47].

En 1298, el Papa Bonifacio VIII reunió el *ius novum* (1234-1298) de la iglesia en el llamado *Liber Sextus,* nombre que hace alusión, presuntamente, a ser considerado como el sexto libro de las decretales de Gregorio IX, las cuales estaban divididas en cinco libros, al igual que el propio *Liber Sextus*[48]. Posteriormente, el Papa Clemente V ordenó la elaboración de una colección de decretales que fueron publicadas por el Papa Juan XXII con el nombre de constituciones *Clementinas*[49]; y el propio Juan

---

[46] *Ídem.*
[47] *Ibidem,* p. 74.
[48] *Ibidem,* pp. 74-75.
[49] *Ibidem,* p. 75.

XXII realizó otra colección de decretales a las que denominó *Extravagantes de Juan XXII*, el último volumen del *corpus* conformado durante la baja edad media. A principios de la edad moderna las decretales de Graciano, las decrétales de Gregorio IX, el *Liber Sextus*, las Clementinas y las Extravagantes de Juan XXII fueron agrupadas para ser impresas bajo la denominación de *Corpus Iuris Canocici,* se añadiría un sexto volumen denominado *Extravagantes Comunes.*

Si bien podemos decir que los seis volúmenes referidos integraron el *corpus iuris canonici,* es importante aclarar, que únicamente las Decrétales de Gregorio IX, el *Liber Sextus* de Bonifacio VIII y las Clementinas recibieron reconocimiento pontificio para su uso académico y judicial, de ahí que las obras subsecuentes se denominaran como *extravagantes,* término que refiere a que se encontraban fuera de estos decretos, considerándolas como *ius novum* de la iglesia[50].

Utrumque ius

Derivado de la interacción entre los dos *corpora iuris comunes –civilis y canocicum–* se hizo posible la existencia de una relación entre "los derechos" que fue evidenciado en el ámbito académico por la expresión *utrumque ius* (el uno y el otro derecho)[51] representando la composición y unidad del *ius commune,* un derecho estaba en cierto modo dentro del otro, y una de las características más importantes de la enseñanza medieval fue precisamente la duplicidad materializada sobre la base de la *licentia docendi utrumque ius,* los estudiantes de derecho civil estaban obligados por un tiempo determinado, que variaba de centro en centro de enseñanza, a acudir a las lecciones de derecho canónico y viceversa.

Al bajo medievo se le puede identificar con la relevancia de la labor jurisprudencial, como característica esencial del derecho común a través de la historia, ya que gracias a la tarea de intervención, interpretación y doctrina de los juristas podemos hablar del derecho común como un derecho jurisprudencial. Entre las figuras más influyentes, sino la más, está

---

[50]   *Ibidem,* p. 73.
[51]   *Ibidem,* p. 76.

Irnerio[52], la primera *lucerna iurus* de Bolonia, y de quien se conoce hasta nuestros días su trabajo de recomposición de los libros de derecho justinianeo; sus alumnos, Jacobo, Hugo, Búlgaro y Martino, conocidos como los cuatro doctores, continuaron sus métodos de estudio, recomposición e interpretación de los textos de derecho civil. Búlgaro y Martino son reconocidos por el paradigma del enfrentamiento dialéctico, la confrontación y pluralidad de opiniones y soluciones, característica contundente del *ius commune* como derecho jurisprudencial, que lo dotó de una flexibilidad que contribuyó a su vigencia y adaptabilidad a las circunstancias sociales e históricas a lo largo de los siglos en los que estuvo vigente[53].

El derecho no se pensaba en términos jurídicos dentro de un conjunto de principios integrados entre sí en forma de sistema, tal y como lo hacemos actualmente; sino por el contrario, se partía de la cuestión de un problema particular que se buscaba resolver proponiendo soluciones. Gracias a la reflexión y a los años de estudio, los juristas dieron un significado a las normas dotándolas de una interpretación, se dieron a la tarea de comprender el derecho, más allá del ordenamiento jurídico e integraron las prácticas y los usos conforme al orden natural del mundo; así que la profesión jurídica nació con el *ius commune*, hombres que ejercieron el derecho tras largos años de estudio dominando con nivel técnico el contenido normativo y llevando a la práctica la complejidad de la interacción entre el universo normativo que conformó el *corpora iuris* medieval.

Conclusiones

Del Arenal citando a Ortolán en su *Historia mínima ...*, refirió que "todo jurista debe saber historia y todo historiador debe saber derecho"[54], a los juristas la historia del derecho les abre las puertas para cuestionar la concepción contemporánea de lo que entendemos por derecho, instituciones, sociedad y hombres de pasado, en su labor por ordenar y resolver conflictos legales, y olvidar esto ha llevado a suprimir de los planes de estudio de la licenciatura en derecho a la historia jurídica: medieval, moderna, patria;

---

[52] *Ibidem*, pp. 78-79.
[53] DEL ARENAL, *op. cit.*, p. 80.
[54] *Ibidem*, p. 18.

perdiendo terreno la historia del derecho, y con ello perdiendo también "la oportunidad de formar juristas y, por lo tanto, de desarrollar el orden jurídico que la posmodernidad, incluso normativamente, exige"[55].

El derecho desde el punto de vista histórico, o viceversa, la historia desde la perspectiva jurídica, debe ser vista como una herramienta auxiliar poderosa para conocer y dimensionar ideas, necesidades, problemáticas, que la visión positivista de la profesión ha reducido también la forma en la que el jurista comprende el Derecho, como un conjunto de normas vigentes, y siendo la única función "valida" de los abogados operar códigos, leyes y reglamentos redactados por el legislador, y la realidad es, que la historia tiene un impacto mucho más amplio sobre el ordenamiento positivo de lo que identificamos y llegamos a conocer y reconocer. Ya lo decía Estrada, el "derecho romano es puente entre historia y práctica, entre pasado y sensibilidad jurídica [...] para la formación de juristas, tanta historia como sea posible y tanta filosofía como sea indispensable".[56]

También, Cuena Boy lo manifestó en su texto, ¿Por qué estudiar derecho romano?:

> [...] el jurista ha dejado, así, de ser jurista y se ha convertido en ocasiones en un mero practicón, en un rábula ganapleitos, en un leguleyo más atento a las posibles trampas que ofrece el texto legal que preocupado por descubrir la ratio legis y por aplicar correctamente las normas jurídicas. Y así también, [...] ha perdido su prestigio –su auctoritas, diríamos en términos romanos– ante el hombre de la calle, que se ha ido acostumbrando a acudir a un abogado como quien reclama los servicios de un fontanero cuando se le desajusta un grifo del lavabo.[57]

Y aunque parece exagerado, él mismo remonta afirmando que "les sugiero que lo tomen como pronóstico, como triste augurio de lo que terminará por suceder si antes no se pone remedio".[58]

---

[55] ESTRADA, *op. cit.*, p. 23.
[56] *Ibidem*, p. 18.
[57] CUENA, F., "¿Por qué estudiar derecho romano?". En *Anuario de la Facultad de Derecho*. Badajoz, Universidad de Extremadura, 1992, p. 192, disponible en https://repositorio. unican.es/xmlui/bitstream/handle/10902/4006/Cuena%2c%20F.J.%2c%201992. pdf?sequence=1&isAllowed=y
[58] *Ídem.*

El objetivo de este tipo de ejercicios académicos es reescribir la historia jurídica, desmantelar la falsa idea de su poca utilidad, la falacia de sus conceptos y la desmitificación de su no actualidad a los ojos de los modernos, porque debemos estar claros, que la historia del derecho asume el rol de "formar" juristas capaces de relativizar la concepción contemporánea del derecho vigente, concepción que al paso de los años no siempre ha sido la misma, porque los problemas humanos han sido diferentes, sencillamente porque las personas no siempre son iguales, como sucedió con los romanos clásicos y su concepción sobre el derecho, que nada tuvo que ver con *directum*, sino con el *ius*, "un orden justo, nunca definitivo y siempre capaz de realizarse o de rehacerse en caso de ser violentado"[59], existente mediante el ejercicio de la *iustitia*, en palabras de Ulpiano, la constante y perpetua voluntad de dar a cada quien lo suyo.

La *ius* historia auxilia al jurista, permitiéndole, en un primer momento, conocer los fundamentos de las instituciones y las normas, dotándolo de argumentos que le permitan superar el legalismo, y entonces construir soluciones más humanas, generando conexiones esenciales con la realidad social, en tanto que su objetivo sea lograr una sociedad más justa con hombres más libres[60], representados y reconocidos. A través del estudio de la historia del derecho, es que se puede comprender que "el derecho entendido como orden justo no prescinde de su naturaleza normativa"[61], y en ese entendimiento radica su importancia, porque las normas, costumbres, jurisprudencia, al paso del tiempo se han expresado para normar la conducta de los destinatarios de los mismos y a reestablecer el orden justo. Ya lo decía Cuena al citar a Ortega, que "el pasado es pasado 'no porque pasó a otros, sino porque forma parte de nuestro presente, de lo que somos en la forma de haber sido; en suma, porque es nuestro pasado"[62].

---

[59] DEL ARENAL, *op. cit.*, p. 27.
[60] *Ibidem*, p. 19.
[61] *Ibidem*, p. 28.
[62] CUENA, *op. cit.*, p. 193.

~

SOBRE LOS ORÍGENES DE LA CÁTEDRA DE DERECHO PENAL EN LA UNIVERSIDAD DE ZARAGOZA

Juan Francisco Baltar Rodríguez[1]
Universidad de Zaragoza

Introducción

Acudo con este trabajo a la llamada del profesor Manuel Andreu Gálvez para conmemorar los 50 años del nacimiento de la Facultad de Derecho de la Universidad Panamericana. Resulta para mí un grato compromiso colaborar en esta empresa académica y agradecer así el buen trato que siempre he recibido en mis visitas a esta noble institución universitaria mexicana. También quisiera aprovechar este trabajo para rendir un homenaje a dos profesores universitarios recientemente fallecidos en mi Facultad de Derecho de la Universidad de Zaragoza en España. Me refiero a los catedráticos Luis Gracia Martín y Juan Felipe Higuera Guimerá. Sirvan estas palabras para testimoniar mi sentimiento ante el reciente e inesperado fallecimiento de ambos colegas y compañeros en

---

[1]   Catedrático de Historia del Derecho y de las Instituciones de la Universidad de Zaragoza. Ha sido vicedecano de estudiantes de la Facultad de Derecho y cuenta con una trayectoria de más de 30 años en investigación y docencia.

el Departamento de Derecho Penal, Filosofía e Historia del Derecho de nuestra Universidad.

En el proceso de estatalización y modernización de la enseñanza del Derecho, emprendido por los ministros ilustrados en el siglo XVIII y continuado por los gobiernos liberales en el siglo XIX, se procedió al control estatal de las universidades, la uniformización de los planes de estudios, la creación de un cuerpo nacional de catedráticos y la constitución a través de los diversos planes de estudios de ramas del Derecho diferenciadas que contaban con sus propias cátedras. Podemos afirmar que el modelo de áreas de conocimiento que hoy conocemos no se afianzó hasta el siglo XX, pero a lo largo del siglo XIX en el progresivo proceso de diferenciación de las materias tradicionales de enseñanza del Derecho –el Derecho romano y canónico– en favor de materias prácticas y nacionales, se fue abriendo paso la necesidad de que se constituyeran cátedras, entre ellas las de Derecho penal, a medida que el peso doctrinal y práctico de estas materias se consolidaba[2].

Por ejemplo, en el plan de estudios de 1842 el Derecho penal y el Derecho administrativo se encuentran unidas en la misma cátedra y asignatura: Elementos de Derecho penal, de procedimientos, de derecho administrativo. Es cierto que la unión fue fugaz y en las reformas y planes de estudios posteriores el Derecho administrativo y el Derecho penal siguieron derroteros distintos: normalmente el Derecho administrativo vinculado al Derecho político y el Derecho penal con el Derecho mercantil hasta la creación de cátedras propias para cada una de las materias en la reforma de 1883-1884 y en 1900. En los planes posteriores –1921, 1928, 1930, 1931, 1944, 1953– se respetará esta estructura de materias principales.

He querido poner el foco de interés en el surgimiento académico de la disciplina penal, la aparición de las cátedras de Derecho penal en la universidad española y, singularmente hacer referencia a este primer desarrollo en la Universidad de Zaragoza. Cuando hace treinta años

---

[2]   En la reforma de 1883-1884 se constituyen las cátedras de Historia general del Derecho, Derecho penal, Derecho mercantil, Hacienda pública, Derecho internacional, Derecho procesal, Economía política, etc. Habrá que esperar a la reforma del año 1900 para que el Derecho político y el Derecho administrativo se constituyan como cátedras separadas.

Antonio Cuerda Riezu realizaba una tabla genealógica-científica sobre los penalistas entonces en activo, señalando su procedencia e integración en diversas escuelas, citaba a Luis Gracia Martín y Juan Felipe Higuera Guimerá junto con José Luis Díez Ripollés, Carlos Romeo Casabona, Alfonso Guallart de Viala[3] y José Luis Manzanares Samaniego como discípulos del profesor Cerezo Mir, y vinculaba a este último con Juan del Rosal Fernández por haberle dirigido la tesis doctoral –*Lo objetivo y lo subjetivo en la tentativa*– defendida en 1964, si bien Cerezo se distanció profesional y científicamente de su director de tesis, pasó a ser ayudante de Antón Oneca y se reconoció como discípulo de Antón Oneca[4]. En cualquier caso, tanto Del Rosal Fernández como Antón Oneca aparecen en la tabla como discípulos de Luis Jiménez de Asua, y este de Quintiliano Saldaña y García-Rubio[5].

Quintiliano Saldaña había nacido en 1878 y murió durante la Guerra Civil en Madrid en 1938. Fue catedrático en Santiago y en Sevilla, también en la Universidad Central. De esa generación de penalistas se mencionan en la citada tabla genealógica-científica a Constancio Bernaldo de Quirós (1873-1959), Jerónimo Montes Luengos (1865-1932), Álvarez-Valdés, Valentín Silva Melero (1905-1982), José María López Riocerezo (1912-2003), Emilio Langle Rubio (1886-1967), Alejandro Benito y Curtó, Adolfo de Miguel Garcilópez, Luis Silvela y de Le Vielleuze (1839-1903), José Valdés Rubio (1853-1914), José Rafael Mendoza Troconis (1897-1977), Francisco Leal de Ibarra y Orozco (1849-1909), Pedro Dorado Montero (1861-1919), Ramón Ramiro Rueda Neira (1840-1904), Pedro Rovira Carreró (1870-1936), Manuel Durán y Bas (1823-1907), Félix Aramburu y Zuloaga (1848-1913). Pero no encontramos mención ninguna a penalistas que ejercieran su docencia, y en su caso investigación, en la Universidad de Zaragoza de finales del siglo XIX y comienzos del XX. Vamos a ocuparnos de rellenar esta laguna.

---

[3]   Su tesis doctoral, defendida en 1972, llevaba como título *El sistema penal del Derecho histórico aragonés en sus fuentes locales y territoriales* y fue dirigida por D. José Orlandis Rivera catedrático de Historia del Derecho. CUERDA RIEZU, A., "Tabla genealógico-científica de los profesores españoles de Derecho penal en el siglo XX", *Anuario de Derecho penal y ciencias penales* 43.1 (1990): 99-116.

[4]   CUERDA RIEZU, *op. cit.*, pp. 103, 112-113.

[5]   *Ibidem*, p. 112.

La enseñanza del Derecho Penal en el siglo XIX

El Derecho penal como materia de formación de los futuros juristas ha estado siempre presente, de una manera u otra, en la universidad española. Basta comprobar el contenido de los textos histórico-jurídicos desde la séptima Partida del siglo XIII –"aquí se comienza la setena partida deste libro, que fabla de todas las acusaciones, et malfetrias que los homes facen porque merescen haber pena"[6]– hasta la *Novísima Recopilación* redactada a comienzos del siglo XIX: "Libro Duodécimo. De los delitos, y sus penas, y de los juicios criminales". Con la política ilustrada del siglo XVIII y con las reformas liberales del siglo XIX se intentaron adaptar los planes de estudio de las universidades españolas a las nuevas corrientes e intereses académicos. También en el ámbito del Derecho y singularmente del Derecho penal dando lugar a la creación de cátedras universitarias específicas de esta materia, si bien para conseguirlo plenamente habría que esperar hasta casi el final del Ochocientos.

La política ilustrada y liberal promovió una enseñanza superior centralizada y uniformadora, con los mismos planes de estudio, el control de los programas y manuales de enseñanza, la formación de cuerpos docentes dependientes del Estado, la secularización de la educación superior. También con la creación de cátedras universitarias que acogieran las diversas ramas de saber jurídico. Desde mediados del siglo XIX, con las reformas liberales aparece la materia de Derecho penal como asignatura, si bien no se considera que tenga la suficiente entidad para figurar separada y lo hace unida a otras materias que le son concomitantes. Así en el plan de estudios de 1842 figura en tercer curso una asignatura de Derecho penal, procedimientos y Derecho administrativo y en quinto curso una de Códigos civiles españoles, el de comercio y materia criminal[7].

En los planes de estudios ilustrados o en los planes de comienzos del siglo XIX se fijan las obras que debían emplearse en la enseñanza pública.

---

[6] En los títulos que componen la séptima Partida se trata por extenso de traiciones, raptos, difamaciones, estafas, furtos, homeciellos, engaños, etc. *Las Siete Partidas del rey Don Alfonso el Sabio*, tomo III. Madrid, Real Academia de la Historia, 1807.

[7] CUERDA RIEZU, *op. cit.*, p. 103.

Entre los años 1841 y 1845 hubo una cierta flexibilidad a la hora de fijar una lista de libros de texto considerados útiles. Eran fijados por la Dirección General de Estudios. Por ejemplo, en octubre de 1841 se hizo una propuesta de obras[8], renovada el 23 de mayo de 1842 con otros títulos entre los cuales en materia penal se incluían el *Tratado de Derecho penal*, del profesor de Derecho político y constitucional de la Universidad de París Iván Pérez Rossi, traducido por D. Cayetano Cortés y publicado en Madrid en 1839 en 2 volúmenes, útil para texto en la asignatura de derecho público criminal; *Tratado de los delitos y de las penas*, por el marqués de Beccaria, traducido por D. Juan Ribera y publicada en 1821, útil para consulta en la asignatura de derecho público criminal; *Comentarios al anterior*, por D. Ramón de Salas y Cortés –*Comentarios del ciudadano Ramón Salas, Doctor de Salamanca, al Tratado de los delitos y las penas, escrito por el Marqués de Beccaria*–, útil para consulta en la asignatura de derecho público criminal[9].

---

[8] Para las asignaturas de Derecho se proponían las siguientes obras: *Derecho natural y de gentes, y legislación universal.* Heinecio, anotado por Garrido; Watel; Felice; Rayneval; Burlamaqui; Perreau; Heinecio, traducido por J. A. Ojea; Curso del Derecho natural o de Filosofía del Derecho, por H. Ahrens, traducido por D. Ruperto Navarro Zamorano. En *Derecho romano e Historia del mismo: Instituciones y recitaciones* de Heinecio; Puede consultarse la obra titulada Historia de las Leyes, Plebiscitos y Senado-consultos más notables, por D. Antonio de Puente y Franco; Compendio de Dupin; Maldonado. En *Derecho civil de España.* Elementos del Derecho civil y penal de España por D. Pedro Gómez de la Serna y D. Juan Manuel Montalbán; El Sala; Elementos de Derecho patrio por Escriche. En *Derecho criminal de ídem.* Gutiérrez. En *Derecho público.* La Constitución de 1837; Salas; Macarel; Malesherves. Para la materia de *Partidas y Recopilación,* Sala. En *Práctica forense,* Gómez Negro; Tapia, Febrero novísimo. En *Jurisprudencia mercantil,* Tapia, Código de comercio, puede consultarse el Código de comercio extractado y anotado por un abogado de los tribunales nacionales. En *Elocuencia forense,* Andino y Hermosilla. En *Derecho político,* Macarell, Benjamín Constant y Castrillón. Para *Legislación civil y penal,* el compendio por Escriche (extracto del Bentham). En *Elocuencia sagrada y forense,* por D. Félix Enciso Castrillón. En *Economía política,* Vallesantoro; Flórez Estrada; Revista general de la economía política, por D. Mariano Torrente; Rossi, traducido por Madrazo; y merece ser consultada la obra titulada Elementos de la Ciencia de la Estadística, por A. P. J. de Sampayo, traducida al castellano por D. Vicente Díez Canseco. MARTÍNEZ NEIRA, M. "Los libros útiles o la utilidad de los libros. Manuales de Derecho entre 1841 y 1845". En M. Á. Bermejo Castrillo (Ed.), *Manuales y textos de enseñanza en la universidad liberal. VII Congreso internacional sobre historia de las universidades hispánicas.* Madrid, 2004, pp. 581-593.

[9] MARTÍNEZ NEIRA, *op. cit.,* p. 584.

En los años siguientes y al hilo de las sucesivas leyes y reformas se irán conformando diversas asignaturas con contenido de Derecho penal: desde 1845 Derecho civil, mercantil y criminal de España, dos años después Historia y elementos del Derecho civil, comercial y criminal de España[10], en 1850 Ampliación del Derecho español, parte mercantil y penal y fueros particulares, el reglamento de septiembre de 1852 de Ventura González Romero concede mayor importancia al Derecho penal en asignaturas como Elementos del Derecho penal y Ampliación del Derecho mercantil y penal (también en 1866), en la ley Moyano se contempla una asignatura que engloba la materia mercantil y criminal Derecho mercantil y penal, nuevamente confirmada en 1866.

Por tanto, como vemos el Derecho penal no contaba con una cátedra propia y se encontraba asociado a otras materias –civil, y mercantil principalmente– y desde 1857 formando una sola asignatura con mercantil. Hasta la reforma del plan de estudios de 1883 el Derecho penal estuvo unido al Derecho mercantil. *Elementos de Derecho mercantil y penal* es, por ejemplo, la asignatura que imparte en Zaragoza el catedrático Jorge Sichar en 1860-1861. En el programa de la asignatura del curso 1867-1868 se dedican 73 temas al Derecho mercantil y 42 al Derecho penal. Jorge Sichar provenía de la Universidad de Huesca donde llegó a ser rector en 1840. Por Real Orden de 10 de septiembre de 1845 fue trasladado a la Universidad de Zaragoza tras la extinción de la universidad oscense. Sichar falleció el 14 de enero de 1877[11].

Unos años antes, en mayo de 1854, Francisco de la Pisa Pajares había llegado a la Universidad de Zaragoza como catedrático de Elementos de Historia y Derecho romano. Se haría cargo también de la enseñanza del Derecho penal hasta el año 1857. Aunque participa de la vida académica de

---

[10]   En Zaragoza, para el curso 1851-1852, Jorge Sichar realiza un programa con 160 temas de los cuales 18 son de Historia del Derecho, 91 de Derecho civil, 24 de Derecho mercantil y 27 de Derecho penal. ÁLVAREZ, C., "voz Jorge Sichar y Salas", *Diccionario de Catedráticos Españoles de Derecho (1847-1943)*, disponible en http://portal.uc3m.es/portal/page/portal/instituto_figuerola/programas/phu/diccionariodecatedraticos/lcatedraticos/sicharsalas_j (fecha de acceso: 8 de marzo de 2021).

[11]   Había sido trasladado a la cátedra de Elementos de Derecho mercantil y penal por Real Orden de 30 de septiembre de 1858. BALTAR RODRÍGUEZ, J. F., *Las disciplinas científicas en la Facultad de Derecho de Zaragoza 1845-1940: los catedráticos*. Zaragoza, Lusar, 2017, pp. 94-95 y 108.

la Facultad de Derecho, por ejemplo fue secretario de la Facultad y colabora en la organización de la Academia Jurídico-Práctica, Francisco de la Pisa tenía como objetivo regresar a la Universidad de Valladolid, lo que consigue mediante permuta con el aragonés Ponciano Alberola en mayo de 1863[12].

Con las reformas del llamado Plan Pidal y con la Ley de Instrucción Pública de 1857, la Ley Moyano, se consolidan los planes de centralización y uniformización. Las universidades quedan reducidas a diez en toda España. En las facultades de Derecho la materia de Derecho penal se estudia en varias asignaturas –Instituciones de Derecho civil, penal, mercantil, político y administrativo de España; Historia y ampliación del Derecho civil, penal y mercantil de España, con el estudio de los códigos y fueros provinciales– pero todavía no se establece en una cátedra propia, y no recibe un tratamiento singular, sino que viene acompañada de otras materias, sobre todo civil y mercantil[13]. Como corresponde a la descripción de la asignatura los manuales con los que se preparaban los estudiantes siguen el mismo criterio y así el de Gómez de la Serna y Montalbán publicado en Madrid en 1865 (7ª edición) se titulaba *Elementos del Derecho civil y penal de España, precedidos de una reseña histórica*[14].

En Zaragoza Nicolás Canales Ibáñez se encargaría de enseñar Derecho mercantil y penal desde enero de 1877, tras la muerte de Sichar. Materia esta última, que si bien había sido objeto de su interés académico –por ejemplo en 1868 había dedicado el discurso que pronunció en la Universidad Central a la *Teoría fundamental de las circunstancias atenuantes y agravantes en los delitos* publicado ese mismo año[15]– no lo había sido en cuanto a docencia u ocupación de cátedras hasta entonces. Canales estudió en la Facultad de Derecho de Zaragoza, donde recibe el nombramiento de auxiliar en 1867. Se ocupa de enseñar Derecho civil. Tuvo un

---

[12] LOPEZ MEDINA, A. M., "Voz Francisco de la Pisa Pajares", *Diccionario de Catedráticos Españoles de Derecho (1847-1943)*, disponible en http://portal.uc3m.es/portal/page/portal/instituto_figuerola/programas/phu/diccionariodecatedraticos/lcatedraticos/ppajares (fecha de acceso: 8 de marzo 2021).

[13] CUERDA RIEZU, *op. cit.*, p. 104.

[14] *Ibidem*, pp. 104-105.

[15] MARTÍNEZ CHÁVEZ, E. E., "Voz Nicolás Canales Ibáñez", *Diccionario de Catedráticos Españoles de Derecho (1847-1943)*, disponible en http://portal.uc3m.es/portal/page/portal/instituto_figuerola/programas/phu/diccionariodecatedraticos/lcatedraticos/cibanez (fecha de acceso: 19 de febrero de 2021).

leve contacto con el Derecho penal cuando el Rector le nombra, en 11 de octubre de 1870, catedrático interino de una asignatura del Notariado: Nociones de Derecho civil, mercantil y penal, que sólo ejerció hasta 1872. Ganó por oposición la cátedra de Ampliación de Derecho civil, en Granada. Nombrado por Real Orden de 15 de julio de 1872. Tres años después, en 1875 consigue también por oposición la cátedra de Economía política y estadística en Zaragoza. Pero esta plaza fue impugnada. Según sentencia de la Sala de lo Contencioso del Consejo de Estado la cátedra le fue adjudicada a José Manuel Piernas Hurtado y se declara a Canales como excedente en 8 de agosto de 1876. Finalmente, después de medio año de excedencia se le adjudicaría la cátedra zaragozana de Derecho mercantil y penal.

La dotación de cátedras en el plan de estudios de 1883

Ya hemos apuntado más arriba que habría que esperar a las reformas universitarias de 1883 para asistir a la creación de las cátedras separadas de Derecho penal. Se desgajan las dos materias hasta entonces unidas, el Derecho mercantil y el Derecho penal. La nueva asignatura se denominará en 1883 Derecho penal y procedimiento criminal y simplemente Derecho penal desde 1884.

En efecto, el llamado plan Gamazo, debido al ministro Germán Gamazo, introdujo una reforma en los planes de estudio que afectaría también a los de Derecho. Se publicó el Real Decreto de 2 de septiembre de 1883 en la *Gaceta de Madrid* del día 6, y propuso una serie de modificaciones tendentes a modernizar y renovar, adecuándolos a las nuevas necesidades sociales, los estudios jurídicos. Se introdujeron asignaturas de carácter preparatorio y entre las propiamente jurídicas se suprimieron materias, se crearon o desgajaron otras. Así durante la Licenciatura se cursarían las siguientes asignaturas: Reseña histórica de las principales transformaciones sociales y políticas de los pueblos europeos, Literatura española y nociones de Bibliografía y Literatura jurídicas de España, Ampliación de Psicología y nociones de Ontología y Cosmología, Economía y Estadística, Principios de Derecho natural, Historia general del Derecho español, Derecho Romano, Derecho civil español, común y foral, Derecho penal y procedimiento criminal, Derecho mercantil de España y de las principales naciones de Europa y América, Elementos de

Derecho eclesiástico general y particular de España, Derecho administrativo, político y nociones de lo Contencioso, Elementos de Hacienda pública, Derecho internacional público, Derecho internacional privado, Derecho procesal, civil, canónico y administrativo, Teoría y práctica de redacción de instrumentos públicos y actuaciones judiciales. Y durante el doctorado se estudiaba Filosofía del Derecho, Historia y examen crítico de los más importantes Tratados de España con otras Potencias, Instituciones civiles y políticas de los principales Estados de Europa y América, Derecho público eclesiástico e Historia particular de la Iglesia española[16]. Como vemos ya aparece la materia de Derecho penal como una asignatura separada que contará con su propia cátedra.

Sin embargo, había que adaptar este cuadro de materias a la realidad de cada una de las facultades de Derecho españolas, por eso, desde el Ministerio de Fomento se solicitó a los rectores que se convocaran los órganos de gobierno de las universidades y se redistribuyera la enseñanza de las nuevas asignaturas entre los profesores de Derecho de cara al curso 1883-1884[17]. En la Junta de Facultad de Derecho todos los catedráticos se reunieron el 18 de septiembre. Los catedráticos de Romano, Ripollés y Sásera manifestaron que el primero se encargaría provisionalmente de Principios de Derecho Natural[18] y el segundo definitivamente de Derecho romano en el nuevo plan de estudios, así como mientras existieran alumnos del plan antiguo Ripollés daría Derecho romano segundo curso y Sasera el de primer curso[19].

Domingo Alcalde, catedrático de Derecho civil, expuso que mientras se proveía la cátedra de Elementos de Hacienda pública se haría cargo de la misma ya que tenía el título de licenciado en Derecho administrativo

---

[16]   Real Decreto de 2 de septiembre de 1883.

[17]   Real Orden de 12 de septiembre de 1883 determinando los Profesores que deben encargarse de las enseñanzas de la Facultad de Derecho conforme a las exigencias de su nueva organización. *Gaceta de Madrid* n° 256 de 13 de septiembre de 1883.

[18]   El artículo 2° de la Real Orden disponía que uno de los catedráticos de Derecho romano se haría cargo de la asignatura Principios de Derecho natural.

[19]   El catedrático de Derecho Romano, Mariano Ripollés, hizo constar su pretensión de que se le encomendara una cátedra de Derecho civil español, común y foral, ya que había sido antes catedrático por oposición de Ampliación de Derecho civil.

como prescribía el artículo tercero de la Real Orden[20]. Los catedráticos de Derecho Canónico y Disciplina Eclesiástica acordaron, según establecía el artículo 5 de la Real Orden[21], hacerse cargo definitivamente Clemente lbarra de la nueva asignatura titulada Elementos de Derecho Eclesiástico general y particular de España, y Pedro Berroy después de toda una vida dedicada a la enseñanza del Derecho canónico se haría cargo de Teoría y práctica de redacción de instrumentos públicos y práctica de redacción de instrumentos públicos y actuaciones judiciales que ejercería hasta su muerte en noviembre de 1889. El catedrático de Derecho político y administrativo, Salvador Cuesta, se ofreció a desempeñar provisionalmente, hasta su provisión, la cátedra de Historia general del Derecho español. Canales reclamó la asignatura de Derecho Penal y Procedimiento criminal, en virtud del artículo 4º de la Real Orden que decía que los Catedráticos de Derecho mercantil y penal optarán por una de las dos cátedras que resultaban de la nueva organización[22].

Los primeros catedráticos en la Universidad de Zaragoza

En 1883 D. Nicolás Canales lbáñez impartía Derecho mercantil y penal en Zaragoza. Ante la alternativa que se le plantea con la nueva organización de asignaturas eligió hacerse cargo del Derecho penal, por solicitud de 29 de septiembre de 1883 confirmada por el Director General de Instrucción Pública el 25 de septiembre de 1884. Así que podemos afirmar que Nicolás Canales sería el primer catedrático de Derecho penal en la Universidad de Zaragoza. Las obras de Canales son muy escasas. Conocemos tres. Una dedicada a la materia penal, otra a la legislación hipotecaria y

---

[20] El artículo 3º de la Real Orden exponía que "la asignatura de Elementos de Hacienda Pública continuará a cargo de sus profesores titulares en las Universidades de Madrid y Barcelona; y mientras legalmente se proveen las cátedras de las ocho Universidades restantes, los Rectores podrán encargar de ellas a cualquiera de los Catedráticos numerarios de la Facultad que tenga título de Licenciado en Derecho administrativo".

[21] Los catedráticos de Derecho Canónico debían ponerse de acuerdo para decidir quién se encargaría de Elementos de Derecho eclesiástico. El catedrático excedente podría elegir cualquier otra nueva cátedra de las creadas por el Real Decreto del día 2 de septiembre.

[22] Archivo General de la Administración (en adelante AGA), Caja 32/16383.

una última sobre cuestiones sociales[23]. Canales falleció en 1895, siendo sustituido por el profesor Luis Mendizábal Martín.

Mendizábal Martín no era un penalista y su paso por la cátedra de Derecho penal de Zaragoza tuvo un carácter instrumental hasta ubicarse en una materia más acorde con sus intereses científicos y académicos. Luis Mendizábal era un zaragozano nacido en la calle del Coso nº 61 el 10 de noviembre de 1861 y bautizado en la iglesia de San Gil. Basta repasar los títulos de sus obras para comprobar que su interés se encontraba en el Derecho natural y la Filosofía del Derecho. Desde que obtuviera la cátedra de Elementos de Derecho natural en la Universidad de Salamanca en 1887 hizo todo tipo de gestiones para poder acercarse a Zaragoza: a finales de ese mismo año pasa a Valladolid también como catedrático de Elementos de Derecho natural y en 1893 mediante permuta con el catedrático de Procedimientos judiciales de la universidad vallisoletana consigue a continuación permutarla con el catedrático de Zaragoza y volver a su ciudad natal como catedrático de Procesal. En 1895, cuando fallece Canales, solicita la cátedra de penal en virtud del artículo 2º del Real Decreto de 23 de julio de 1894 y Real Orden de 25 de junio de 1895. Fue catedrático de penal durante diez años hasta que se traslada a Madrid para cubrir la cátedra de Filosofía del Derecho que había quedado vacante por fallecimiento de Giner de los Ríos. En Madrid se jubilará en 1931 y allí fallece ese mismo año[24].

Tras la marcha de Mendizábal la enseñanza del Derecho penal en Zaragoza recayó en un joven profesor: Enrique de Benito y de la Llave. Natural de Toledo donde nació el 13 de julio de 1882, junto con su familia

---

[23] En 1875 publica en Granada *Legislación hipotecaria española. Historia, concordancia y explicación filosófica y exegética de las leyes de 1861 y 1869 y de los Reglamentos dados para su ejecución.* Y en 1884 publica en Zaragoza el discurso que leyó en el acto de apertura del curso académico de 1884-1885 y que dedicó al *Juicio crítico de las reformas jurídico-sociales que al presente reclaman, en favor de la mujer, los partidarios de su completa emancipación.* MARTÍNEZ CHÁVEZ, *op. cit.*

[24] Entre sus obras: *La fórmula de la justicia* Zaragoza 1890, *Principios de Derecho natural* Zaragoza 1903, *Principios morales básicos* Zaragoza 1915, *El indestructible Derecho natural* Zaragoza 1931 y *Tratado de Derecho natural* Zaragoza 1931. PUYOL MONTERO, J. M., "Voz Luis Mendizábal Martín", *Diccionario de Catedráticos Españoles de Derecho (1847-1943)*, disponible en http://portal.uc3m.es/portal/page/portal/instituto_figuerola/programas/phu/diccionariodecatedraticos/lcatedraticos/mmartin (fecha de acceso: 19 de febrero de 2021).

se traslada a Zaragoza, tal vez debido a la profesión de su padre el coronel de infantería Alejandro de Benito Álvarez. En Zaragoza Enrique de Benito cursó los estudios de bachillerato y la carrera de Derecho. Fue un alumno brillante: se licenció con premio extraordinario. En 1903 obtuvo el grado de doctor en la Universidad Central. Su trabajo de tesis se publicó en Zaragoza con el título de *Juicio crítico de las Empresas Políticas de Saavedra Fajardo y examen de su doctrina jurídica*. Se encamina a la enseñanza universitaria y con 21 años gana por oposición la plaza de profesor auxiliar del 4° grupo de la Facultad de Derecho de Zaragoza, donde se le encomendaría la enseñanza del Derecho penal[25]. En Zaragoza publica en 1905 *La criminología del Quijote*, fruto de una conferencia que pronunció el 6 de mayo del mismo año en un ciclo sobre *Lecciones Universitarias del Quijote* en el que intervienen otros profesores de la Facultad de Derecho como Juan Moneva y Puyol[26].

Los derroteros universitarios encaminaron a Enrique de Benito hacia otros lugares de España separándolo de Zaragoza. El 13 de diciembre de 1905 ganó por oposición la cátedra de Derecho penal de la Universidad de Santiago, y un año después se traslada a la de Oviedo. Aquí puso en marcha un laboratorio y museo de Criminología. La universidad ovetense no fue su último destino, ya que en 1921 se trasladaría a la cátedra de Derecho penal de la Universidad de Valencia. Finalmente, en la ciudad levantina falleció a una temprana edad el 27 de octubre de 1930[27].

Inocencio Jiménez y Vicente y José Guallart y López de Goicoechea

Podríamos considerar a Inocencio Jiménez y Vicente y a su discípulo José Guallart como los primeros catedráticos de Derecho penal en Zaragoza.

---

[25] PETIT, C., "Voz Enrique de Benito y de la Llave", *Diccionario de catedráticos españoles de Derecho (1847-1943)*, disponible en http://portal.uc3m.es/portal/page/portal/instituto_figuerola/programas/phu/diccionariodecatedraticos/lcatedraticos/ebenitollave (fecha de acceso: 19 de febrero de 2021).

[26] Moneva escribe sobre *El Clero en el Quijote* y Antonio Royo Villanova sobre *Cervantes y el derecho de gentes: la Guerra en el Quijote*. BALTAR RODRÍGUEZ, *op. cit.*, p. 112. Precisamente Moneva había solicitado hacerse cargo de la cátedra de Penal tras la marcha de Mendizábal. Se le denegó la petición para no dañar los derechos del auxiliar de 4° curso. En Madrid a 6 de agosto de 1904, expediente personal de catedrático numerario, en AGA, leg. 9613.

[27] PETIT, *op. cit.*

Jiménez y Vicente había nacido en Zaragoza el 9 de noviembre de 1876. A pesar de su intensa dedicación a la cuestión social y la previsión social española puede considerársele un penalista. Tuvo una formación intensa en el extranjero, explicó la asignatura durante casi dos décadas en la Facultad de Derecho de Zaragoza, contó con publicaciones importantes sobre la materia, así como una actuación técnica-política en la redacción del Código Penal de 1928 y formó a discípulos que le sucedieron en la cátedra zaragozana.

Ya vimos que ni Canales ni Mendizábal se dedicaron al Derecho penal y Enrique de Benito tuvo un paso fugaz por la capital aragonesa. Jiménez y Vicente ganó su plaza de catedrático por oposición el 9 de mayo de 1906 y culminó su carrera académica en la Universidad de Madrid con los Estudios Superiores de Derecho Penal y Antropología Criminal en el Doctorado, nombrado en el BOE de 11 de enero de 1941. Falleció en Madrid el 27 de abril de ese mismo año.

Inocencio Jiménez y Vicente tuvo una gran actividad pública mostrando gran interés por la llamada cuestión social desde un punto de vista cristiano. Estudió el bachillerato en las Escuelas Pías y Filosofía y Letras y Derecho en la Universidad de Zaragoza. Comenzó a trabajar como profesor auxiliar en la misma Facultad y en 1902 hizo el doctorado en Derecho en Madrid. Fue pionero en la formación en el extranjero. Se valió de plazas pensionadas establecidas por el Ministerio de Instrucción Pública y Bellas Artes y posteriormente de las becas de la Junta de Ampliación de Estudios. En Francia, Italia y Bélgica estudió sociología jurídica. Formó parte del grupo de intelectuales católicos interesados en la llamada cuestión social. Pertenecía a la corriente del catolicismo social de gran importancia en Zaragoza a finales del siglo XIX y comienzos del XX. Especialmente desde la década de los 20 se dedica profesionalmente al Instituto Nacional de Previsión, trasladándose a Madrid.

Desde el punto de vista del Derecho penal y siguiendo la caracterización que realizara su discípulo en Zaragoza, José Guallart y López de Goicoechea, Jiménez y Vicente se adscribió a la Escuela Clásica, aunque estuvo interesado en las nuevas aportaciones sobre todo en el ámbito del Derecho preventivo y del Derecho penitenciario. Así por ejemplo en el curso 1914-1915 impartió varias lecciones sobre Derecho penitenciario y en 1921 un curso sobre pedagogía correccional. En diversas comunicaciones y participaciones en congresos científicos nacionales e internacionales –por ejemplo, en el X Congreso Penal y Penitenciario Internacional celebrado en Praga en agosto de 1930–, así como en publicaciones, expuso sus aportaciones sobre el concepto de represión, encubrimiento, medidas de seguridad, reforma y mejora del Código Penal. Durante la Dictadura de Primo de Rivera formó parte de la Comisión de Codificación para sustituir al Código de 1870, con la redacción definitiva de Galo Ponte y promulgado el 8 de septiembre de 1928[28]. Con motivo de estos trabajos publicó en Zaragoza en este mismo año *La reforma del Código Penal*.

Inocencio Jiménez y Vicente introdujo en Zaragoza el estudio del Derecho penal y jurisdicción de los menores. En 1932 publica, también en la capital aragonesa, una obra que recoge sus planteamientos y reflexiones de muchos años, *Los tribunales tutelares de menores*. Junto con Manuel de Lasala, Avelino Montero Ríos, Gabriel María de Ybarra, Ramón Albó y Patricio Borobio desde 1918 integraron la familia española de los tribunales tutelares de menores. Fue vocal de la Comisión de Libertad Condicional, del Patronato de Presos Libertos, fundador del reformatorio "El Buen Pastor", vicepresidente del Tribunal Tutelar de Menores. Precisamente a este tema dedicó el discurso de inauguración del curso académico 1932-1933 en la Universidad de Zaragoza. Su discípulo más destacado, José Guallart, continuó esta línea de investigación y de trabajos que, se puede decir, han sido una constante en el área de Derecho penal de Zaragoza prácticamente hasta nuestros días[29]. José Guallart dedicó su tesis doctoral, defendida en 1923, al *Derecho penal de los menores*. Había nacido en Zaragoza el 12 de agosto de 1899, estudió en el instituto de su ciudad y en la Facultad de Derecho convirtiéndose en profesor ayudante en el curso 1921-1922 y luego en auxiliar. Durante el curso 1923-1924 se encargó de ordenar el fichero y la biblioteca de Derecho penal situada en la sala de trabajo de la Facultad de Derecho.

---

[28] GUALLART y LÓPEZ DE GOICOECHEA, J., *Sesión necrológica en honor del Excmo. Señor D. Inocencio Jiménez celebrada el día 14 de junio de 1941*. Zaragoza, 1942, pp. 4-6, 9-10.

[29] Jiménez y Vicente se doctoró en 1902 y ganó la cátedra de Derecho penal en 1906. Un año antes, Luis Navarro Canales había defendido en Madrid, el 6 de febrero, su tesis doctoral sobre Delincuencia juvenil en Zaragoza. Investigaciones acerca de los delincuentes jóvenes sentenciados por la Audiencia Provincial de Zaragoza en los años de 1900 y 1901. Fue publicada en Zaragoza en 1904. MIGUEL ALONSO, A. (Dir.), *Doctores en Derecho por la Universidad Central. Catálogo de tesis doctorales 1847-1914*. Madrid, Universidad Carlos III de Madrid, 2018, p. 436.

Guallart sucedió a su maestro en la cátedra zaragozana que obtuvo en 1941 y en la que se mantuvo hasta la fecha de su jubilación en 1969[30].

Guallart continuó los trabajos de su maestro sobre protección de los menores. Fue pensionado en 1921 para investigar sobre el Derecho penal en Europa. La Junta de Ampliación de Estudios le concedió otra ayuda en 1927, prorrogadas en 1928-1930. Estudió en Francia, Bélgica y Alemania diversos temas relacionados con el Derecho penal como la metodología jurídica, la teoría jurídica del delito, la delincuencia y el tratamiento de los menores. En Alemania pudo trabajar, en las universidades de Bonn y Rhein, con afamados penalistas como Max Grünhut, Drost, Múller Hess. Asistió a seminarios sobre las ideas de Carlos Binding y su influjo en la ciencia penal. En la Facultad de Derecho de Zaragoza, por cierto, no eran desconocidas las orientaciones del Derecho Penal en Alemania. D. Juan Moneva conservaba en su biblioteca un opúsculo dedicado por el autor, Luis Jiménez de Asua, sobre *La autorización para exterminar a los seres humanos desprovistos de valor vital. Observaciones a propósito de la obra de los profesores Carlos Binding y Alfredo Hoche*, Madrid 1922.

En 1925 había publicado en Zaragoza *El derecho penal de los menores. Los tribunales para niños*, cinco años después en la obra *Publicaciones del Consejo Superior de Protección a la infancia. Tribunales tutelares de menores* se incluye su trabajo sobre "Los tribunales para menores en Italia" (pp. 32-53), en 1932 publicó en Zaragoza *Tribunal Tutelar de menores*. Muchos de esos estudios fueron publicados en la revista *Universidad* como "La pedagogía correccional. Ponencia oficial aprobada en el IV Congreso Nacional de Pediatría, Valencia", en *Universidad*, V, 2, 1928, pp. 483-493; "Las naves asilos en el tratamiento italiano de la juventud abandonada y delincuente" en *Universidad*, 2, 1924, pp. 44 y ss. Además, Guallart ocupó diversos cargos incluida la presidencia en el Tribunal de Menores de Zaragoza desde 1931 y en la Junta Provincial de Menores de Zaragoza, así como en el Consejo Superior de Protección de Menores durante la Dictadura de Primo de Rivera y la II República. Representó a España en la II Asamblea General de la Asociación Internacional de Jueces de

---

[30] Guallart ganó la cátedra de Derecho penal en la Universidad de Valladolid en 1940 en un tribunal que presidía Inocencio Jiménez y Vicente. Al año siguiente consiguió el traslado a Zaragoza. GUALLART y LÓPEZ, *op. cit.*, pp. 4-6, 9-10.

Menores desarrollada en Bruselas en julio de 1935. Ese mismo año, por orden ministerial de 18 de mayo es nombrado profesor de penología en la Escuela de Criminología, cesando cuando la Escuela fue disuelta por el gobierno del Frente Popular en marzo de 1936[31].

El hecho de que tanto Jiménez y Vicente como Guallart se encontraran fuera de Zaragoza durante los años 30 provocó numerosos problemas para atender la docencia de Derecho penal en la Facultad de Derecho aragonesa. Hasta tal punto que el decano, Juan Moneva, a modo de denuncia, había fijado en el tablón de anuncios un escrito dirigido a toda la comunidad, profesores y alumnos, exponiendo la imposibilidad de impartir la asignatura[32]. Moneva había realizado algunas gestiones para

---

[31] ARAQUE HONTANGAS, N., "Voz José Guallart y López de Goicoechea", *Diccionario de Catedráticos Españoles de Derecho (1847-1943)*, disponible en http://portal.uc3m.es/ portal/page/portal/instituto_figuerola/programas/phu/diccionariodecatedraticos/ lcatedraticos/guallart (fecha de acceso: 24 de febrero de 2021).

[32] Edicto del Decano de 3 de febrero de 1936: "Enterado de las representaciones hechas por los estudiantes acerca del perjuicio que les causa en su formación científica la ausencia de los encargados permanentes de las cátedras, no me es posible tomar en su remedio medidas que ya antes no hubiese tomado. De los 13 catedráticos y 6 profesores auxiliares, el Decano, Consejero de Cultura, tiene en Madrid 6 sesiones mensuales; permanece allí las horas inexcusables para cada una; el Prof. Jimenez y Vicente, de Derecho penal, goza, por Orden Ministerial, derecho de activo, pero sin obligación de dar su cátedra; el Prof. Minguijón, de Historia del Derecho, en excedente con reserva de ella; el Prof. Sancho Izquierdo, de Filosofía del Derecho y los Auxiliares SS. Moncasi y Cremades, son candidatos a Diputados a Cortes y estamos en período electoral; los Profesores Sanchez Mata, de Economía y Hacienda, Bonet de Derecho Civil general y segundo curso, Hernández, de Derecho mercantil, son ahora Jueces de oposiciones; el Prof. Aux. Riera, suplente de Derecho Civil, ha marchado a tomar posesión de su cargo de Abogado fiscal en Lugo; el Prof. Muñoz y Casayús se halla haciendo oposiciones. De los Auxiliares aquí existentes, el Prof. Allué suple Historia del Derecho; el Prof. Vicente y Gella, Derecho mercantil; el Prof. Arroyo, Filosofía del Derecho y Hacienda. Hay, pues, 10 bajas constantes y una intermitente, de un total de 19 profesores. De los demás, cada uno ocupa su puesto. Las disposiciones vigentes dificultan mucho el encargo de sustituciones a Ayudantes de clases prácticas. Atiendo, pues, y seguiré atendiendo como es mi misión, a que haya en cada día señalado por el cuadro de curso, la lección respectiva a cada asignatura, no de modo formulario sino efectivo, por profesor legalmente apto y especialmente competente, como es el espíritu de la legislación actual acerca de ello; y solo por fuerza mayor, caso, hasta ahora, del Derecho penal, dejo sin dar esta Enseñanza, pues no puedo disponer para ella de su titular, Prof. Jimenez y Vicente, ni de los dos Profesores Auxiliares especializados en la asignatura SS. Moncasi y Cremades. De todo ello

que un fiscal impartiera la docencia de Derecho penal, y se había negado a aceptar los ofrecimientos de algunos miembros del claustro para hacerse cargo interinamente de la materia, lo cual le había granjeado críticas y un cierto movimiento de oposición en la Junta de Facultad. En abril de 1936, con intervención del rectorado, la docencia se le encargó de nuevo a Guallart que ya había regresado a Zaragoza. La Junta de Facultad que se celebró el 20 de abril de 1936 con la asistencia de todos los profesores en activo –catedráticos, auxiliares y auxiliares honorarios, incluyendo a los decanos honorarios Gil Gil y Gil y Antonio de la Figuera, sólo faltó el catedrático de Derecho civil Bonet Ramón que se encontraba de licencia por haber contraído matrimonio– fue especialmente tensa. En un escrito la mayor parte de los profesores de la Facultad denunciaron ante el rector la gestión de Moneva. A su vez el decano Moneva exigía que se abriera expediente disciplinario a los firmantes. Finalmente en la sesión de la Junta de Facultad de 8 de mayo de 1936 Moneva fue sustituido como decano por Manuel de Lasala Llanas[33].

Podemos considerar a José Guallart ideológicamente como un conservador, y como tal se mostró contrario a las fuerzas políticas de izquierda y al régimen republicano. Intelectualmente combatió los postulados de la Institución Libre de Enseñanza en España. En 1940 participa junto con otros profesores de la Facultad como Miguel Allué Salvador o Miguel Sancho Izquierdo en un libro publicado en San Sebastián con título esclarecedor, *Una poderosa fuerza secreta. La Institución Libre de Enseñanza*, con un capítulo dedicado a "La escuela de criminología" (pp. 203-212). Guallart falleció en Zaragoza el 15 de septiembre de 1995.

Por último, los dos profesores auxiliares arriba citado que podrían encargarse de la asignatura de Derecho penal eran José Moncasi Sangenís y Juan Antonio Cremades. Moncasi fue elegido diputado nacional en 1933 y 1936. José Moncasi Sangenís nació en Zaragoza el 6 de mayo de 1907, pasó su infancia en la Albelda y Huesca, estudió el bachillerato en esta ciudad y en Lérida, Derecho y Filosofía y Letras en Zaragoza. Se doctoró en Derecho con 20 años y opositó y ganó plaza de profesor auxi-

---

doy cuenta a la Superioridad; y me place dar noticia a los estudiantes de esta Facultad mediante el presente edicto. 3 febrero de 1936". AGA, Caja 31/1467.

[33] AGA, Caja 31/1467.

liar en la Facultad de Derecho encargándose de la cátedra de Derecho penal. Muy pronto se dedicó a la política siguiendo la tradición familiar: su padre José Moncasi Cudós había sido diputado nacional por Huesca, su tío Manuel León Moncasi Castel diputado nacional por el distrito de Benabarre, su tío Gregorio Moncasi Castel diputado provincial por Fraga y diputado nacional por el distrito de Cervera, su tío Francisco Moncasi Castel diputado nacional por el distrito de Benabarre y senador representando a Huesca, senador vitalicio nombrado por el presidente del Gobierno Práxedes Mateo Sagasta. En 19 de noviembre de 1933 fue elegido diputado por Huesca por el partido agrario, Acción Agraria Altoaragonesa. Tenía 26 años y fue el diputado aragonés más joven, con 31487 votos. Moncasi sería elegido también en las elecciones de febrero de 16 de febrero de 1936, esta vez por la Confederación Española de Derechas Autónomas (CEDA). El profesor y diputado nacional José Moncasi y Sangenís se encontraba en Barbastro cuando comenzó la Guerra Civil. Allí sería detenido el día 20 de julio y asesinado el 29 junto a su hermano Francisco y otros tres familiares, un tío y dos primos. Tenía 29 años[34].

Juan Antonio Cremades Royo nació en 1910 y falleció en 1992. Su fotografía como profesor auxiliar aparece en la orla de la Facultad de Derecho de Zaragoza del año 1936. En ese año obtiene, en las elecciones del 16 de febrero, acta de diputado por la CEDA[35]. Sería abogado en Zaragoza y gobernador civil en Lérida durante la época de Franco, entre 1939 y 1943 (Nombramiento en el *BOE* nº 8 de 8 de enero de 1939 y cese en el *BOE* nº 101 de 11 de abril de 1943)[36].

---

[34] CASTÁN PALOMAR, F., *Aragoneses contemporáneos (I-V), (Época 1900-1934)*, vol. III. Zaragoza, El Día de Aragón, 1987, pp. 366-367; GRACIA VILLAMAYOR, F. y SIERRA CIBIRIÁIN, G., "La labor parlamentaria de los diputados oscenses durante la II República: el debate político desde el prisma de la provincia de Huesca", *Revista Argensola* 123 (2013): 251-285, en especial 281.

[35] Al igual que Moncasi, desde muy joven participa en la actividad política. Junto con otros estudiantes procedentes de la Facultad de Derecho de Zaragoza, como Antonio Blasco del Cacho, Santiago Pardo Canalís, José Guallart y López Goicoechea, Ángel Duque, se integran en la dirección de la Juventud de Acción Popular a finales del año 1931. GERMÁN ZUBERO, L., *Aragón en la II República. Estructura económica y comportamiento político*. Zaragoza, Diputación de Zaragoza–Institución "Fernando el Católico" 1984, p. 136.

[36] GARCÍA PAREDES, M. R., PRADAS POVEDA, J. M., y PÉREZ BUSTAMANTE, R., *Memoria de la Abogacía Española. Abogados de Madrid. Abogados de España*, vol. IV (1939-1978). Madrid, Aranzadi, 2017, p. 313.

2
MISCELÁNEA SOBRE TEMAS HISTÓRICOS Y DE HISTORIA DEL DERECHO

∼

REGULACIÓN DE ALGUNAS CONDUCTAS DE LA MUJER EN LA ANTIGÜEDAD

María Emilia Montejano Hilton[1]
Universidad Panamericana

Introducción

Existen escritos o imágenes desde tiempos remotos, que testimonian la posición social y jurídica de las mujeres y su acceso a ciertos ámbitos de la vida, como el laboral y el gubernamental, incluso en el de la ciencia. Sobre su posición jurídica, quedan vestigios de leyes desde la edad antigua, que establecen algunos derechos que sí pudieron ejercer las mujeres, lo que contradice parcialmente la afirmación de Simone de Beauvoir cuando al analizar lo dicho por Levy Strauss, afirma que la mujer "no es más que una mediadora del derecho, no quien lo ejerce".[2]

La intención de este trabajo es señalar que si bien es cierto que el papel de la mujer ha sido limitado en muchos momentos de la historia, en otros, las mujeres han actuado por sí mismas, han tomado decisiones de gobierno, y han ejercido derechos y poder cuando se lo han propuesto, o han tenido oportunidad de ello.

---

[1]   Mtra. Emilia Montejano Hilton. Ha sido Investigadora del Instituto Panamericano de Jurisprudencia de la Facultad de Derecho de la Universidad Panamericana y profesora de asignatura. Asimismo, ha fungido como colaboradora externa en distintas instituciones, congresos y foros académicos nacionales e internacionales en defensa de la vida.

[2]   BEAUVOIR, S., *El segundo sexo*. Buenos Aires, Editorial Siglo XXI, p. 32.

Por limitaciones de espacio, presentamos algunas normas antiguas que regularon conductas de mujeres, sin dejar de apuntar que en ocasiones estas regulaciones que nos parecen estrictas, contrastan con la historia de mujeres fascinantes que actuaron a la par de los hombres.

Edad Antigua

Se sabe que durante el antiguo imperio egipcio (2778-2263 a.C.), sacerdotes y sacerdotisas desarrollaron las matemáticas y la astronomía para resolver los problemas de su tiempo. Las mujeres en el antiguo Egipto eran propietarias, supervisaban la industria textil y la perfumería que eran administradas por el Imperio, y también trabajaban como escribas[3].

Por los descubrimientos arqueológicos que se hicieron a principios del siglo XX en Egipto, sabemos que Merytneit, fue una reina gobernante de la dinastía I de Egipto (2927 a.C.). Tiene su propia tumba en el cementerio de los reyes de Abidos y se le menciona en la lista de sellos de la necrópolis, entre los reyes Narmer y Den. Fue la primera reina gobernante del Antiguo Egipto, como regente, durante la minoría de edad de su hijo Dyet (su nombre Merytneit, significa "Amada de Neit", ésta era una diosa del Bajo Egipto)[4].

Dentro del campo de la medicina, se tienen registros desde antes del año 3,000 a.C. de mujeres instruidas como médicos o cirujanos que ejercían la medicina. En las escuelas de Sais y Heliópolis estudiaron y enseñaron mujeres del mundo antiguo. Kate Campbell Hurd Mead (1867-1941), citada por Margaret Alic, sostuvo a principios del siglo XX, que en el templo de Sais existe una inscripción que reza: "Vengo de la escuela de medicina de Heliópolis, y estudié en la escuela de mujeres de Sais, donde las divinas madres me enseñaron a curar las enfermedades"[5].

Uno de los temas jurídicos que parece revestir mucha importancia para algunos movimientos feministas actuales, es el divorcio, es decir, determinar si la mujer ha gozado de tal libertad, que sea ella misma

---

[3]   ALIC, M., *El legado de Hipatia*. México, Editorial Siglo XXI, 1991, p. 33.

[4]   Víctor Rivas, "Amigos de la Egiptología", disponible en http://egiptologia.com/sobre-el-reinado-de-merytneit-la-primera-faraona-de-egipto/ (fecha de acceso: 10 de noviembre de 2017).

[5]   ALIC, *op. cit.*, p. 33.

quien pueda elegir una pareja y también dejarla si es su gusto. Un dato al respecto que puede ir dando una idea de esa libertad es que tanto en la Hélade y después en Roma, el divorcio no encontró mayores obstáculos para la mujer, fuera de la obligación para el hombre de devolver la dote en caso de que se concretara la separación.

En la Roma clásica, los divorcios fueron frecuentes entre la aristocracia. En los pueblos que practicaron la poligamia, la cuestión del divorcio revistió menos importancia, dado que la ley permitió al hombre retener a la primera mujer y tomar una mujer más. Según George Peter Murdock[6], en muchas de las sociedades primitivas por él estudiadas, la mujer gozaba de los mismos derechos que el hombre para el divorcio, aunque las causas por las que se pudo obtener el divorcio variaron de una sociedad a otra[7].

Al respecto vale la pena mencionar que al igual que en la actualidad, mientras la mujer tenía recursos económicos propios, ya sea por su familia de origen o por su trabajo, podía en algún momento dado solicitar el divorcio, sin embargo, cuando no tenía bienes, el divorcio la podía dejar en el desamparo económico, sola o con hijos, por lo que no necesariamente era querido por todas las mujeres.

Babilonia

Margaret Alic señala que en Babilonia el conocimiento estaba en manos de sacerdotes y de sacerdotisas, y que existían mujeres curanderas que desempeñaban un importante papel en la sociedad. También afirma que la cultura sumeria concedía a la mujer una posición y autonomía relativamente altas, y que del Código de Hammurabi (1792-1750 a.C.) se desprende que las mujeres podían ocuparse de negocios y ser propietarias; que podían ser jueces y formar parte de los consejos de ancianos. Menciona que mujeres perfumistas desarrollaron las técnicas químicas de la destilación, extracción y sublimación de las esencias. Sin embargo no menciona alguna fuente al respecto[8].

---

6   Antropólogo citado por Gonzalo Flórez en su libro *Matrimonio y familia*.
7   FLÓREZ, G., *Matrimonio y familia*. Madrid, Biblioteca de Autores Cristianos, 1995, p. 40.
8   ALIC, *op. cit.*, pp. 34-35.

Código de Hammurabi

Tratando de corroborar lo dicho por Margaret Alic, se buscó una traducción del Código de Hammurabi. En la Internet se pueden encontrar un par de versiones libres y anónimas, que no difieren mucho entre ellas[9]. De su lectura se desprende que las mujeres efectivamente podían ser propietarias:

> 39 § Oficial, soldado y feudatario pueden hacer transmisión por escrito a su mujer o hija, de los campos, huerta y casa que haya comprado, y pueden ser tomados por sus deudas.

También eran propietarias por donación, y además podían heredar sus bienes a sus hijos:

> 150 § Si un hombre regala a su esposa un campo, una huerta o un objeto, y le extiende documento sellado, que después de muerto su marido, no lo reclamen sus hijos; la madre dará su herencia al hijo suyo que más quiera, no tiene que dársela a otro[10].

En este código se establecía que las mujeres tenían derecho a una dote y a recuperarla en algunos casos: cuando ella contraía sarna, recuperaba su dote y era libre de irse a casa de su padre; cuando enviudaba ella se quedaba con su dote y con el peculio que su marido le hubiera dado (se le debía haber otorgado mediante una tablilla). En el caso anterior, la viuda podía seguir viviendo en la casa del que fuera su esposo pero no podía venderla, y cuando ella muriera, sus hijos heredarían la casa y lo que ella dejara (171b §)[11].

Una vez viuda, si la mujer quería casarse de nuevo, tenía que dejar la casa y el peculio a sus hijos, tomaba su dote y se casaba con otro hombre (172c§). Si un hombre moría sin haberle dado dote a su hija y sin

---

[9]   *Código de Hammurabi*, traducción anónima, disponible en http://www.edictum.com. ar/miWeb4/corpus.htm y http://www.ataun.net/BIBLIOTECAGRATUITA/Cl%- C3%A1sicos%20en%20Espa%C3%B1ol/An%C3%B3nimo/C%C3%B3digo%20de%20 Hammurabi.pdf

[10]   *Ídem.*

[11]   *Ídem.*

haberla entregado en matrimonio, los hermanos quedaban obligados a darle dote y buscarle marido (184 §). Actualmente, esto último puede ser considerado como un acto de machismo, ¡cómo es posible que casaran a las hijas y hermanas!, pero si se estudia el contexto histórico, por el contrario, era una forma de dejar protegidas a las hijas o a las hermanas, garantizar su sustento y una buena posición socioeconómica.

La mujer podía repudiar al marido, recuperar su dote y regresar con sus padres. Estaba previsto un divorcio por voluntad de la mujer, cuando el esposo había sido negligente, aunque no especifica las causas de negligencia, por lo que se presume que si el esposo se oponía a ser abandonado, el conflicto debía ser dilucidado en un juicio:

> 142 § Si despreció al marido y le dijo no me tendrás como mujer en lo sucesivo, y si ella ha sido correcta y vigilante y no hay error en su conducta, y si su marido ha sido negligente, esta mujer es inocente: tomará su *serictu* [dote] e irá a la casa del padre[12].

El Código de Hammurabi denota una regulación casuística y entremezcla normas de carácter civil, mercantil y penal. Este código incluye sanciones corporales con base en la ley del talión, como la pérdida de un ojo por ingratitud:

> 193 § Si el hijo [adoptivo] de un (cortesano) *girsiqu* o el hijo de una (hieródula) *sekretum* averigua la casa de su padre [natural] y desdeña al padre que lo ha criado o a la madre que lo ha criado y se marcha a casa de su padre, que le saquen un ojo [;o una mano si un hijo agrede a su padre:] 195 § Si un hijo golpea a su padre, que le corten la mano.

En este código se establecen diferencias entre hombres libres dueños de la tierra, hombres libres, y esclavos, también hay categorías para las mujeres: sacerdotisas, libres y esclavas, y dentro de las libres hay propietarias. Esta normativa señala consecuencias jurídicas dependiendo del

---

[12] *Ídem.*

estatus de la persona[13]. Por otra parte, no se encontró en ninguna de las dos traducciones consultadas que las mujeres pudieran ser jueces o pertenecer al consejo de ancianos como afirma Margaret Alic, probablemente existan otras fuentes que haya consultado la autora, pero en las traducciones revisadas del Código de Hammurabi no aparecen mujeres con estos cargos.

En cuanto a la autonomía de la mujer, toda vez que existía la posibilidad de que un hombre vendiera a su esposa e hijos para saldar una deuda, o los entregara a su acreedor para que trabajaran para saldar la deuda, es dudoso que realmente la mujer tuviera mucha autonomía dentro de esa sociedad y en ese momento, pero tampoco la tenían los hijos y cualquiera que no fuese el propietario de los bienes:

> 117 § Si las deudas se apoderan de un hombre y tiene que vender a su esposa, a su hijo o a su hija, o andar ofreciéndoles para que sirvan por la deuda, que trabajen 3 años para la casa del que los compró o los tomó en servicio; el cuarto año serán libres[14].

Considerando que la cultura de Babilonia era importante en esa época y región, se puede afirmar que la situación social y jurídica de la mujer, tomando en cuenta su autonomía y libertad, dependía por un lado del estrato social al que pertenecía (libre o esclava); de su situación familiar (hija, esposa, madre, hermana o viuda); de su posición económica (propietaria o trabajadora); e incluso de su condición de salud (con o sin sarna). Todo ello regulado en el Código de Hammurabi.

Al respecto, James A. Brundage señala que este código identifica cierto número de delitos sexuales y prescribe los castigos correspondientes, pues si una mujer casada cometía adulterio y era sorprendida, ella y su amante eran atados y arrojados al agua para que murieran juntos. La muerte por agua se aplicaba a ciertas faltas como volverse a casar mientras su esposo era prisionero de guerra, o si ella se negaba a tener

---

[13] MCNEIL, D. G., "The Code of Hammurabi", *American Bar Association Journal* 53.5 (1967): 444-446, disponible en http://www.jstor.org/stable/pdf/25724017. pdf?refreqid=search%3Af870cd88f1df8d518ec5c1d2e5d49fb3

[14] MCNEIL, *op. cit.*

relaciones sexuales con su marido. Las leyes de Hammurabi presuponían que los hombres normalmente sólo tenían una esposa oficial a la vez, pero no definían el matrimonio como una relación sexual exclusiva y se sabe que muchos de ellos tenían además una concubina. El concubinato era una excepción, pero existía[15].

Leyes de Eshnunna (actual Tell Asmar, Irak)

Están inscritas en dos tablillas con caracteres cuneiformes descubiertos en Tell Abu Harmal, cerca de Bagdad. Las dos tablillas se recuperaron entre 1945 y 1947, y son copias de una fuente anterior datada cerca del año 1930 a.C. Eshnunna estaba al norte de Ur sobre el Tigris, y llegó a ser políticamente importante después de la decadencia de la Dinastía III de Ur, fundada por Ur-Nammu.

En estas leyes se establecía que era el hombre quien daba una dote a la familia de la mujer con la que deseaba casarse y regulaba su entrega; también sancionaba la violación de una mujer casada o soltera con la muerte del violador, y el adulterio de la mujer casada con su muerte[16].

Aunque el castigo a la mujer adúltera era extremo, también contiene obligaciones del varón para con su mujer e hijos, pues si un hombre abandonaba a su esposa cuando ya tenían descendencia, y tomaba otra mujer, perdía todos sus bienes y se le exiliaba, sus bienes se repartían entre sus cónyuges separadas y los hijos de cada una[17].

Fenicia

Los fenicios se establecieron en las costas del mar Mediterráneo, aproximadamente en el año 1200 a.C., abarcando parte de lo que ahora es Israel, Palestina, Siria y Líbano. Son mencionados en la Biblia como el pueblo de Canaán, y se conocen asentamientos fenicios en la península ibérica e incluso llegaron hasta el territorio de la hoy Inglaterra.

---

15 BRUNDAGE, J. A., *La ley, el sexo y la sociedad cristiana en la Europa Medieval*. México, Fondo de Cultura Económica, 2000, p. 31.
16 *Cfr.* "Las Leyes de Eshnunna", disponible en https://alatinacolonia2013.files.wordpress.com/2013/02/las-leyes-de-eshnunna.pdf
17 BRUNDAGE, *op. cit.*, p. 32.

Aunque se sabe poco de su cultura y el trato que daban a sus mujeres, uno de sus dioses principales era una mujer, conocida como Astarté.

> Ashtart es la asimilación fenicia de una diosa mesopotámica conocida por los sumerios como Inanna, e Ishtar por los Acadios. Fue entre los cananeos la divinidad femenina más importante, 'madre creadora de los dioses', que tenía por misión infundir sabiduría a los dioses y procurarles consejo cuando a ella acudían en demanda de ayuda. Ella era la personificación de la fecundidad de las tierras y de los animales, y diosa del amor. Recibía especial adoración en Gubal (Biblos). En la Biblia se la conoce como Ashtarot, en su forma plural y en Babilonia, como Ishtar.

En el libro de Jeremías, este reprende a los judíos que queman incienso y derraman libaciones a la diosa Astarté, a quien llaman "reina del cielo"[18]. En Biblos fue Baalat (señora), la versión femenina de Baal (señor), y con el tiempo se volvió una deidad guerrera que recibió tributos sanguinarios de sus seguidores. Se corresponde en la mitología griega, al menos en parte, con las diosas Afrodita y Deméter[19].

Entre los fenicios, "la vinculación del sacerdocio con la monarquía o las aristocracias urbanas conlleva la participación en este ejercicio de los miembros femeninos de la familia real o la nobleza"[20]. De las inscripciones reales se desprende que el papel de las mujeres nobles en el culto a los dioses era activo, promovían la construcción de templos y ejercían el sacerdocio de divinidades femeninas tutelares.

Aunque al principio estaba ligado el cargo de rey con el de sacerdote, algunos historiadores consideran que fue una mujer la que rompió con esta tradición en el siglo VI a.C., pues la madre de Eshmunazor II, de nombre Ummiashtart[21], probablemente durante la regencia de su hijo

---

[18] CUETO, F. J., O.F.M. Excmo. Obispo de Tlalnepantla, *Biblia Comentada, El Antiguo Testamento,* Jeremías, 44, 17-19, (Traducción directa de los textos primitivos). México, Nihil Obstat, Imprimatur, 1969, pp. 1012 y 1013.

[19] PRADOS, F., *Los fenicios*. Madrid, Marcial Pons, 2007, p. 213.

[20] JIMÉNEZ FLORES, A. M., "El Sacerdocio Femenino en el Mundo Fenicio-Púnico", *SPAL* 11 (2002), p. 13, disponible en http://institucional.us.es/revistas/spal/11/art_1.pdf

[21] ZAMORA LÓPEZ, J. Á., "Epigrafía e historia fenicias: Las inscripciones reales de Sidón". En J. J. Justel, J. P. Vita, J. Á. Zamora (Eds.), *Las culturas del Próximo Oriente Antiguo y su expansión mediterránea*, Zaragoza, Textos y materiales de los cursos de postgrado

mientras éste alcanzaba la edad para gobernar, tomó el cargo de sacerdotisa de Astarté, y desde entonces este cargo se desligó del rey[22].

Jiménez Flores, en su texto sobre el sacerdocio femenino en Fenicia, afirma que a través de las iconografías de las terracotas, especialmente las ibicencas, se constata la alta valoración de la mujer como símbolo divino y se tiene constancia de su participación en los actos rituales como orantes y posibles sacerdotisas[23].

R.A. Henshaw, (citado por Jiménez flores),

> [...] en su análisis del papel femenino en la religión hebrea, y por extensión en todo el Próximo Oriente, expone con claridad la idea determinante: la mujer está llamada a simbolizar la sexualidad en el culto. El objetivo último de los cultos será la fertilidad, de ahí su dedicación casi absoluta a la divinidad por antonomasia de la fecundidad: Astarté. La sexualidad femenina se manifestará a través de dos prácticas: la prostitución sagrada y la hierogamia o matrimonio sagrado. Ambas prácticas cuentan con una gran tradición en Próximo Oriente y siguen vigentes en las prácticas religiosas púnicas. La prostitución sagrada ha sido documentada en casi todo el mundo mediterráneo, trascendiendo incluso el marco cultural oriental para implantarse también en contexto griego o romano[24].

Junto a Astarté, las dos diosas, Deméter y Koré, desempeñan un papel similar circunscrito al ámbito agrario. De igual manera, el papel simbólico atribuido por la mujer en los cultos agrícolas es altamente significativo. En el culto de Ceres, de gran tradición en la feraz región agrícola norteafricana, Tertuliano recuerda la consagración en régimen de celibato de sus sacerdotisas (Tertul, De castitate 13), mientras la inscripción neopúnica de Ayin Zakkar, nos indica la larga dedicación, casi de por vida, de la suma sacerdotisa (Ferjaoui 1996). El ejemplo más elocuente

---

del CSIC en el Instituto de Estudios Islámicos y del Oriente Próximo (2003-2005), 2008, pp. 213-214, disponible en http://digital.csic.es/bitstream/10261/24424/1/Epigrafia%20e%20historia%20fenicias.pdf

[22] JIMÉNEZ, *op. cit.*, pp. 13-14.
[23] *Ibidem*, p. 16.
[24] *Ibidem*, p. 17.

del valor simbólico y presencial de la mujer estaría reflejado en la celebración de la fiesta religiosa púnica más notable, la égersis de Melqart[25].

Como símbolo sexual y vehículo de fertilidad, los ritos de fecundidad fueron el campo de actuación preferente de las sacerdotisas, estaban presentes en éstos, presidiendo o ejecutándolos personalmente[26].

Dido

Respecto a la cuestión de la participación de las mujeres de la casa real en las funciones tutelares ejercidas por el trono, es paradigmática la figura de Dido[27]. Ella era una princesa fenicia, hermana del rey Pigmaleon y es conocida como la legendaria fundadora de Cartago en el 814 a.C.[28] (actualmente cerca de la ciudad de Túnez), sin embargo, esas tierras ya eran conocidas como asentamiento de los libios, y era una zona con la que Tiro comerciaba. Al subir Pigmaleon al trono, se cree que la rivalidad política y económica entre éste y el esposo de Dido, que era sacerdote del dios Melkart, desembocó en el asesinato del sacerdote, por lo que Dido huyó acompañada de otros sacerdotes y nobles, hasta llegar a Cartago. Según Jiménez Flores, ella se erigió desde el primer momento, no solo en directora de la expedición de exiliados, sino que además, detentó las prerrogativas religiosas de un jefe supremo[29]. Allí protegió los cultos religiosos y su celebración periódica, además presidió los ritos más importantes, por lo que después de su muerte fue honrada como diosa[30]. Algunos historiadores la señalan como sacerdotisa y primera reina de Cartago.

---

[25] *Ibidem*, p. 18.
[26] *Ídem*.
[27] *Ibidem*, p. 13.
[28] WAGNER, C. G., *Los comienzos de la expansión fenicia en el mediterráneo*. Madrid, Centro de Estudios Fenicios y Púnicos, Universidad Complutense de Madrid, p. 6, disponible en https://web.archive.org/web/20060512163300/http://www.ucm.es/info/antigua/cefyp/Biblioteca/Wagner4.pdf
[29] JIMÉNEZ, *op. cit.*, p. 13.
[30] *Ídem*.

Antiguo Testamento

Génesis: Mujer y hombre son creados a imagen y semejanza de Dios

En el libro del Génesis Dios crea a la mujer porque piensa: "No es bueno que el hombre esté solo" (Gn., 2:18)[31]. Cuando le es presentada a Adán[32], éste exclama: "Ahora sí, esto es hueso de mis huesos y carne de mi carne; por eso se llamará varona, porque del varón ha sido sacada" (Gn., 2:23). "Por esta razón deja el hombre a su padre y a su madre y se une a su mujer, y los dos se hacen uno solo" (Gn., 2:24). De esta lectura se desprende que aunque Dios usó material del hombre para formar a la mujer, no se afirma que uno dependa del otro o tenga menor valía, pues ambos forman una sola carne, es decir una sola persona que Dios ha hecho a imagen y semejanza suya.

El problema que dio pie a infinidad de interpretaciones que pretendieron someter a la mujer al poderío del hombre surgió más adelante, cuando ambos comieron del fruto prohibido. Así, Adán trató de defenderse ante Dios por su falta, y acusó a Eva[33], refiriéndose a ella como su compañera, para afirmar que ella lo indujo a la falta.

No obstante, Dios no eximió a Adán del castigo y les condenó a ambos desterrándolos del paraíso. Les impuso a ambos, padecimientos que habrían de sufrir, pero distintos y de acuerdo a su diferencia biológica, a él le destinó un doloroso trabajo para conseguir alimentos de la tierra y a ella dolor en los partos, pues sólo ella puede dar a luz. Pero parece haber un castigo más, Dios le dijo a la mujer "te sentirás atraída por tu marido, pero él te dominará" (Gn., 3:16). La Iglesia explica lo anterior diciendo que "no significa esclavitud de la mujer, sino su legítima posición dentro de la familia, ya que no puede haber dos cabezas en el mismo cuerpo", es decir, que mientras esté casada, la cabeza de la familia es el varón[34].

Quedan, probablemente para desarrollar en otro trabajo, preguntas como: ¿por qué a la mujer le impone un castigo extra?, y ¿por qué sentirse atraída por el varón es un castigo?, o en este último caso, ¿el castigo es el

---

[31] CUETO, *op. cit.*, tomo I, Génesis, capítulo II, 22, p. 21.
[32] Adán significa barro, polvo.
[33] Eva significa productora de vida, madre.
[34] CUETO, *op. cit.*, comentario 16, a pie de página, p. 24.

dominio del hombre sobre la mujer que se siente atraída hacia él?, o tal vez, es una advertencia divina y lo que Dios quiere decir es: te sentirás atraída pero ten cuidado pues se aprovechará de esa atracción y te dominará. Debido a las traducciones que ha sufrido la Biblia y en el supuesto de que la traducción consultada para este trabajo sea fiel, la moraleja queda para cada lector. La cuestión es que este texto ha sido usado por algunos de sus intérpretes para justificar una supuesta superioridad de origen del varón sobre la mujer.

Sin embargo, (si la traducción es fiel y correcta), al hacer una interpretación estricta habría que reconocer, que la llamada superioridad de origen del varón nunca existió, porque si bien es cierto que Dios le quiso dar una compañía a Adán, los creó a ambos a su imagen y semejanza, poniéndolos en un mismo plano de igualdad, y por debajo de Él. Dios no le encargó a alguien más que creara a la mujer, la hizo con sus propias manos, igual que a Adán.

Y en un segundo momento los hizo complementarios para alimentarse y para reproducirse. Además de los castigos, Dios le advirtió a la mujer que se sentiría atraída por Adán, de hecho, al probar el fruto prohibido se hicieron conscientes de su cuerpo y sintieron pudor (etapas naturales del desarrollo de un niño). Entonces fueron desterrados del paraíso (de esa etapa infantil) y entraron en una "adolescencia" en la que las hormonas les hicieron sentirse atraídos.

Hasta aquí todo resulta natural y hasta lógico, por eso la advertencia es para la mujer, el hombre tratará de dominarla y se enfatiza que lo intentará, porque en el texto Dios impuso al dominio masculino una condición, que ella se sintiera atraída hacia él. En la práctica esto es una realidad, cuando la mujer se siente atraída por un hombre es fácilmente "dominable" por él, pero no por los demás. Y si no es suficiente esa atracción, o se termina, o nunca se tuvo, adiós dominación. Ahora bien, esa dominación, según el Génesis no la tienen ni el padre, ni los hermanos, ni ahora los jefes de la mujer que trabaja, es decir, no existe una justificación bíblica del dominio del hombre sobre la mujer, con la excepción del "esposo", "su hombre", "su querido" o como quieran traducirlo. Una vez desgeneralizado el dominio del varón, le resta a la humanidad crear las condiciones sociales y jurídicas para que el "dominio" del esposo o pareja no derive en abuso.

Algo que no concuerda ni con esta interpretación ni la del "dominio" de origen, es que en una pareja que se ha unido por voluntad, la atracción es mutua y la dominación también, por ello, se pugna desde hace siglos para que haya respeto y ayuda mutua, complementariedad y no dominación ni del varón hacia la mujer, ni de ésta hacia el hombre (que también se da).

Deuteronomio y Levítico: Repudio y segundas nupcias

Derivado del Génesis, y en los libros del Deuteronomio[35], Levítico y Números, las costumbres del pueblo judío aparecen en general como restrictivas para la mujer, mientras que para el hombre, en cuestiones familiares se admite la poligamia, el repudio-divorcio y las segundas nupcias. No obstante, existe la protección a la libertad sexual de la mujer, pues se castiga la violación. También se reconoce la libertad de la mujer viuda o repudiada para hacer juramento ante Jehová (una especie de voto). Para este caso, la mujer soltera necesita que su padre no se oponga y la casada que su esposo esté de acuerdo. También se admite que la mujer viuda y la repudiada puedan contraer matrimonio nuevamente.

En el Deuteronomio se acepta que el hombre pueda tener dos mujeres al mismo tiempo, una amada y la otra que fue "aborrecida" por éste, es decir, que haya encontrado algo que no le gustó de la primera y entonces haya buscado una segunda esposa, pero sin despedir de su casa a la primera que ahora es "aborrecida" (Dt. 21:15). Debido al desamparo en que queda la primera esposa, cuando el hombre busca una segunda, la ley le obliga a hacerse cargo de la primera.

Para el caso de la mujer, cuando ha sido repudiada por su esposo ("por encontrar en ella algo indecente") y éste le ha dado acta de divorcio (Dt. 24:1), puede ella casarse con otro hombre (Dt. 24:2). Aquí el divorcio-repudio rompe el vínculo matrimonial y permite a la mujer repudiada contraer nuevo matrimonio.

En Levítico (21:7) aunque indirectamente, también se hace alusión a la posibilidad de que una mujer repudiada pueda contraer matrimonio, pues al prohibir a los sacerdotes que tomaran por esposa a una mujer repudiada, o viuda, significa que era costumbre que ellas se casaran de nuevo. A los sacerdotes se les pide que su esposa sea tomada de entre las mujeres solteras.

---

[35] BIBLIA, *Libro quinto de Moisés, Deuteronomio*, capítulos 21, 22 y 24, disponible en https://www.iglesia.net/biblia/libros/deuteronomio.html#cap24

Sobre el adulterio con mujer casada, estaba prohibido y el castigo era la muerte de ambos transgresores (Dt. 22:22). Lo mismo aparece en Levítico 20:10. Era una grave ofensa, no sólo para el marido, sino para la comunidad en general. En cambio, los amores de un hombre casado con una mujer soltera no estaban expuestos a castigos penales, pero sí podían constituir una falta civil contra la mujer soltera y su familia, dando por resultado una evaluación de los daños ante el padre de la mujer soltera o sus hermanos[36], porque la afrenta jurídica era contra los varones de la familia de la mujer soltera, no contra la esposa del transgresor casado o contra su propio matrimonio. En resumen, también era castigado el adulterio del hombre cuando era con mujer casada (estuviera él soltero o casado).

Del mismo modo, la violación de una mujer era castigada con la muerte del violador, pero se requería que ella hubiese gritado para demostrar que no consentía la relación, o que ésta se hubiese realizado en despoblado (Dt. 22:25), lo que implicaría que probablemente aunque hubiese gritado nadie le habría escuchado.

Números: Las hijas pueden heredar

Sobre la posibilidad de heredar para las mujeres y por consecuencia administrar bienes, en Números (otro de los libros del Pentateuco), aparece un capítulo destinado a la "Ley del casamiento de las herederas"[37], lo que nos da una idea de que las mujeres también tenían derecho a heredar. En él se reconoce que Jehová mandó que por sorteo se diese posesión de la tierra prometida a los hijos de Israel; y que también se diera la posesión de las tierras a las hijas, si el padre hubiese muerto sin dejar varón por descendencia. Es el caso de Zelofehad y sus hijas.

En el capítulo 27 de Números, Maala, Noa, Hogla, Milca y Tirsa, hijas de Zelofehad, se presentan ante Moisés y el sacerdote Eleazar, y delante de los príncipes y de toda la congregación, les explican que su padre murió en el desierto y no tuvo hijos varones y señalan que no están de acuerdo en que les quiten sus tierras, entonces aparece que Moisés llevó

---

[36]   BRUNDAGE, *op. cit.*, p. 74.
[37]   BIBLIA, Libro cuarto de Moisés, Números, capítulo 36, *Ley del casamiento de las herederas*, disponible en https://www.iglesia.net/biblia/libros/numeros.html#cap36 (fecha de acceso: 30 de enero de 2018).

su causa delante de Jehová y Él le respondió que les diera la posesión de una heredad entre los hermanos de su padre, y traspasara la heredad de su padre a ellas. Quedó establecido entonces que "Cuando alguno muriere sin hijos, traspasaréis su herencia a su hija" (N. 27:8), "Si no tuviere hija, daréis su herencia a sus hermanos" (N. 27:9), es decir, que para efectos de herencia, las hijas estaban en segundo lugar después de sus hermanos y en primer lugar antes que sus tíos (hermanos del *de cujus*)[38].

Ley del casamiento de las herederas

En la ley del casamiento de las herederas, se le da a la mujer la libertad de casarse con quien ella elija, pero condicionado a que sea con alguien de la tribu de su padre para evitar que la heredad de ella sea añadida a la heredad de la tribu de su marido, con la consecuente disminución de tierras de la comunidad a la que pertenece. Eso puede explicar el por qué se evitaba dar tierras en herencia a las hijas.

Jehová no prohíbe que hereden las hijas, por el contrario lo mandata, pero se condiciona a que los bienes no salgan de cada tribu. La razón parece ser una cuestión económica y práctica, no surgida de la misoginia, pero sí provocada por la interpretación del "dominio original del varón sobre su esposa". Cabe señalar que tampoco los varones podían regalar sus tierras, si alguno de ellos decidía salir de las tierras de su familia, también perdía sus derechos hereditarios.

> 36:3 Y si ellas se casaren con algunos de los hijos de las otras tribus de los hijos de Israel, la herencia de ellas será así quitada de la herencia de nuestros padres, y será añadida a la herencia de la tribu a que se unan; y será quitada de la porción de nuestra heredad.
>
> 36:4 Y cuando viniere el jubileo de los hijos de Israel, la heredad de ellas será añadida a la heredad de la tribu de sus maridos; así la heredad de ellas será quitada de la heredad de la tribu de nuestros padres.
>
> 36:5 Entonces Moisés mandó a los hijos de Israel por mandato de Jehová, diciendo: La tribu de los hijos de José habla rectamente.

---

[38] BIBLIA, Números, capítulo 27, *Petición de las hijas de Zelofehad*, disponible en https://www.iglesia.net/biblia/libros/numeros.html#cap27

36:6 Esto es lo que ha mandado Jehová acerca de las hijas de Zelofehad, diciendo: Cásense como a ellas les plazca, pero en la familia de la tribu de su padre se casarán.

36:7 Para que la heredad de los hijos de Israel no sea traspasada de tribu en tribu; porque cada uno de los hijos de Israel estará ligado a la heredad de la tribu de sus padres.

36:8 Y cualquiera hija que tenga heredad en las tribus de los hijos de Israel, con alguno de la familia de la tribu de su padre se casará, para que los hijos de Israel posean cada uno la heredad de sus padres.

36:9 Y no ande la heredad rodando de una tribu a otra, sino que cada una de las tribus de los hijos de Israel estará ligada a su heredad.

36:10 Como Jehová mandó a Moisés, así hicieron las hijas de Zelofehad[39].

Libertad para hacer votos

En cuanto al derecho a hacer votos, es decir, comprometerse con Jehová o hacer juramentos en su nombre, existe un capítulo llamado Ley de votos[40], en el que se permite a los hijos e hijas de Israel hacer votos:

30:1 Habló Moisés a los príncipes de las tribus de los hijos de Israel, diciendo: Esto es lo que Jehová ha mandado.

30:2 Cuando alguno hiciere voto a Jehová, o hiciere juramento ligando su alma con obligación, no quebrantará su palabra; hará conforme a todo lo que salió de su boca. (También en Deuteronomio 23:21-23 y Mateo 5:33);

30:3 Mas la mujer, cuando hiciere voto a Jehová, y se ligare con obligación en casa de su padre, en su juventud;

30:4 Si su padre oyere su voto, y la obligación con que ligó su alma, y su padre callare a ello, todos los votos de ella serán firmes, y toda obligación con que hubiere ligado su alma, firme será.

30:5 Mas si su padre le vedare el día que oyere todos sus votos y sus obligaciones con que ella hubiere ligado su alma, no serán firmes; y Jehová la perdonará, por cuanto su padre se lo vedó.

---

[39] BIBLIA, Números, capítulo 36, *Ley del casamiento de las herederas*, disponible en https://www.iglesia.net/biblia/libros/numeros.html#cap36

[40] BIBLIA, Números, capítulo 30, *Ley de los votos*, disponible en https://www.iglesia.net/biblia/libros/numeros.html#cap30

30:6 Pero si fuere casada e hiciere votos, o pronunciare de sus labios cosa con que obligue su alma;

30:7 Si su marido lo oyere, y cuando lo oyere callare a ello, los votos de ella serán firmes, y la obligación con que ligó su alma, firme será.

30:8 Pero si cuando su marido lo oyó, le vedó, entonces el voto que ella hizo, y lo que pronunció de sus labios con que ligó su alma, será nulo; y Jehová la perdonará.

30:9 Pero todo voto de viuda o repudiada, con que ligare su alma, será firme.

30:10 Y si hubiere hecho voto en casa de su marido, y hubiere ligado su alma con obligación de juramento.

30:11 Si su marido oyó, y calló a ello y no le vedó, entonces todos sus votos serán firmes, y toda obligación con que hubiere ligado su alma, firme será.

30:12 Mas si su marido los anuló el día que los oyó, todo lo que salió de sus labios cuanto a sus votos, y cuanto a la obligación de su alma, será nulo; su marido los anuló, y Jehová la perdonará.

30:13 Todo voto, y todo juramento obligándose a afligir el alma, su marido lo confirmará, o su marido lo anulará.

30:14 Pero si su marido callare a ello de día en día, entonces confirmó todos sus votos, y todas las obligaciones que están sobre ella; los confirmó, por cuanto calló a ello el día que lo oyó.

30:15 Mas si los anulare después de haberlos oído, entonces él llevará el pecado de ella.

30:16 Estas son las ordenanzas que Jehová mandó a Moisés entre el varón y su mujer, y entre el padre y su hija durante su juventud en casa de su padre.

Prostitución

Sobre la prostitución, que implica la cosificación de la mujer, era tolerada por el pueblo judío, siempre y cuando la ejercieran extranjeras, pero estaba prohibida para las mujeres judías. Aunque Brundage señala que hay referencias en los textos del antiguo testamento que permiten suponer que también había prostitutas y alcahuetas judías, pero que actuaban con "discreción"[41].

---

[41] BRUNDAGE, *op. cit.*, p. 74.

Débora y Jael

En el libro Jueces se cuenta la historia de dos mujeres, una que gobernaba Israel (J. 4:4), que además era profetisa y acostumbraba impartir justicia sentada bajo una palmera que llamaban "palmera de Débora", entre Ramá y Bet-el, en el monte de Efraín (J.4:5). Debido al maltrato que sufría su gente por parte del rey Jabín (rey de Canaán), Débora que gobernaba a los israelitas, le ofreció a Barac (de la tribu de Neftalí), que le entregaría a Sísara (capitán del ejército de Jabín), con sus carros y su ejército, pero le vaticinó que la gloria no sería suya (de Barac), sino de una mujer. Y así fue, pues después de la batalla, el capitán Sísara huyó y se refugió en la tienda de un ceneo de nombre Heber, y mientras descansaba, Jael la mujer de Heber le dio muerte al capitán (J. 4:9 a 4:22)[42].

Hulda

En el libro de Los Reyes aparece una profetisa de nombre Hulda, a quien recurre Josías (rey de Judá). El rey envía a cinco hombres a consultarla en su nombre, para saber cuál es la voluntad de Yahvé. Envía a su sacerdote Helcías, a su secretario Safán, a Ahicam (hijo de Safán), a otro servidor suyo de nombre Asaías, y a Acbor[43], personajes muy allegados al rey y de alto rango.

Cabe señalar que además de la profetisa Débora y de Hulda, en el antiguo testamento aparecen otras mujeres profetas como María –hermana de Aarón[44] y la mujer de Isaías[45]–; mujeres que estaban por encima incluso de reyes, pues estos las consultaban y seguían sus recomendaciones.

Esta pequeña investigación abre la puerta para afirmar que en la antigüedad existieron mujeres que gobernaron, que fueron heroínas, que exigieron sus derechos, que incursionaron en ámbitos que pensábamos que eran exclusivos de los hombres, y permite pensar que siempre han tomado decisiones por sí mismas y han ejercido derechos y poder cuando se lo han propuesto o han tenido oportunidad de ello, independientemente del marco jurídico que las ha rodeado.

---

[42] BIBLIA, Libros, Jueces, capítulo 4, *Débora y Barac derrotan a Sísara*, disponible en https://www.iglesia.net/biblia/libros/jueces.html (fecha de acceso: 30 de enero de 2018).

[43] CUETO, *op. cit.*, p. 403.

[44] *Ibidem*, p. 94 (El antiguo Testamento, Éxodo, capítulo XV).

[45] *Ibidem*, p. 880 (Isaías, capítulo VIII).

~

LA IMPLANTACIÓN DE LA FIGURA
DEL SÍNDICO EN NUEVA ESPAÑA

Manuel Andreu Gálvez[1]
Universidad Panamericana

Instituciones y cargos para la defensa de los privilegios
y libertades locales durante la antigüedad tardía, la cristiandad
medieval y el antiguo régimen español

Antes de adentrarnos en la figura del síndico, es importante destacar algunos aspectos relevantes de otras figuras anteriores a nivel local, las cuales han tenido una cierta repercusión dentro de la defensa de los privilegios comunitarios en épocas pasadas. A diferencia de la concepción moderna de los Derechos Humanos y los pactos sociales republicano-constitucionales, las libertades y privilegios actuaban de manera distinta a lo que nosotros podemos pensar bajo la influencia del racionalismo positivista y del subjetivismo jurídico en la modernidad.

Por esa razón, e intentando no caer en ningún tipo de anacronismo histórico para apreciar otras realidades completamente diferentes, es cierto que han existido figuras desde civilizaciones pretéritas que se han encargado de defender y contrapesar jurisdiccionalmente las

---

[1] Profesor investigador de la Facultad de Derecho de la Universidad Panamericana (Campus México). Titular de las materias de Historia de la Cultura Jurídica e Historia del Derecho Mexicano. Miembro del Sistema Nacional de Investigadores del CONACYT mexicano, nivel 1 (2018-2021) y acreditado por la Agencia Nacional de Evaluación de la Calidad y Acreditación en España (ANECA).

potestades y atribuciones que recaían en una multiplicidad de gremios,[2] estamentos, municipios e incluso reinos[3] que componían la realidad política hispánica. Todos ellos formaban una realidad muy distinta a la del Estado liberal decimonónico –el Estado como forma política de la modernidad se implanta y crea de manera tardía en España, a diferencia de otras latitudes geográficas como Francia o el Norte de Europa, que desde Westfalia cuentan con algo parecido a lo que nosotros entendemos como tal–.

En la Antigua Roma, según Quintana Roldán y Ana Rosa Martín Minguijón, el defensor de la civitas romana, el *defensor civitatis,* fue un relevante órgano con atribuciones a nivel municipal,[4] que en palabras de María Elena Bazán:

> Surge con el objetivo de proteger los diversos sectores de la población en condiciones económicas, jurídicas y sociales desfavorables, es decir, desvalidos frente al poder de los funcionarios o de los poderosos [...] El nacimiento formal del *defensor civitatis* se origina a través de distintas constituciones emitidas en el ala occidental del Imperio hacia los años

---

[2] Las jurisdicciones extraordinarias en tiempos del *Ancien Régime* son una clara muestra de la realidad heterogénea que componían la comunidad política. Así, los tribunales especiales actuaban conforme al gremio al que se pertenecía, y por ello, fueros propios como el militar y el eclesiástico, o en razón del tipo delictivo cometido (la herejía en el caso del Santo Oficio) componían esta compleja mixtura. *Cfr.* ICAZA DUFOUR, F., *Plus Ultra. La Monarquía católica en Indias 1492-1898,* 2ª ed. México, Porrúa, 2016.
Los tribunales de los consulados, el protomedicato, la Santa Hermandad/Acordada, el Tribunal General de indios, el Tribunal de Minería, tribunales universitarios, el de la mesta, alcabalas o el propio Juzgado General de Indios son algunos ejemplos corporativos jurisdiccionales que se implementaron en Ultramar siguiendo la tradición histórica española. Para mayor abundamiento, véase SALAZAR ANDREU, J. P., *Historia de la Cultura Jurídica Mexicana.* Tirant Lo Blanch, Ciudad de México, 2020.

[3] La clasificación interna jurisdiccional e institucional la ha tratado MARTÍNEZ MAR-TÍNEZ, F., "De re bibliographica (VII): Legislar en tiempos del Antiguo Régimen", *e-Legal History Review* 29, (2019).

[4] *Cfr.* MARTÍN MINGUIJÓN, A., "El Defensor del Pueblo. Antecedentes y realidad actual". En C. Maqueda Abreu y V. M. Martínez Bullé Goyri (Coords.), *Derechos Humanos: temas y problemas,* pp. 415-443. México, UNAM, 2010, disponible en http:// biblio.juridicas.unam.mx/libros/6/2758/14.pdf; ANDREU GÁLVEZ, M., "La figura del síndico personero del común en la Ciudad de México en la época virreinal", *Revista Mexicana de Historia del Derecho,* Segunda Época, 37 (2018), disponible en https:// revistas.juridicas.unam.mx/index.php/historia-derecho/article/view/12838

364, 365 y 368 [...] La Constitución de los emperadores Valentiniano y Valente contenida en el Código, Libro I, Título LV [De los defensores de las ciudades] apunta: si alguien creyere haber de recurrir a ti sobre asuntos de poco valor y entidad, levantarás actas judiciales en las causas de menor cuantía, esto es, hasta la suma de cincuenta sueldos, de suerte que cuando alguien demande o una deuda justa, o un esclavo que había huido, o lo que sobre lo mandado pagó, u otra cualquier cosa semejante, se lo restituyas a juicio tuyo. Más las demás, que parecieren dignas de la magnitud forense, ponlas en conocimiento del gobernador ordinario [...]. Aquí se adjudica la intervención del Defensor Civitatis en aquellos asuntos de menor trascendencia económica (50 sueldos en asuntos de poca importancia económica que afectaban a los plebeyos)[5].

Asimismo, y tomando algunas ideas que tengo desarrolladas en el artículo citado líneas atrás de la Revista Mexicana de Historia del Derecho, el defensor civitatis:

[...] era un magistrado de elección popular, encargado de la defensa de los particulares, contra los excesos de la curia, del municipio y de los funcionarios imperiales[6] [...] la aparición del defensor civitatis fue tardía en relación con otros cargos como el de los ediles, que con el tiempo serían los más importantes administradores municipales y que incluso transcendieron en la historia, el de los cuestores, que se encargaban de las finanzas del erario municipal y el de los pontífices, que tenían la responsabilidad del culto. Fue creado para proteger a la plebe de injusticias y violencias. Esta figura alcanzaría posteriormente notable esplendor en el Municipio del Bajo Imperio[7].

---

[5] BAZÁN, M. E., CAMINOS, S., ECHENIQUE, L., "El defensor civitatis: Un funcionario al servicio de las clases más necesitadas", pp. 62-63, disponible en www.edictum.com.ar/miWeb4/Ponencias/IntegrantesCordoba.doc

[6] TORRIJOS TORRIJOS, J., "Origen de los síndicos procuradores e importancia en los municipios del Estado de México", Tesis doctoral, Toluca, 1990, p. 16; PALOMARES SALAMANCA, M., *El Papel del Síndico Procurador en la Administración Pública Municipal, Estudio de Caso: Municipios de la Zona Oriente del Estado de México*. México, UNAM, 2006, disponible en http://132.248.9.195/pd2007/0608791/A6.pdf

[7] QUINTANA ROLDÁN, C., *Derecho Municipal*, 9ª. ed. Ciudad de México, Porrúa, 2008, p. 35; PALOMARES, *op. cit.*

En conclusión, esta figura vino a solventar desde su establecimiento con Valentiniano, una serie de circunstancias acuciantes en tiempos del Bajo Imperio; entre ellas, el abuso de poder por las recaudaciones en la crisis postrera imperial.[8] Otras que asumió con el paso del tiempo fueron:

> [...] la facultad para conocer de determinados delitos como los hurtos y los robos. No obstante, al asumir otras competencias, como la recaudación de impuestos y otras de carácter administrativo y judicial, y el hecho de ser desempeñado por personas que eran designadas dentro de la clase dominante, y a quienes se les reconocía una cierta *potestas*, no se logra la finalidad para la que es creada y esta figura poco a poco va sucumbiendo al desprestigio popular[9].

Una vez expirado el régimen municipal romano en las postrimerías del Imperio, y que había tenido su esplendor peninsular en tiempos pasados desde la importante política urbanístico-fundacional con emperadores como Julio César y Augusto, se pasó a la ruralización de la vida comunitaria. Dejando a un lado la llegada de pueblos como los Suevos, Vándalos y Alanos, y los *foedus* posteriores que habían celebrado los romanos con los visigodos –y sin entrar en las discusiones doctrinales entre las tesis romanistas y germanistas–:

> [...] los visigodos al derrotar a otras tribus germánicas adoptaron en toda su extensión la organización del municipio de origen latino, aunque incorporando instituciones como los *Conventus publicum vicinorum y el Placitum* [que posteriormente influirían en instituciones como los cabildos abiertos medievales o los jurados populares]. Sin embargo, el municipio visigodo prácticamente desapareció bajo el poder de las curias parroquiales[10].

---

8   BAZÁN, CAMINOS y ECHENIQUE, *op. cit.; Cfr.* MARTÍN, *op. cit.*, pp. 424-426; ANDREU, *op. cit.*, 64.

9   TALAMANCA, M. (Dir.), *Lineamenti di storia del diritto romano*, Milán, Giuffré, 1989, pp. 572 y ss.; MARTÍN, *op. cit.*, p. 427. ANDREU, *op. cit.*, 65.

10 QUINTANA, *op. cit.*, pp. 37-38; PALOMARES, *op. cit.*; ANDREU, *op. cit.*, p. 67.

Este modelo organizativo se vio afectado por la conocida disgregación del reino visigodo, tras la expansión musulmana del siglo VIII, que volvió a constituir nuevos aspectos y cargos a nivel municipal –como el alcalde, alcaide, alférez, alguacil, alamín [una especie de síndico que defendía la ciudad]–.[11] Según afirma González Minchaca:

> [...] para el siglo VIII prácticamente todo el territorio de la Península cayó en manos de los árabes. Ellos crearon sus propias formas de organización, pero todas ellas implicaban un ejercicio representativo con raíz en las antiguas organizaciones municipales. En realidad, el estilo de centralización burocrática musulmana no favoreció la autonomía gubernativa de las ciudades, pero sí han dejado un legado [...][12].

Esa forma originaria de adoptar decisiones en el municipio medieval español se produjo en tiempos de la Cristiandad medieval, mediante acuerdos de las asambleas de vecinos que contaban con fueros y privilegios. Bajo el modelo pactista que regía las relaciones jurisdiccionales y acuerdos entre el rey y sus vasallos, las ciudades alcanzaban un importante grado de autonomía sobre la institución del cabildo –el concejo o ayuntamiento en la progenie ibérica, a diferencia de lo que sería en el nuevo mundo el cabildo para tutelar las repúblicas de indios–. En un primer momento, y teniendo en cuenta que en la Plena Edad Media no podemos hablar de una sociedad de masas sino de comunidades humanas reducidas, se reunían en el cabildo abierto los miembros de la corporación para adoptar las resoluciones necesarias que debían poner fin a los problemas vecinales. Ya en la Baja Edad Media, el cabildo se cerró en sesiones que celebraban los miembros titulares del concejo.[13]

---

[11]   PALOMARES, *op. cit.*; ANDREU, p. 68.
[12]   GONZÁLEZ MINCHACA, D., "El municipio en México", *República Jurídica Administrativa. Revista Estudiantil de Derecho Administrativo Hispanoamericano* 2.3 (2011), disponible en https://revistas-colaboracion.juridicas.unam.mx/index.php/republica-juridica-admin/article/view/437/397; ANDREU, *op. cit.*, p. 68.
[13]   *Ibidem,* p. 68.

El concejo –también llamado regimiento– se componía del alcalde o justicia y regidores,[14] viéndose alterada su realidad primitiva por el brote de poderosas oligarquías adineradas que fueron acaparando cada vez mayor poder. Durante el proceso de conquista de territorios andalusíes –como afirma Ríos Saloma, esa conciencia para restaurar la geografía de España que tenían los propios Reyes Católicos es muy diferente al mito reconquistador que se implementa en el siglo XIX cuando se asienta el Estado-nación español bajo una historia milenaria, objetiva y coherente–, la Corona se fue fortaleciendo tras la recepción del derecho común. El monarca pasó de ser un caudillo militar, un Rey-juez, a un Rey legislador, que en tiempos de paz gobernaba por las letras las leyes y en tiempos de guerra por las armas.[15]

De este modo, el Rey pasó a convertirse en un elemento de innovación con respecto al *statu quo* nobiliario precedente, aunque, por otro lado, la deriva posterior tuvo sus inconvenientes. Y es que, como bien afirma Rodríguez Molina, con la repoblación del territorio restaurado por los reinos cristianos, las ciudades y villas alcanzaron un alto grado de organización gubernamental.

> Los concejos aldeanos organizaron su gobierno de acuerdo con varias magistraturas, elegidas y designadas, y dotadas de facultades [...] que exige con decisión el cumplimiento de sus normas, usos y costumbres, y obliga con castigos a los infractores; pero las aldeas y sus concejos muestran, sin cesar, sus iniciativas, aspiracionales y reivindicaciones autonómicas respecto de la ciudad y de su influencia. Ello queda especialmente ilustrado en el desarrollo del concejo de Vilches[16].

---

[14] ESCRICHE, J., *Diccionario razonado de la legislación civil, penal, comercial y forense*, México, UNAM, 1993; GONZÁLEZ, *op. cit.*, p. 22; ANDREU, *op. cit.*, p. 69.

[15] Historiadores del derecho como Faustino Martínez –quien es citado con posterioridad–, así como José Luis Bermejo, Óscar Cruz Barney o Jesús Morales Arrizabalaga han profundizado en este aspecto. Véase CRUZ BARNEY, Ó., *Historia del Derecho en México*. México, Oxford University Press, 1999; MORALES ARRIZABALAGA, J., *Pacto, fuero y libertades. El estilo de gobierno del Reino de Aragón, su mitificación y uso en narraciones constitucionales*. Derebook, Lex Regia, 2016.

[16] RODRÍGUEZ MOLINA, J., *Constitución y funcionamiento del Concejo de Vilches, Homenaje al profesor Juan Torres Fontes*, vol. 2. Secretaría Publica Universidad de Murcia-Acad. Alfonso X el Sabio, 1987, pp. 1419-1426; RODRÍGUEZ MOLINA, J., *El*

Por el contrario, las instituciones del sistema político concejil –con relaciones fluidas y abiertas en la etapa inicial hasta el período de transición de mediados del siglo XIII y XIV [y que se copó, aristocratizó y oligarquizó por grupos burgueses o militares bajo estructuras cerradas]– concluyeron en una tercera fase como fue la del Regimiento.[17] En tiempos de Alfonso XI, las personas de confianza de la Corona se injertaron en los asuntos concejiles contra el creciente ascenso de las oligarquías urbanas, absorbiendo al antiguo concejo.[18] Asimismo, a la vez que acababan con el problema de las élites locales, intentaban imponer la normativa regia por encima de los usos y costumbres,[19] lo que llevó a un cambio de paradigma a nivel municipal. Con la elección de hidalgos, la antigua nobleza quedó despojada, a la vez que el nuevo estamento nobiliario del monarca acapararía los cabildos y acabaría homogeneizando de manera perpetua, vitalicia y hereditaria los cargos.[20]

En este complejo contexto, y sin caer en la advertencia inicial de carácter anacrónico, había un órgano que se encargaba de la defensa del bien común, el personero. Desde tiempos del Fuero Juzgo y las Siete Partidas, era un representante legítimo en juicios que contaba con la carta de personería, otorgada por los hombres buenos pecheros. Además hacía de defensor del bien público y común de la ciudad de vecinos, cuyo eje

---

personero: portavoz y defensor de la comunidad ciudadana. Jaén, Diputación Provincial de Jaén, 2003, p. 60; ANDREU, *op. cit.,* p. 70.

[17] MONSALVO ANTÓN, J. M., "La sociedad política en los concejos castellanos de la meseta durante la época del regimiento medieval. La distribución social del poder, Concejos y ciudades en la Edad Media hispánica". En *Concejos y ciudades en la Edad Media hispánica* (II Congreso de la Fundación Sánchez-Albornoz, León, 1989), pp. 359-413. León, 1990, disponible en http://diarium.usal.es/monsalvo/files/2012/07/Sociedad-pol%C3%ADtica-concejil-en-los-concejos-castellanos.pdf; ANDREU, *op. cit.,* p. 71.

[18] JARA FUENTE, J. A., "Estructuras formales de poder y de organización de las clases dominantes urbanas en Castilla. El Regimiento: una crisis del siglo XIV en el siglo XV", *Edad Media. Revista de Historia* 8 (2007): 225-241; RECUERO LISTA, A., "El Reinado de Alfonso XI de Castilla (1312-1350)", tesis, Universidad Autónoma de Madrid, pp. 393-394; ANDREU, *op. cit.,* p. 73.

[19] *Cfr.* VANDEÓN BARUQUE, J., *La Baja Edad Media,* 3a. ed. Madrid, Anaya, 2005, pp. 50 y ss; ANDREU, *op. cit.,* p. 75.

[20] Con el posterior envío de corregidores se concentró, paulatinamente, el poder local en el brazo jurisdiccional real. En el artículo base que estoy tomando para este primer apartado, véase la página 75, en donde Rodríguez Molina, Enrique Toral y Chamocho Cantudo abordan la cuestión. ANDREU, *op. cit.,* p. 75.

principal era el fuero y privilegios para facilitar la repoblación.[21] Defendía y representaba a la comunidad junto con los letrados, como por ejemplo en el resguardo de bienes agrícolas y pastos, en la eliminación de corrupciones administrativas, en recaudación de tributos, en el cumplimiento de usos y costumbres, o en fiscalizar el gobierno que ejercían los regidores.[22]

El mismo Rodríguez Molina detalla que, en la localidad castellana de Archena hubo dos figuras jurídicas con funciones muy parecidas, bajo los nombres de procurador síndico y síndico personero, aunque en 1551 –durante el reinado de Felipe II– el personero fue suprimido por presiones aristocráticas. Con su desaparición, la Corona intensificó su política centralizadora, a la vez que acababa con los bandos oligárquicos enfrentados.[23] Tras la eliminación del cargo, no fue hasta el siglo XVIII cuando dicha institución se implantó bajo el apelativo de "síndico personero del común".

El siglo XVIII y las reformas de Carlos III: la creación del síndico

No fue hasta el último tercio del siglo XVIII, durante el reinado de Carlos III, cuando se instituyó la figura del síndico. Y es que, el procurador síndico y el síndico personero del común retomaron las antiguas funciones, asimilables en parte, al personero medieval –que, en el caso de las Indias se trataba del procurador general, quien asistía en las causas de los particulares–.[24] En este siglo, y bajo una nueva dinastía reinante, el panorama empezaba a cambiar respecto a la tradición corporativa y pactista histórica de la Monarquía hispánica. Pese a que el prototipo absolutista que ha quedado en el imaginario colectivo es algo mítico, pues en el Antiguo Régimen hispánico no se alcanza a desarrollar este fenómeno –ni siquiera fue la tónica general en otras latitudes de la Edad Moderna como se suele

---

[21]   *Cfr*. AMORÓS VIDAL, F., "El síndico personero: la voz del común", III Congreso Turístico Cultural del Valle de Ricote: "Despierta tus Sentidos", Ojós, 25 y 26 de noviembre de 2005, compilación de ponencias por M. C. GÓMEZ MOLINA, pp. 405-425; ANDREU..., *op. cit.*, p. 78-79.

[22]   *Cfr*. RODRÍGUEZ MOLINA, *El personero, op. cit.*, pp. 355-367, 371, 372 y 272; ANDREU, *op. cit.*, p. 79.

[23]   RODRÍGUEZ MOLINA, *El personero, op. cit.*, p. 264-267; ANDREU, *op. cit.*, p. 81.

[24]   *Cfr*. V. MUÑOZ y M. RUÍZ MASSIEUR, *Elementos jurídico-históricos del municipio en México*. México, UNAM, 1979, pp. 37-38; PALOMARES, *op. cit.;* ANDREU, *op. cit.*, p. 86.

presentar por la historiografía[25]–, Faustino Martínez Martínez resalta el cambio de paradigma producido en el reinado de Felipe V.

Resulta que fue algo insólito la liquidación del régimen jurídico-constitucional de uno o varios reinos con la Nueva Planta[26] –que como también escribe Morales Arrizabalaga, consistió no tanto en centralizar sino en castellanizar. No es que se aplicaran las leyes castellanas en Aragón, sino que se castellaniza el derecho en Aragón–.[27] El llamado despotismo ilustrado, bajo la figura por antonomasia del intendente, ejecutó las medidas necesarias para servir a la Corona y su intento homogeneizador con la famosa fórmula de, "todo para el pueblo, pero sin el pueblo".[28]

Por culpa del fortalecimiento de las potencias hegemónicas y los nuevos tiempos, la Monarquía se fue adaptando a las necesidades económico-militares, y en este contexto fue cuando se retomó una figura –pero de corte moderno– para proveer las necesidades vecinales. El síndico personero del común ya aparece recogido en el auto acordado del 5 de mayo de 1766, donde el Consejo de Castilla los nombra para el favorecimiento en el comercio de abastos y para impedir los arbitrios del ayuntamiento.[29] Junto con él había otro órgano que poseía funciones de defensa pública, el síndico procurador general, que controlaba el aparato fiscal o presidía la junta de propios y arbitrios.[30]

Según la obra de Juan Sala, ambos cargos:

> [...] tenían asiento en el cabildo, y en el caso del síndico personero del común, su distribución variaba según el número de habitantes con los

---

[25] Para Faustino Martínez Martínez, la confederación de coronas de los Austrias no tiene nada que ver con el prototipo de absolutismo francés que se ha imaginado, pues la composición corporativa, estamental y el pacto al que estaba sujeto el rey hacen que fuera imposible el triunfo del absolutismo. En esta misma línea se encuentran Nicholas Henshall, Ayuso Torres, Pérez Vejo o Juan Pablo Domínguez Fernández por ejemplo (así como la mayor parte de los indianistas revisionistas del siglo XX).

[26] MARTÍNEZ, *op. cit.*

[27] MORALES, *op. cit.*, pp. 9-16.

[28] Faustino Martínez señala que se empieza a hablar de la nación y del pueblo con un nuevo sentido, como una comunidad política en construcción.

[29] Ver nota al pie número 72 en ANDREU, *op. cit.*, p. 88.

[30] *Cfr.* SILVA RIQUER, J., *La reforma fiscal de los ayuntamientos novohispanos (1765-1812).* Madrid, Marcial Pons–Instituto Universitario de Investigación en estudios Latinoamericanos de la Universidad de Alcalá y de la Universidad Michoacana de San Nicolás de Hidalgo, 2015, pp. 70-80; ANDREU, *op. cit.*, p. 88.

que contaban las villas y ciudades. Según la ley de 5 de mayo de 1766, si el asentamiento tenía una población superior a dos mil vecinos, debían ser cuatro los diputados del común que se destinarían a atender las necesidades locales; por el contrario, si el grupo poblacional era inferior a esta cifra, serían dos los diputados que intervendrían como *voces del común*, para proponer e intervenir en defensa de los naturales ante los actos que celebraban el ayuntamiento y los jueces ordinarios[31].

Sin dejar a un lado este ambiente histórico, la implementación de la figura del síndico estaría relacionada con los conflictos sociales y las necesidades acuciantes que se exteriorizaron con las transformaciones de la administración borbónica del siglo XVIII.[32] Asimismo, se podría indicar en este caso concreto que, dicho cargo floreció en 1766 durante el reinado de Carlos III, a raíz de la revuelta popular del Motín de Esquilache. En referencia a lo que expusimos sobre la teoría de Amorós Vidal,[33] este órgano era un ente representativo que encarnó la opinión del pueblo. Con el paso del tiempo, el poder fragmentado de la Edad Media se fue haciendo homogéneo en torno a la figura del Rey, y que, como también hemos visto en el epígrafe anterior, el monarca poco a poco integró y configuró un sistema que le era propicio, gracias al corregidor y otros cargos honorarios afines al pilar temporal de la Corona, antitéticos a su vez a los círculos privilegiados.

---

[31] SALA, J., *Ilustración del derecho real de España. Ordenada por don Juan Sala, pavorde Metropolitana Iglesia de Valencia y catedrático de Prima de leyes en la Universidad de la misma ciudad,* t. III, México, 1808; ANDREU, *op. cit.*, p. 89. En la página 90 de mi artículo se recogen las instrucciones de 23 de junio de 1766 y 3 de julio de 1766, para una mayor regulación del síndico personero del común, y que también se recoge en la Novísima.

[32] Aunque, sin perder de vista las raíces del cargo medieval y sus derivaciones históricas, el síndico se trata de una figura moderna. Véase BAYLE, C., *Los cabildos seculares en la América española.* Madrid, Sapientia, 1952, pp. 225 y ss. Otros cargos del reformismo borbónico han sido estudiados por: CERRO NARGÁNEZ, R., "Agentes del reformismo borbónico: los alcaldes mayores de Barcelona nombrados por Carlos III", *Boletín de la Real Academia de Buenas Letras de Barcelona* 52 (2009-2010): 237-277.

[33] *Cfr.* AMORÓS VIDAL, F., "El síndico personero: la voz del común", III Congreso Turístico Cultural del Valle de Ricote: "Despierta tus Sentidos". Ojós, 25 y 26 de noviembre de 2005, pp. 405-425.

Durante el tiempo que abarcó la Edad Moderna, la fuerza jurídica y el ámbito de actuación que habían tenido estos cargos en épocas pasadas fueron dejando paso a un sistema mucho más uniforme.[34] Por ello, con la llegada de los Borbones, el problema municipal se agravó, puesto que los Decretos de Nueva Planta restringieron los derechos históricos de los territorios que habían apoyado al archiduque Carlos. Para Escudero, aún tenían importancia en Aragón, Navarra o Castilla modelos de ciudades con votos en Cortes, aunque con la expansión del modelo castellano desde Felipe V, sólo la Corona de Castilla pudo albergar el régimen de Cortes Nacionales.[35]

Este esquema político se replicó en toda la Monarquía, y aunque no llegara a implantarse un modelo de corte absolutista que fuera fructífero como dijimos, sí existió un proceso tendente al centralismo que se distanciaba de la política que habían seguido los dirigentes Habsburgo. En este sentido, un hecho importante que influyó notoriamente en la recomposición de estas figuras municipales fue el famoso Motín de Esquilache. Y es que, el descontento al que se refiere Antonio Risco en sus investigaciones sobre este hecho, fue estimulado por el famoso bando del 10 de marzo de 1766, en el que para mejorar la seguridad ciudadana, se prohibieron las capas largas, los picos y alas de los sombreros.

Evidentemente, ésta no fue la verdadera causa del motín, sino más bien una cuestión puntual que terminó por generar la sedición. Pero, sin entrar en el fondo del levantamiento –y las terribles consecuencias que se produjeron con la expulsión de los Jesuitas–, lo verdaderamente significativo para nuestro estudio fueron las medidas administrativas de raíces ilustradas que se aplicaron.[36] La reinserción del personero en las villas y ciudades contra el anquilosado gobierno municipal, hizo que se

---

[34] Los procuradores, por ejemplo, fueron figuras de corte medieval que habían sobrevivido en la Edad Moderna, y que tuvieron un papel importantísimo en la configuración urbana del Nuevo Mundo. La dotación de legitimidad para las nuevas ciudades se puede comprobar con ejemplos tan conocidos como la forma en que se erigió la Villa Rica de la Vera Cruz por Hernán Cortés.

[35] ESCUDERO LÓPEZ, J. A., "Jornadas en torno a la Constitución de Cádiz de 1812 y sus repercusiones en América", Casa de América, Madrid, *De Cádiz a Cádiz*, Coloquio, 29 de octubre de 2012.

[36] RISCO, A., Flujos y reflujos del motín de Esquilache, *Cuadernos de historia moderna y contemporánea* 5 (1984): 11-36.

corrigieran los problemas que arrastraban las estructuras municipales. En palabras de Escudero López:

> En cuanto a los regimientos, las reformas de Carlos III intentaron corregir esa estructura municipal en la que grandes señores acaparaban los puestos como regidores perpetuos, ostentando cargos que a menudo servían otras gentes en cesión o arrendamiento. Tras los motines de 1766, que fueron un serio aviso a la autoridad real aunque tal vez sólo supusieran la rectificación de medios antes utilizados, dos textos de ese mismo año (el Decreto de 5 de mayo y la Instrucción de 26 de junio), así como el Reglamento para Nuevas Poblaciones, proyectarán sobre los concejos una bocanada de aire democrático y renovador. Se estableció entonces que el pueblo dividido en parroquias o barrios elija a unos diputados del común –dos o cuatro, según el número de habitantes– y a un síndico personero cuya misión era pedir y proponer lo conveniente al público en general, aun careciendo de voto en el ayuntamiento y de cualquier tipo de facultades resolutivas. Las atribuciones de esos diputados y síndico quedaron recogidas en el capítulo XIII de la Instrucción de 26 de junio, mientras el decreto o Auto-Acordado de 5 de mayo señalaba que eran creados para 'tratar y conferir en punto de abastos, examinar los pliegos o propuestas que se hicieren y establecer las demás reglas económicas tocantes a estos puntos que pida el bien común'. Cabría en fin preguntarse qué acogida tuvieron en la práctica estas reformas, a lo que parece forzoso responder que no muy efectiva y brillante. Los regidores perpetuos las contemplaron con hostilidad. Y aquellos representantes del pueblo que venían a remediar los males de los regidores oligarcas y vitalicios, quisieron en seguida ser como ellos[37].

El síndico personero del común: funciones y características bajo la normativa dieciochesca

Si nos adentramos en las fuentes de la época, es fácil que encontremos cargos muy similares en apariencia, pero que conservan funciones dis-

---

[37] RODRÍGUEZ CASADO, V., *La política y los políticos en el reinado de Carlos III*. Madrid, 1962; J. GUILLAMÓN, *Las reformas de la Administración local durante el reinado de Carlos III*. Madrid, 1980, pp. 133-134; ESCUDERO LÓPEZ, J.A., "Los orígenes del municipio constitucional", *Estudios de Deusto: revista de la Universidad de Deusto* 51.1 (2003): 159.

tintas. En ese sentido, el papel que desempeñaba un síndico procurador no tenía nada que ver con el rol que jugaba el síndico personero del común. Por ello, y según el compendio que plasmó Juan Sala en el siglo XIX sobre la *Ilustración del Derecho Real de España,* se indica al respecto lo siguiente:

> Digamos algo al fin de este título de los diputados y personero del común, cuyos oficios se rozan con el de regidor [...] para evitar a los pueblos todas las vexaciones que por mala administración y régimen de los concejales padezcan en los abastos, y que todo el vecindario sepa como se manejan [...]. Los elige todo el pueblo por medio de 24 comisarios electores, que nombra á este fin; y al otro día de la elección, han de acudir a tomar posesión y asiento en el ayuntamiento, y prestar juramento de exercer bien y legalmente su oficio. No podrá recaer la elección en ningún regidor ni individuo del ayuntamiento, ni en persona que esté en quarto grado de parentesco con ellos, ni en quien sea deudor del común, no pagando de contado, ni en el que haya exercido los dos años anteriores oficio de república[38].

> El individuo de un ayuntamiento que tiene á su cargo defender los derechos del público. Son dos los síndicos que hay en los ayuntamientos; el *síndico procurador general*, sea perpetuo, sea propuesto ó elegido por el mismo ayuntamiento; y el *síndico personero del común*. La elección del síndico personero se hace anualmente por todo el pueblo dividido en parroquias ó barrios, entrando con voto activo todos los vecinos seculares y contribuyentes. Si no hay más que una parroquia, se nombran veinte y cuatro comisarios electores de la misma clase, presidiendo la justicia del concejo abierto en que se hacen estos nombramientos; y si tuviere el pueblo mas de una parroquia, en el concejo abierto de cada una se nombran doce comisarios electores. Estos se juntan en las casas consistoriales, y presididos por la justicia proceden á hacer la elección del síndico personero del común al mismo tiempo que la de los diputados, y queda electo por tal el que tuviera á su favor la respectiva pluralidad de votos. El electo acude en el dia siguiente á tomar posesión y asiento en el ayuntamiento, y á prestar el juramento de ejercer bien y

---

[38] SALA, *op. cit.*

legalmente su oficio. No puede recaer esta elección en ningún individuo del ayuntamiento, ni en persona [...]. *El síndico personero tiene asiento en el ayuntamiento despues del síndico procurador general*; puede pedir y proponer todo lo que convenga al público generalmente; y debe intervenir en todos los actos que celebre el ayuntamiento, como igualmente á la junta de pósitos y á la de propios y arbitrios[39].

Según la *Novísima Recopilación de las Leyes de España*[40] –Libro VII, Título XVIII: *De los Diputados de abastos y Síndicos Personeros del Común de los Pueblos–*, se recogen seis leyes que desarrollan de manera pormenorizada las características del nombramiento, sus prerrogativas y las funciones que le fueron aparejadas. Siguiendo el orden de la recopilación, en la ley primera se halla el auto acordado del Consejo de Castilla de 5 de mayo de 1766, en donde se detalla el proceso de "Nombramiento de Diputados y Síndico Personero del Común de los pueblos para el buen régimen y administración de sus abastos".[41] Como se puede comprobar, la finalidad de la ley era evitar la mala administración en los pueblos y el favorecimiento de la libertad en el comercio de abastos sin que hubiera arbitrio.

Asimismo, el procedimiento que sigue es la diferenciación entre los asentamientos superiores a dos mil vecinos, los cuales contaban con cuatro Diputados del Común, y los inferiores, que sólo tenían dos Diputados. Además, en este punto se tratan otras competencias derivadas del cargo como ser la:

---

39 *Ibidem.*
40 La *Novísima Recopilación de las Leyes de España* es una obra jurídica que reformó a la antigua Recopilación que había publicado Felipe II en 1567. Mediante la incorporación de cédulas, órdenes, pragmáticas y providencias, en época de Carlos IV (en 1804 exactamente) se expidió este documento que tan apenas vio la luz en América, por la trágica situación que se vivió años después con la pérdida de las provincias Ultramarinas de la Monarquía Hispánica, y por encontrarnos en los albores de una nueva técnica sistematizadora del derecho en forma de códigos (la Francia napoleónica entraba en escena). Es importante recordar que la Novísima no se promulgó para América, aunque se implantasen las figuras locales mediante la normativa individualizada.
41 *Novísima Recopilación de las Leyes de España, Mandada formar por el Señor Don Carlos IV*, tomo III, libro VII, p. 440, disponible en https://www.boe.es/biblioteca_juridica/abrir_pdf.php?id=PUB-LH-1993-63_3

> Voz para pedir y proponer todo lo que convenga al público generalmente, é intervenga en todos los actos que celebre el Ayuntamiento, y pida por su oficio lo que se le ofrezca al Común con método, órden y respeto y en su defecto qualquiera del pueblo ante los Jueces Ordinarios[42].

Pasando a la ley II, donde se encuentra transcrita la instrucción de 26 de junio de 1766, se regula la *Elección anual de Diputados y Personero del Común.* Este procedimiento es el que ya reflejamos unos párrafos atrás, por lo que, a modo de síntesis podemos destacar que la elección se debía realizar por todo el pueblo secular y contribuyente –dividido a su vez en parroquias o barrios–, sin que el ayuntamiento pudiese entrometerse en la elección.[43] En esta última ley hay varios aspectos interesantes que debemos resaltar; por ejemplo, para que el acto cobrara fuerza jurídica, se manifestaba la obligatoriedad de que un escribano del ayuntamiento asentara en un libro de registro el resultado de las elecciones. Además, se expresaba la imposibilidad de que la elección recayera en algún regidor o cargo del ayuntamiento. Dicha limitación pone de manifiesto la principal característica del síndico, que no era otra que la independencia tanto de los regidores –de los cargos regios– como del ayuntamiento –controlados por las oligarquías locales y los grupos nobiliarios–. Además, en esta ley se deja claro que los intereses individuales del propio síndico debían estar limitados por el parentesco hasta el cuarto grado.

Si continuamos examinando el cargo por orden numérico, la ley III contiene la Real Resolución y Cédula del Consejo de 15 de noviembre de 1767, para la declaración de dudas en la elección.[44] A esta ley le sigue la provisión de 3 de enero de 1769, la cual, en el epígrafe legal número cuatro, posibilita la permanencia de los diputados del común por tiempo de dos años en el cargo, para no ser sustituidos todos al unísono y poder transmitir sus conocimientos a los síndicos noveles.

Asimismo, la Ley V contiene la circular de 12 de septiembre de 1766, que regulaba el pago de las costas y gastos, y que tanto los diputados como el personero habían promovido ante las Chancillerías o las

---

[42] *Ibidem,* pp. 440-441.
[43] *Ibidem,* pp. 441-442.
[44] *Ibidem,* pp. 442-443.

Audiencias. Finalmente, la consulta de 9 de mayo de 1767 compone la ley VI, donde se regula la negativa al derecho de fuero de los pertenecientes a la Marina y su sujeción a las resoluciones de justicia ordinaria:

> Quedan en todo lo tocante á elecciones de Diputados dél Comun y Síndico Personero, á las Juntas para celebrarlas, y demas incidencias que puedan ocurrir, á fin de que en todo se cumpla y tenga efecto el auto acordado, instruccion y provision del Consejo (leyes 1 y 2) sobre dichas elecciones, no gozan fuero ninguno los matriculados para la Marina residentes en qualquier pueblo del Reyno, y estan sujetos á las Justicias ordinarias de ellos, y deben cumplir sus autos, órdenes y providencias sin necesitar de dar noticia á los Intendentes y Subdelegados de Marina, ni tener estos en ello la menor intervención[45].

La implantación del síndico en Nueva España: conclusiones de la investigación

Dejando a un lado la *Novísima Recopilación*, que nos sirve para estudiar la normativa peninsular y su impacto en los territorios de la Monarquía, debemos volver a matizar que su huella sería escasa por la fractura que sufriría el mundo hispánico con las secesiones decimonónicas americanas. Con todo, si nos centramos en la realidad ultramarina, y en concreto en la Nueva España, una vez que el visitador José de Gálvez había realizado su cometido, y ya había sido implantada la Real Ordenanza de Intendentes en Nueva España –en 1786 fue del todo efectiva–, también se reacomodó la administración territorial tanto a nivel militar como fiscal. De esta manera surgió, por ejemplo, la Comandancia General de las Provincias Internas, para mejor provecho de recursos en las tierras irredentas del norte.

Del mismo modo, y teniendo clara la gran importancia que tuvieron los ayuntamientos en las repúblicas de españoles y los cabildos en las de indios[46] –según González Minchaca, las principales funciones de estos

---

45   *Ibidem*, pp. 444-445.
46   Pérez Vejo sostiene que el mundo americano fue un mundo urbano, ya que las ciudades constituyeron el núcleo de la vida en Ultramar.

órganos eran cuidar las infraestructuras de comunicación, la red de suministros de agua, la protección de bienes comunes exteriores, el cuidado de mercados, la expedición de ordenanzas locales, la atención de los servicios a los vecinos–,[47] es hora de revisar mediante el trabajo de campo realizado, la documentación archivística que quedó almacenada en Nueva España para la implantación de este cargo al otro lado del Atlántico.

En el Archivo General de la Nación mexicana[48] se encuentra acopiada la documentación que demuestra la implantación en Nueva España de dicha figura. Desde la península ibérica llegaban las directrices específicas, las cuales no se correspondían con las instrucciones generales que se compilaron en la Novísima, de ahí que sea un estudio más específico que la legislación general citada.[49]

Así, una importante aclaración que se debe hacer tras imbuirnos en la figura, es la clara diferenciación entre los denominados síndicos personeros del común –también llamados síndicos procuradores del común– y el síndico procurador general –creado por el rey al estilo de regidor honorario sin ser perpetuo–. Por lo tanto, el síndico personero del común se distinguió claramente de los regidores, ya que estos últimos en un principio eran figuras de representación monárquica, aunque con el tiempo se habían vuelto a aristocratizar tras la acumulación de las hidalguías en estos estratos. A diferencia de éste, el síndico era una figura impulsada por las reformas ilustradas borbónicas que estudiamos en el epígrafe anterior, pero en representación de los intereses del común.

Si partimos de la importante instrucción de 3 de julio de 1766, se podrá comprobar que el documento concuerda con la original del Consejo de Castilla, ya que la legislación se hacía extensiva a todos los territorios de la Monarquía hispánico-católica. En ella podemos evidenciar que Don

---

[47] GONZÁLEZ, *op. cit.*, p. 22; ANDREU, *op. cit.*, p. 84.

[48] El Archivo General de la Nación (en adelante AGN) en México está ubicado en la antigua cárcel de Lecumberri, en el centro de la Ciudad de México. En él se encuentra un acervo histórico que recoge la mayoría de los fondos jurídicos de la etapa indiana. La antigua cárcel destacó por el innovador sistema panóptico con el que se controlaba a los reclusos, siendo la primera cárcel con este sistema en el país mexicano y en toda América Latina.

[49] Existen también estudios de esta figura en otras latitudes como la de PASCUAL RAMOS, E., "Los diputados del común y el síndico personero del ayuntamiento de Palma (1766-1808)", *Cuadernos de Ilustración y Romanticismo* 21 (2015).

Ignacio Estevan de Ygareda –escribano de cámara del Rey– certificó este documento en la fecha señalada, para que fuera válido con respecto a la instrucción original.[50] Según el documento, en el punto dieciséis se advierte que dicha reproducción proviene de la Providencia que Campomanes firmó el 23 de junio de 1766:

> Se previene, para cortar equivocaciones, que la nominación de Diputados, y Personero del Común no deben tener lugar en las Aldèas, Lugares, Feligresìas, u Parroquias, donde no ay Ayuntamiento; porque en tales Parages ceffa el fin, y objeto del Auto- Acordado: lo que se deberà tener à la vista, para que no se extienda la Providencia mas allà de lo que corresponda. Madrid, veinte y seis de Junio de mil setecientos sesenta y seis. =Don Pedro Rodriguez Campomanes... Es Copia de su Original, de que certifico yo Don Ingancio Estevan de Ygareda, Escribano de Camara del Rey nuestro conste, y se comunique circularmente à los Pueblos del Reyno, en cumplimiento de lo mandado por el Consejo, en Decreto de primero del corriente, con motivo de cierta Instancia de los Diputados del Comun de Murcia, y de lo acordado en este dia, sobre Representacion del Decano de la Real Audiencia de Oviedo, que ha producido la addicion del Articulo XVI. De esta Instrucción, doy la Presente, que firmo en Madrid a tres de Julio de mil setecientos sesenta y seis = Don Ingancio Estevan de Ygareda [...].[51]

Probada la autenticidad del manuscrito, en éste se indican las competencias de asistencia con el cuerpo del ayuntamiento, la imposibilidad de que el cargo recaiga en regidor, la toma de posesión al día siguiente de su elección y la independencia de la decisión electoral del vecindario.

En lo tocante a la Ley II de la *Novísima Recopilación*, y acudiendo a la fuente directa del Archivo General de la Nación de México, se encuentra copia de la Real Cédula de Carlos III. De ella rescato una aclaración valiosa del monarca y su consejo que dice lo siguiente:

---

[50] Instrucción, que se debe observar en la Elección de Diputados y Personero del Común, AGN, Ayuntamientos, vol. 210, exp.7, s/f.

[51] *Ibidem.*

> Y visto por los del mi Consejo, con lo expuesto por mis Fiscales, teniendo presente, que en varios casos que han ocurrido, se ha declarado, que no solo quando esta perpetuado el oficio de Procurador Síndico de el Comun procede la eleccion de Procurador Sindico Personero; sino tambien quando le elige y propone el Ayuntamiento, y ser util y conveniente la execucion de esta providencia por regla general para evitar, que el Sindico, como dependiente de la eleccion de los Regidores, coadyube los excesos de estos, en lugar de reclamarlos, como se ha experimentado [...] en atencion à que los Diputados y Personero del Comun no manejan caudales públicos, que los haga responsables, ni es conveniente hacer odiosos sus oficos, dificultándoles los de Justicia; declaro por punto general, que con solo un año de hueco, puedan ser electos para qualesquier oficios de Justica [...][52].

Como se desprende de este párrafo, el procurador síndico del común se desmarca del procurador síndico personero por la perpetuidad de oficio del cargo (impuesto por el poder central) o por delegación del rey en la elección popular a propuesta del ayuntamiento. Asimismo, el texto refleja claramente la importante finalidad de evitar que el síndico cuando sea propuesto de oficio no ampare los excesos y las malas artes de los regidores. De esta manera, Carlos III y su gobierno limitaron las competencias de los cargos del poder municipal para que no dependiera de ellos la elección del síndico, y mediante esta restricción, que el poder central acometiera en la teoría uno de los grandes problemas que tendrían los municipios si no se restringían las relaciones e influencias entre los cargos directivos municipales.

Como se puede observar, era conocido el grave problema de corrupción en los órganos de gobierno más altos del cabildo, por ello, la administración ilustrada intentó aquietar a los círculos aristocráticos locales que se habían asentado en el poder, corrompiendo y anquilosando la administración. La Real Cédula es muy clara en este sentido cuando advierte que se manda "para evitar que coadyuve los excesos de estos, en lugar de reclamarlos, como se ha experimentado".

---

[52] *Real Cedula de su Magestad y Señores del Consejo, En que se declaran algunas dudas tocantes a la eleccion, y subrogación de Diputados y Personero del Común,* AGN, Ayuntamientos, vol. 210, exp.7, s/f.

Silva Riquer, en su profundo estudio sobre la implantación de las reformas ilustradas en los ayuntamientos de Nueva España, proyecta varios aspectos muy reveladores para poder seguir con nuestra investigación. El autor justifica que toda la organización del sistema local había emanado del proceso de conquista,[53] perfeccionándose poco a poco con la creación de diversos oficios. El profesor mexicano resalta la diferenciación que señalamos en la línea de Juan Sala, entre el síndico personero del común y el síndico procurador general. Así pues, es muy importante no confundir estas dos figuras y tener claro que este otro cargo era un puesto elegido por el rey o el virrey para controlar el aparato fiscal, donde:

> La forma de organizar los compromisos del cabildo fue la creación de nuevos puestos de regidores honorarios y de un síndico procurador (todos fuera de los regidores perpetuos). Estos cargos no pertenecían a la ciudad sino que eran funcionarios reales que dependían del rey y de la Secretaría de Real Hacienda e Indias... con la función de vigilar la hacienda concejil en una junta de propios y arbitrios presidida por el síndico procurador [...]. El síndico procurador es cabeza del cabildo que obliga a los demás funcionarios más antiguos a acatar sus órdenes... designado por el virrey por encima de los poderes locales [...]. Rentas locales bajo la dirección del Consejo de Castilla y cuentas revisadas por el Ministerio de Hacienda (encargado el Marqués de Esquilache)[54].

En este sentido, fue tal el grado de importancia del síndico procurador, que en 1760 el rey Carlos III envió una Real Instrucción a Nueva España en la que ordenaba a la burocracia que dieran cuenta de los propios y arbitrios del reino –es decir, la revisión de los impuestos locales, las partidas del gasto, el tráfico de cargos públicos en el ayuntamiento, etc.– obligando a que la asamblea estuviera presidida por los alcaldes mayores y corregidores o por los regidores, alcalde o síndico procurador cuando los primeros no existieren.[55]

---

[53] SILVA, *op. cit.*, p. 126.
[54] *Ibidem*, pp. 70-80.
[55] *Ibidem*, p. 87.

En conclusión, podemos deducir que el síndico procurador era un órgano que en Nueva España se ocupó de todos los problemas que incumbían a los asentamientos urbanos en materia administrativa y fiscal, incluso en las comunidades de pueblos de indios junto con otros dos órganos más: el cacique y el cura del pueblo.[56] Al ser anterior al síndico personero –la Real Instrucción de 1760 nos sirvió como prueba en comparación con el auto acordado para el síndico de 5 de mayo de 1766– es lógica también la diferenciación de funciones, labores y nombramientos.

Del síndico personero del común, la labor que desarrolló en Nueva España el visitador José de Gálvez fue primordial para su ajuste. El inspector regresó a la península ibérica en 1771, después de una importantísima labor de inspección para avalar y ajustar planes estructurales de reforma en los ayuntamientos de Nueva España. Con el nombramiento de dirigentes centralistas –los ya explicados regidores honorarios y órganos dependientes de la jurisdicción real– se intentó transformar y corregir desde dentro el rumbo que llevaba la política municipal.

Según el manuscrito que encontré del virrey Antonio María de Bucareli y Úrsúa, bajo la instrucción de transformar el régimen local,[57] se puede percibir la enorme necesidad por la que atravesaba la administración de la ciudad de México. Por ejemplo, para la dirección política de la urbe, el virrey clamaba en favor de que los nuevos regidores honorarios desempeñaran los encargos y resolvieran con acierto los conflictos, a imagen de lo que se estaba implantando con Carlos III y el despotismo ilustrado en la península. Este documento revela otro dato significativo, como es la necesidad de instruir e implementar una administración homogénea al estilo de las ciudades ibéricas en favor del bien público.

Según la instrucción del virrey Bucareli:

> [...] Regidores honorarios a imitación de lo que se practica en todas las Ciudades de España y se ha establecido en esta Capital, puede ser util á esa, mayormente si la elección recae en sujetos distinguidos, de honra, y facultades, que explicando su celo por el bien público, intervengan con los

---

[56]   *Ibidem,* p. 64.
[57]   *Instrucción del virrey Antonio María de Bucareli,* AGN, Ayuntamientos, vol. 210, exp. 8.

propietarios en el desempeño de los encargos, necesitando que se trate el punto en Junta de Cabildo proponiendo las ventajas de esta disposición[58].

Tras la década de los años setenta de este siglo existen diversos escritos que van componiendo y fortaleciendo la figura del síndico personero del común y su actividad política, tanto en Nueva España como en diferentes puntos de América. Algunos de los documentos del Archivo General de la Nación que certifican esta afirmación son los de un escrito en el que se prorroga en el cargo la actividad de un síndico de la ciudad de México con el detalle de su régimen de honorarios –con fecha de 29 de noviembre de 1796–.[59] Asimismo, la instrucción de 7 de enero de 1789,[60] en la que el ayuntamiento de la capital de Nueva España nombra a diputados y síndico personero del común según los fines explicados en el auto acordado de 5 de mayo de 1766. En este sentido, existe un folio muy escueto y maltratado sobre la elección de los empleos de regidores honorarios y síndico personero del común.[61]

Finalmente, también me pareció muy relevante incluir dos ejemplos que existen en el archivo sobre el ajuste del síndico personero del común en otros puntos geográficos. El primero de los manuscritos trata de su instauración en la ciudad de Puebla de los Ángeles, con el objetivo de representar y hacer frente a las necesidad de la comunidad.[62] El segundo de los documentos revela su existencia fuera de los límites novohispanos, en la cercana Capitanía General de Guatemala, donde se también se corrobora la implementación de las reformas ilustradas de finales del XVIII.[63]

---

[58] *Instrucción del virrey Antonio María de Bucareli,* AGN, Ayuntamientos, vol. 210, exp. 8.
[59] AGN, Ayuntamientos, vol. 211, exp. 14.
[60] AGN, Reales Cédulas Originales y Duplicados, vol. 153, exp. 175.
[61] AGN, Indiferente virreinal, caja 699, exp. 005.
[62] AGN, Reales Cédulas Originales, vol. 142, exp. 49.
[63] AGN, Ayuntamientos, vol. 161, exp. 5.

~

LOS MIEMBROS DEL CONSEJO DE GOBIERNO EN LA PRIMERA REPÚBLICA CENTRALISTA

Fernando Méndez Sánchez[1]
Universidad Popular Autónoma del Estado de Puebla

Introducción

El relato histórico en México es llamativo, ya que tiende a analizar las instituciones y normatividades de otras latitudes en la búsqueda de nuevos paradigmas y modelos a seguir, sin observar que, dentro del desarrollo de su propio Sistema, existe un verdadero tesoro jurídico y político de gran utilidad.

Ejemplo de lo anterior es el Consejo de Gobierno, órgano que, al igual que el Supremo Poder Conservador, no ha sido debidamente abordado. Por el contrario, ambas figuras se han visto opacadas por ser parte de una época histórica de la cual, México hasta cierto punto se avergüenza: El Centralismo.

---

[1] Doctor en Derecho, Director y Catedrático de la Universidad Popular Autónoma del Estado de Puebla, Miembro del Consejo Ciudadano de Seguridad y Justicia del Estado de Puebla, Miembro del Instituto Colombiano de Historia del Derecho.

La Primera República Centralista

Al mencionar la palabra "Centralismo", el colectivo mexicano tiende a lo negativo, es decir, erróneamente califica esta forma de Estado como una forma de Gobierno negativa y prácticamente dictatorial.

El Centralismo en México existió, eso es innegable; sin embargo, se puede asegurar también que nunca se le permitió su ejercicio efectivo. La Primera República Centralista Mexicana tuvo un período de vida considerablemente corto, ya que ni siquiera rebasó una década en su ejercicio, no logrando incluso que se realizara un solo cambio presidencial estable, que tal y como se señalaba en la Cuarta Ley[2] de las Constitucionales de 1836, debía ser cada ocho años. Nada más esta regulación, es reflejo de un ansia de estabilidad política de gran relevancia.

De manera inicial, resulta óptimo el conceptualizar adecuadamente al centralismo. Dieter Nohlen el célebre politólogo, le define de la siguiente manera:

> Forma de organización altamente centralizada y jerárquicamente estructurada, en la cual el centro determina la estructura, la tareas y los modos de acción de los niveles intermedios y de base de la organización, sin participación ni deliberación entre ellos.

> Denota la forma de un estado gobernado primordialmente o exclusivamente por un centro geográfico-político y por órganos centrales cuyo ámbito es el territorial-nacional en su totalidad y con competencias directivas para todos los niveles subnacionales. Su prototipo es el Estado Unitario, que además del municipio no conoce ningún otro nivel subnacional[3].

De lo anterior, se puede aseverar que el Centralismo no es en lo absoluto ninguna forma "negativa" de "Gobierno", sino una forma de organizar al Estado[4]. En este punto el Instituto de Investigaciones Jurídicas de la

---

[2]   *Cfr.* Leyes Constitucionales, promulgadas el 29 de diciembre de 1836.

[3]   NOHLEN, D., *Diccionario de Ciencia Política*, t. A-J. Edit. México, Porrúa, 2006, p. 149.

[4]   Cabe señalar que en México, estamos acostumbrados a vivir en un semi-centralismo, ya que pese a que legalmente la Nación Mexicana es federalista, la práctica gubernamental, ha impuesto una centralización de la mayor parte de la Administración Pública.

U.N.A.M. señala que "tanto los partidarios de la república federal como los de la central, admitían la separación de poderes y la libertad individual como sustento de las garantías del ciudadano frente al estado"[5]. La razón de que en México se tenga una visión hasta cierto punto negativa del Sistema Centralista obedece a la figura más preponderante de la época: el General Antonio López de Santa Anna quien, entre 1833 a 1846, manejó la política y el marco jurídico del todavía inmaduro Estado Mexicano, para sus propios intereses[6]. Además, la pérdida de gran parte del territorio nacional que se sufrió en dicha época, derivado del denominado *Tratado de Guadalupe Hidalgo* que en realidad se llamó *Tratado de paz, amistad, límites y arreglo definitivo entre los Estados Unidos Mexicanos y los Estados Unidos de América*[7], provoca en la memoria histórica mexicana una cierta vergüenza[8].

La Primera República Centralista, comenzó prácticamente en 1834, cuando una representación, solicitaba "el cambio en la forma de gobierno, la destrucción del sistema federal, el establecimiento de un nuevo sistema y la supresión de las elecciones para los congresos[9]" de ese punto y hasta enero del año siguiente, se comenzarían los trabajos para un nuevo Congreso Constituyente, que elaboraría las llamadas "Leyes Constitucionales".[10] No es objeto del presente trabajo el analizar los antecedentes históricos que conllevaron al establecimiento tanto de este nuevo Congreso, como de las Leyes Constitucionales; sin embargo, es

---

[5]   INSTITUTO DE INVESTIGACIONES JURÍDICAS (en adelante IIJ), *Diccionario Jurídico Mexicano*, t. A-C. México, Porrúa–UNAM, 1995, pp. 1434-1435.

[6]   En este punto se recomienda la lectura de: COSTELOE, M., *La República Central en México. 1835-1846*. México, Fondo de Cultura Económica, 1993.

[7]   CILA México, "Tratado de paz, amistad, límites y arreglo definitivo entre los Estados Unidos Mexicanos y los Estados Unidos de América", disponible en http://www.cila.gob.mx/tyc/1848.pdf (fecha de acceso: 20 de septiembre de 2019).

[8]   Sería también poco realista, el negar por completo que el cambio de un sistema federal a uno centralista no hubiese lesionado los intereses de algunos grupos políticos de la época, pero también sería difícil el aseverar que los intereses de estos grupos, reflejaran por completo las necesidades del país.

[9]   SORDO CEDEÑO, R., *El Congreso en la Primera República Centralista*. México, Colegio de México–ITAM, 1993, p. 97.

[10] *Cfr. Ibidem*, p. 106.

importante señalar que de 1834 a 1837 se encontraban en México, cinco fuerzas políticas significativas[11]:

- Ultra-federalistas (Los más radicales de los liberales).
- Federalistas moderados (Menos radicales, estaban en contra de la iglesia y del ejército, pugnando por el libre comercio, la libertad de imprenta y una educación sin control de la iglesia).
- Moderados del Partido del Orden (Que defendían los fueros de la iglesia y el ejército; querían un gobierno fuerte con un ejecutivo débil, así como restricción en la participación política).
- Centralistas.
- Seguidores de Santa Anna (Que se encontraban en las filas de todos los anteriores).

La Cuarta Ley

El número de detractores del sistema Unitario, debía ser considerable, pero en diciembre de 1836, se lograba finalmente instaurar el Centralismo a través de las Leyes Constitucionales. De estas leyes, resalta para el presente estudio, la Cuarta Ley, que establecía la *Organización del Supremo Poder Ejecutivo* destacando en el mismo los artículos 2º y 8º, así como del 21º al 34º, que establecían la conformación del denominado "Consejo de Gobierno" un órgano que podría ser confundido como un equivalente de los actuales "Gabinetes Presidenciales" con las que sostienen importantes diferencias.

La figura del Gabinete frente al Consejo de Gobierno

El llamado "Gabinete" no es *per se*, una institución constitucional o jurídicamente observada, sino que es *extra-constitucional*[12]. El Gabinete no se encuentra contemplado ni en la Norma Fundamental Mexicana, ni en ninguna otra. El Maestro Diego Valadés señala que su conformación es resultado en gran medida de que el constitucionalismo norteamericano,

---

[11] *Cfr. Ibidem*, p. 12.
[12] *Cfr.* IIJ, *op. cit.*, t. D-H, p. 1506.

al pensar en la figura del Monarca, consideró depositar la responsabilidad del gobierno en una sola persona: el presidente, dejando a su arbitrio el nombramiento de los ministros que le apoyarían[13]. El Gabinete es definido por el Instituto de Investigaciones Jurídicas (IIJ) como la *reunión de los principales colaboradores del presidente, que lo asesoran sobre los puntos que el propio presidente desea*[14]; el mismo texto, señala que en México existe realmente poca coordinación entre los diferentes organismos federales, lo que para algunos, demuestra también tácitamente la ausencia del Gabinete tal cual[15].

Por su parte, el Consejo de Gobierno fue en efecto una institución jurídica contemplada en el marco legal y Constitucional, específicamente en la Cuarta Ley Constitucional de 1836, en sus artículos 21º al 34º.[16] Pero no se trataba de un "gabinete"[17] el cual además también convivía con el Consejo en la misma época, ya que éste lo conformaban cuatro ministros de despachos específicos, que acorde a lo establecido en el artículo 28 de la ya mencionada Ley, eran:

- Interior.
- Relaciones Exteriores.
- Hacienda.
- Guerra y Marina[18].

El Consejo de Gobierno era "un organismo permanente, formado por 13 miembros a perpetuidad"[19], y que "se formaba como un cuerpo

---

[13]   *Cfr.* VALADÉS, D., *El Gobierno de Gabinete.* México, UNAM, 2005, pp. 40-43. Igualmente el Maestro, señala el cambio de paradigma que se está presentando al tratar de establecer, por influencia del Parlamentarismo Inglés, cambios legislativos que reconozcan la división de las facultades ejecutivas, entre el Presidente y los Ministros o Secretarios.

[14]   IIJ, *op. cit.*

[15]   *Cfr. Ídem.*

[16]   *Cfr.* Leyes Constitucionales, promulgadas el 29 de diciembre de 1836.

[17]   Si se utiliza el término coloquial y no legal.

[18]   *Cfr.* Leyes Constitucionales, promulgadas el 29 de diciembre de 1836. Se aclara también que el término "Gabinete" no aparece tampoco en las Leyes Constitucionales de 1836, pero se utiliza el término para mayor facilidad del Lector.

[19]   SORDO, *op. cit.*, nota 6, p. 215.

consultivo de primer orden para el Presidente de la República"[20]. De acuerdo con esta definición, y contraponiéndola a la que brinda el IIJ, inicialmente se podrían ubicar elementos comunes con los del gabinete; pero es necesario analizar otros artículos referentes al Consejo para determinar adecuadamente sus funciones, iniciando con el Artículo 25 de la Cuarta Ley que a la letra señala las atribuciones del Consejo:

> 1.ª Todas las que están expresadas en esta ley y en las otras constitucionales.
> 2.ª Dar al Gobierno su dictamen en todos los casos y asuntos en que se lo exija.
> 3.ª Nombrar de entre sus individuos al que ha de fungir de secretario, y al que haya de suplir sus faltas[21].

Si se analiza dichas atribuciones, se podría afirmar que las mismas resultan un poco vagas e incluso imprecisas, o también que sus atribuciones parecerían ser exclusivamente de consejeros sin ningún peso jurídico, pero sus funciones se pueden complementar con los siguientes numerales de las Leyes Constitucionales de 1836:

De la Segunda Ley Constitucional, el artículo 1º, señalaba la conformación del Supremo Poder Conservador, mediante cinco individuos renovados cada cinco años, y siendo renovados por antigüedad, pero a fin de establecer los primeros cinco cambios, una vez instaurado, se procedería a un sorteo que podía ser verificado por el Consejo de Gobierno de acuerdo con el artículo 2º de la misma Ley.

> Art. 2. El sorteo de que habla el Art. anterior, se hará por el Senado el día 1 de agosto inmediato anterior *á* la renovación. y si estuviere en el receso, lo verificará el Consejo de Gobierno[22].

En la Tercera Ley Constitucional, referente al Poder Legislativo y a la formación de leyes, varios artículos resultan llamativos respecto a las facultades del Consejo de Gobierno; por ejemplo el artículo 18º, hacía

---

[20] *Ibidem*, p. 216.
[21] Leyes Constitucionales, *op. cit.*, nota 1.
[22] *Ídem.*

referencia a la Clausura de sesiones de las Cámaras, pero el consecuente artículo mencionaba que el Presidente de la República con acuerdo del Consejo, podía solicitar prórroga a dicha clausura, lo que indica que el Ejecutivo, requería que el Consejo apoyara su decisión, igual suerte corría la solicitud del Presidente a sesiones extraordinarias:

> Art. 19. Si el Congreso resolviere no cerrar en 31 de Marzo el primer periodo de sesiones ordinarias, ó el Presidente de la República con acuerdo del Consejo pidiere esta prórroga, se expedirá previamente y publicará decreto de continuación.

> Art. 20. Puede el Presidente de la República, con acuerdo del Consejo, y cuando el Congreso esté en receso, resolver se le cite á sesiones extraordinarias por la diputación permanente, señalándole los asuntos de que se ha de ocupar, sin que pueda, durante ellas, tratar otros[23].

Igualmente, los artículos 35 y 36 de la misma Ley, señalaban una facultad del Ejecutivo similar al moderno Veto, pero requería que las modificaciones solicitadas a la Cámara, fueran acordadas por el Consejo de Gobierno.

> Art. 35. Si la ley ó decreto solo hubiere tenido primera discusión en las Cámaras, y al Presidente de la República no pareciere bien, podrá dentro de quince días útiles devolverla a la Cámara de Diputados, con observaciones acordadas en el Consejo: pasado dicho término sin hacerlo, la ley quedará sancionada y se publicará.

> Art. 36. Si el proyecto de ley ó decreto hubiese sufrido en las Cámaras segunda revisión, y estuviere en el caso del art. 33 puede el Presidente de la República (juzgándolo oportuno él y su consejo) negarle la sanción sin necesidad de hacer observaciones, y avisará de su resolución al Congreso[24].

---

[23] *Ídem.*
[24] *Ídem.*

Por su parte la Cuarta Ley, referente preponderantemente al Poder Ejecutivo, contemplaba también atribuciones adicionales al Consejo de Gobierno, a aquellas señaladas en el analizado artículo 25º. Una de ellas, era referente al procedimiento de elección del Presidente de la República:

> Art. 2. El día 16 de Agosto del año anterior á la renovación, elegirán el Presidente de la República, en junta del Consejo y Ministros, el Senado y la Alta Corte de Justicia, cada uno una terna de individuos, y en el mismo día las pasarán directamente á la Cámara de Diputados.
> Esta en el día siguiente escogerá tres individuos de los especificados en dichas ternas, y remitirá la terna resultante á todas las Juntas departamentales.
> Estas elegirán un individuo de los tres contenidos en la terna que se les remita, verificando su elección el día 15 de Octubre del año anterior á la renovación, y remitirán en pliego certificado la acta de elección, precisamente por el correo próximo inmediato, á la Secretaría de la Cámara de Diputados, siendo caso de responsabilidad para las Juntas departamentales la falta de cumplimiento á lo prevenido en este párrafo [...][25].

Tal como se puede observar, nuevamente una decisión del Ejecutivo, requería forzosamente del acuerdo con el Consejo de Gobierno.

Otra facultad de vital importancia, era la referente a la falta temporal del Presidente de la República, que de acuerdo con lo establecido por el artículo 8º de la Cuarta Ley, debía ser cubierta por el Presidente del Consejo[26].

En lo referente a las prerrogativas y atribuciones del Presidente de la República, cabe señalar, que varías de ellas requerían también del acuerdo con el Consejo de Gobierno, tal como lo establecían los artículos 15º y 17º de la Ley en análisis, especialmente en los siguientes numerales:

> Art. 15. Son prerrogativas del Presidente de la República:
> 7.º Elegir y remitir á las Cámaras oradores que manifiesten y apoyen la opinión del Gobierno, en todos los casos en que la importancia del asunto haga, á su juicio y al del Consejo, oportuna esta medida[27].

---

[25] *Ídem.*
[26] *Cfr. Ídem.*
[27] *Ídem.*

Por su parte, en el mencionado artículo 17° (atribuciones) destacan los siguientes numerales en los que era necesario que el presidente contara con acuerdo del Consejo:

1ª y 2ª: Dar e iniciar decretos y órdenes para la observancia de la Constitución y las leyes.

3ª: Realizar observaciones a las leyes

7ª: Citar a Sesiones extraordinarias de la Diputación permanente y señalar los asuntos que deben tratarse

11ª : Nombramiento de Gobernadores de los Departamentos

24ª y 25ª: Conceder o retener Decretos conciliares, bulas y breves (en este caso el Consejo debía acordar solo si se trataba de asuntos puramente gubernativos), así como administrar el Patronato de la Nación sobre dignidades eclesiásticas.

26ª y 34ª: Conceder Indultos y privilegios[28] .

La Quinta Ley Constitucional, referente al poder judicial, tampoco carece de importantes referencias a la actividad del Consejo de Gobierno, destacando el Artículo 5° y el 10° que hacían especial referencia a la elección de los Ministros de la Corte Suprema, señalando que se realizaría de la misma manera que la elección de Presidente de la República[29], que como ya se abordó, tenía una importante participación del Consejo de Gobierno; aunado a esto, la Quinta Ley en su artículo 12, numeral 17ª, señalaba:

Art. 12. Las atribuciones de la Corte Suprema de Justicia son:

[...]

17.ª Nombrar los Ministros y Fiscales de los Tribunales superiores de los Departamentos en los términos siguientes:

Los Tribunales superiores de los Departamentos formarán listas de todos los pretendientes *á* dichas plazas, y de los demás que *á* su juicio fueren aptos para obtenerlas: las pasarán en seguida al Gobernador respectivo, quien, en unión de la Junta departamental, podrá excluir *á* los que estime que no

---

[28] *Cfr. Ídem.*

[29] *Cfr. Ídem.*

> merezcan la confianza pública del Departamento, y hecha esta operación las devolverán *á* los mismos Tribunales. Éstos formarán de nuevo otra lista comprensiva de los que quedaron libres después de la exclusión, calificando gradual y circunstanciadamente la aptitud y mérito de cada uno.
>
> Remitida esta lista <u>al Supremo Gobierno, podrá éste con su Consejo</u> excluir á los que crea que no merecen el concepto y confianza de la Nación; y pasada por último á la Corte Suprema de Justicia, procederá al nombramiento entre los que resulten expeditos[30].

Es en este numeral, y específicamente en su segundo párrafo, que es plausible el constatar otra facultad del Consejo, siendo esta la de coadyuvar al Presidente en la exclusión de candidatos a la Corte Suprema.

Con base en lo anterior, es posible señalar que el Consejo de Gobierno, en términos generales, tenía la función no tan solo de asesorar y aconsejar al Presidente de la República, sino también, debía actuar como límite a posibles abusos por parte del mandatario.

Ésta tesis puede confirmarse también con la estabilidad que tenían los miembros del Consejo, ya que si bien, los mismos eran elegidos de acuerdo al artículo 21 de la Cuarta Ley, por el Presidente de la República, de una terna sometida por el Congreso, los 13 miembros eran vitalicios[31], y por lo tanto, el Presidente no podría removerlos libremente; caso contrario a lo que sucedía con los cuatro ministros señalados por el mismo ordenamiento, que acorde al artículo 29 eran elegidos exclusivamente por el Ejecutivo. De ello se puede deducir que el hecho de hacerlos vitalicios, era para salvaguardarlos de decisiones arbitrarias del Presidente.

Es en este punto donde cabe señalar otra gran diferencia del Consejo de Ministros con el Gabinete propiamente dicho; si bien los Ministros del Interior, de Hacienda, de Guerra y Marina y de Relaciones Exteriores eran nombrados directamente por el Presidente[32], participaban desde entonces de la figura jurídica del Refrendo, ya que acorde a los artículos 30° y 31° de la Cuarta Ley, debían firmar y ser responsables de las órdenes del Presidente conforme el despacho correspondiente, de manera muy similar a la

---

[30] *Ídem.*
[31] *Cfr. Ídem.*
[32] Al igual que como se establece en el artículo 89, fracción II de la actual Constitución.

señalada en el actual artículo 92 de la Constitución Política de los Estados Unidos Mexicanos[33]. Pero aunado a esto, las Leyes Constitucionales, establecían claramente la finalidad del Refrendo, al señalar:

> Art. 32. Cada Ministro será responsable de la falta de cumplimiento á las leyes que deban tenerlo por su Ministerio, y de los actos del Presidente que autorice con su firma, y sean contrarios á las leyes, singularmente las constitucionales.

Ciertamente, el refrendo ha sido ya una figura muy criticada por diversos doctrinarios en la actualidad, pero es piedra angular en el comparativo entre el Consejo de Gobierno y el Gabinete; mas es de considerar que ambas figuras en efecto fungían como administradores y consejeros en relación con el ejecutivo, ya que como se ha visto, el Consejo era un límite a la administración del mismo presidente, pero también tenían la obligación de aconsejarle, y por su parte los ministros, de conformidad con el artículo 31 de la Cuarta Ley:

> Art. 31. A cada uno de los Ministros corresponde:
> 1.º El despacho de todos los negocios de su ramo, acordándolos previamente con el Presidente de la República.
> 2.º Autorizar con su firma todos los reglamentos, decretos y órdenes del Presidente, en que él esté conforme, y versen sobre asuntos propios de su Ministerio.
> 3.º Presentar *á* ambas Cámaras una Memoria especificativa del estado en que se hallen los diversos ramos de la administración pública respectivos *á* su Ministerio.

Como se puede apreciar, sus facultades no han variado tanto desde entonces, a las señaladas en los artículos 92 y 93 de la actual Norma Fundante[34].

---

[33] Constitución Política de los Estados Unidos Mexicanos, D.O.F. 10-02-2014; el mencionado artículo reza: "Artículo 92. Todos los reglamentos, decretos, acuerdos y órdenes del Presidente deberán estar firmados por el Secretario de Estado a que el asunto corresponda, y sin este requisito no serán obedecidos".

[34] *Ídem.*

Los miembros del Consejo de Gobierno

Ubicar a muchos de los miembros del Consejo de Gobierno de la época ha sido complicado, por lo cual, siendo esta una primera aproximación al tema, se señalarán a aquellos cuyas biografías fueron más cercanas de estructurar adecuadamente, siendo las siguientes:

Ángel Mariano Morales

Nacido en Tanguancícuaro, Michoacán, en septiembre del año de 1784, estudió en el Seminario Tridentino de Morelia, donde llegó a impartir clases y obtener el nombramiento de rector, esto, tras obtener su doctorado en teología. Representó como diputado a Puebla y Michoacán y tras la consumación de la independencia novohispana, asumió el cargo como diputado del estado de Michoacán y posteriormente del Congreso Nacional. En 1832, y ya como Obispo de Sonora, sufrió un ataque de apoplejía del que afortunadamente logró recuperarse tras cinco años. Así, en 1837, formó parte del Consejo de Gobierno, cargo que ocupó hasta 1841. Falleció el 27 de marzo de 1843 en Tlalixtac, Oaxaca[35].

Francisco Javier Echeverría y Migoni

Nació en Xalapa, Veracruz, el 2 de julio de 1797, hijo de Pedro Miguel Echeverría, uno de los comerciantes más ricos del lugar. Gracias a la posición económica de su familia. El joven Francisco Javier estudió en las mejores instituciones educativas, dedicándose posteriormente al comercio al igual que su padre, gracias a lo cual fungió también como prestamista realizando diversos empréstitos a favor del gobierno entre 1830 y 1840, gracias a lo cual acrecentó su fortuna. Contrajo matrimonio en 1823 con María del Refugio con quien tuvo tres hijos. En 1844 era dueño de la inmensa hacienda de La Gavia (antiguamente propiedad del

---

[35] SOSA, F., *Biografías de mexicanos distinguidos*. México, Porrúa, 2006, pp. 519-520.

Conde de Regla) en el valle de Toluca, la que tenía unas dimensiones de cerca de 400 leguas cuadradas[36].

En 1829 fue designado senador del Congreso de Veracruz y en el año de 1834 ocupó el puesto de secretario de Hacienda, bajo el gobierno de Antonio López de Santa Anna y de Anastasio Bustamante, siendo con este último, en 1836, que es nombrado miembro del Consejo de Gobierno, del cual llegó a ser presidente debido a su antigüedad. Fue reconocido por alcanzar una considerable disminución de la deuda interior del país; sin embargo, realizó una controvertida política de devolución de préstamos en detrimento de la Hacienda pública. En marzo de 1841 renunció a su cargo dentro del Consejo, pero para septiembre del mismo año, ocupó el cargo de Presidente de la República, al cual renunció a los dieciocho días[37].

Echeverría falleció el 17 de septiembre de 1852 en la Ciudad de México.

José Antonio Romero Macías

Nació en Tepatitlán, en aquel momento, población perteneciente a la Intendencia de Guadalajara, el 19 de enero de 1779. Para 1811, fue enviado a Guadalajara, donde ingresó al Seminario Conciliar, y en 1820 se matriculó en la Real Universidad de Guadalajara para estudiar la carrera de Derecho, de la cual se tituló el 9 de junio de 1825. Cuatro años después, en 1829, fue nombrado secretario del gobernador del estado de Jalisco, José Ignacio Cañedo, y de febrero de 1831 a enero de 1833 fungió como diputado de la Legislatura de Jalisco; la cual llegó a presidir de 1831 a 1832, participando en la comisión redactora del Código Civil. Posteriormente, en 1834, ejerció el cargo de gobernador interino de Jalisco desde el cual suprimió el Instituto de Ciencias y restauró la Universidad de Guadalajara y el Colegio de San Juan Bautista, por lo que el claustro universitario le otorgó en agradecimiento el Doctorado en Derecho. Fue reelegido como gobernador, manteniendo su labor hasta 1836[38].

---

[36] Colegio de México, "Echeverría y Migoni, Francisco Javier (1797-1852)", *Guía de memorias de haciendas de México*, disponible en https://memoriasdehacienda.colmex. mx/mhwp/?page_id=7601 (fecha de acceso: 11 de abril de 2021).

[37] *Cfr. Ídem.*

[38] Enciclopedia Histórica y biográfica de la Universidad de Guadalajara, "Romero Macías", disponible en http://enciclopedia.udg.mx/biografias/romero-macias-jose-antonio

En octubre de 1837 Romero Macías entró al Consejo de Gobierno bajo la administración de Anastasio Bustamante, en el cual trabajó hasta 1839, pasando posteriormente a ejercer el cargo de ministro de la Suprema Corte de Justicia de la Nación, de la cual fue vicepresidente. Para 1856, y derivado de su simpatía por un gobierno monárquico, presentó a las autoridades francesas un plan para restablecer el sistema monárquico en México. Falleció en la Ciudad de México el 7 de enero de 1857[39].

José Joaquín Francisco Jerónimo Morán y del Villar-Cossío

Mejor conocido como José Morán, es un caso llamativo dentro de la historia política y jurídica del país, ya que mantuvo siempre cierta simpatía por la corona española ocupando y renunciando a diversos cargos públicos por dicho motivo.

Nació en San Juan del Río, en el actual Estado de Querétaro, el 3 de septiembre de 1774, sus padres fueron Francisco Morán y Contro y María Manuela del Villar-Cossío y Herrera. No se encontró durante la presente investigación mayores datos acerca de su formación y educación[40].

En el año de 1789 se incorporó al cuerpo de Dragones de la Nueva España[41] siendo asignado a los cantones de Xalapa y Orizaba, donde alcanzó el grado de coronel defendiendo a la corona; sin embargo para 1821 se alió con Agustín de Iturbide y al Ejército Trigarante. Durante el primer Imperio Mexicano, fue Inspector General de Caballería y mariscal de campo. Apoyó posteriormente el Plan de Casa Mata y a Santa Anna, porque en 1837 pasó a formar parte del Consejo de Gobierno, falleciendo cuatro años después[42].

---

[39] *Ídem.*

[40] INAH, "General José Morán", disponible en https://www.mediateca.inah.gob.mx/repositorio/islandora/object/fotografia:403047 (fecha de acceso: 5 de abril de 2021).

[41] Los Dragones o Dragones de Cuera, fueron un grupo militar especializado en el ataque mediante caballería, apareciendo desde el siglo XVII en la Península Ibérica y siendo reforzado en el siglo XVIII para defender territorios de diversos virreinatos, especialmente las intendencias.

[42] SOSA, *op. cit.*, p. 523.

Lucas Alamán

Nacido en el seno de una familia acomodada, en Guanajuato el 18 de octubre de 1792, fue hijo de María Ignacia Escalada, descendiente del marquesado de San Clemente.

> Estadista distinguido, economista, industrial, historiador. Fue uno de los políticos más inteligentes y honestos que haya tenido México. Añoró el pasado colonial en sus demostraciones más brillantes; actuó patrióticamente en todo momento y por su capacidad convirtióse en el cerebro del grupo conservador, cuando desesperó de la anarquía en que estaba sumido el país. Su Historia de México, escrita en dórica prosa, si bien está llena de pasión, es una de las fuentes más valiosas para juzgar el movimiento de Independencia y los problemas surgidos a partir de aquel momento. Por su concepción y estilo supera a sus Disertaciones[43].

Estudió en el Seminario Real de Minería de la Nueva España, destacando en botánica, química y física, tras lo cual, en 1814 viajó por Europa conociendo a Napoleón Bonaparte y culminando sus estudios sobre minería en la Universidad de Gotinga.

Inició su carrera política en 1821, cuando fue convocado como Diputado ante las Cortes del Trienio Liberal español. Sus estudios sobre minería serían convertidos en Decreto por el emperador Agustín I; sin embargo, Alamán rechazó un cargo público durante el imperio para seguir con sus estudios.

Durante el gobierno de Anastasio Bustamante encabezó la Secretaría de Relaciones exteriores, pasando a conformar parte del Consejo de Gobierno, en el cual sentó las bases para una administración pública más moderna y organizada. Dentro de su trabajo, se debe destacar el Instituto de Historia, la propuesta para la creación de las escuelas de Arte y Agricultura, la adopción e introducción del Sistema Métrico Decimal en México. Durante más de tres décadas, Alamán destacó como

---

43   s.a., "Lucas Alamán", *Lecturas Históricas Mexicanas*. México, UNAM, p. 104, disponible en https://www.historicas.unam.mx/publicaciones/publicadigital/libros/lecturas/T2/LHMT2_010.pdf (fecha de acceso: 30 de abril de 2021).

un conservador a ultranza. Falleció de neumonía el 2 de junio de 1853 en la Ciudad de México[44].

Manuel María del Pilar Eduardo de Gorostiza y Cepeda

Nació en el Puerto de Veracruz el 13 de octubre de 1789, siendo hijo del gobernador del lugar Pedro Fernández de Gorostiza y de María del Rosario Cepeda y Mayo, quien contaba dentro de su árbol genealógico con Santa Teresa de Jesús. Su padre falleció cuando él contaba apenas con cinco años, lo que obligó a su madre a mudarse a Cádiz. Ya en Europa, Manuel inició sus estudios eclesiásticos; sin embargo, abandonó este camino optando por el de las armas, en la que destacó ascendiendo al grado de capitán de Infantería y ayudante de campo del general Leopoldo Hugo. También, y a partir de 1816, iniciaría su actividad literaria escribiendo diversas obras con las que rápidamente se hizo de cierta popularidad, convirtiéndose en editor del periódico "El Constitucional"; no obstante, sus tendencias liberales provocaron que fuera desterrado de España, continuando su labor literaria para una revista de Edimburgo[45].

Con la consumación de la independencia de México, ofreció sus servicios al nuevo gobierno, desempeñando cargos diplomáticos y consulares, logrando la firma de tratados de amistad y comercio con los País Bajos y con Dinamarca, y el establecimiento de relaciones con Prusia; representando a México ante el gobierno de Bruselas, Inglaterra y Alemania. Para 1833 es llamado por el presidente Manuel Gómez Pedraza realizar actividades al interior del Gobierno, labor que continuó bajo la administración de Valentín Gómez Farías, desempeñando los cargos de director de la Biblioteca Nacional, consejero de educación y síndico del ayuntamiento de México. Es en 1837 que fue incluido dentro del Consejo

---

[44] RUIZA, M., FERNÁNDEZ, T. y TAMARO, E., "Biografía de Lucas Alamán", *Biografías y Vidas. La enciclopedia biográfica en línea*, 2004, disponible en https://www.biografiasyvidas.com/biografia/a/alaman.htm (fecha de acceso: 12 de abril de 2021).

[45] Real Academia de la Historia, "Manuel Eduardo de Gorostiza y Cepeda", disponible en http://dbe.rah.es/biografias/83598/manuel-eduardo-de-gorostiza-y-cepeda (fecha de acceso: 12 de abril de 2021).

de Gobierno encargándose además al año siguiente del ministerio de Hacienda, del Interior y del de Relaciones Exteriores. Falleció en 1851[46].

Melchor Múzquiz

Su nombre completo: José Ventura Melchor Ciriaco de Eca y Múzquiz de Arrieta. Nació el 5 de enero de 1790 en el actual Estado de Coahuila, en una población que entonces se llamaba Santa Rosa pero que actualmente lleva el nombre de este personaje (Múzquiz). Sus padres fueron Blas María de Eca y Múzquiz, militar al servicio de la Corona y Juana Francisca de Arrieta, quien era de origen vasco. Estudió en el Colegio de San Ildefonso, pero al inicio del movimiento insurgente, se unió a las tropas de Ignacio López Rayón, ascendiendo rápidamente a coronel. Una vez consumada la independencia recibió el cargo de gobernador del Estado de México, así como el de comandante militar de Puebla y, posteriormente en 1829, el grado de general de división[47].

Llegó a tomar la presidencia en 1832 de manera interina, ante la ausencia de Anastasio Bustamante. Era un hombre honrado que entregó cuentas claras de su administración cuando la entregó a Gómez Pedraza. Integró parte del Supremo Poder Conservador del cual fue electo presidente en 1836, ocupando posteriormente un lugar dentro del Consejo de Gobierno. Falleció el 14 de diciembre de 1844 en la ciudad de México[48].

Conclusiones

Con base en todo lo analizado, es plausible enumerar las siguientes diferencias entre el Gabinete y el Consejo de Gobierno:

---

[46] Colegio de México, "Gorostiza, Manuel Eduardo (1789-1851)", *Guía de memorias de haciendas de México*, disponible en https://memoriasdehacienda.colmex.mx/mhwp/?page_id=7670 (fecha de acceso: 12 de abril de 2021); Real Academia de la Historia, "Manuel Eduardo de Gorostiza y Cepeda", disponible en http://dbe.rah.es/biografias/83598/manuel-eduardo-de-gorostiza-y-cepeda (fecha de acceso: 12 de abril de 2021).

[47] EcuRed, "Melchor Múzquiz", disponible en https://www.ecured.cu/Melchor_M%-C3%BAzquiz (fecha de acceso: 3 de mayo de 2021).

[48] *Ídem.*

1. Si bien los cuatro ministros que conformaban el "gabinete" poseían un fundamento constitucional, no reciben una denominación en conjunto, aunque ciertamente se les consideraba a nivel constitucional la prerrogativa del trabajo colegiado junto al Presidente. Por su parte, los trece consejeros tenían en conjunto la denominación de Consejo de Gobierno, y también tenían fundamento constitucional.

2. Los ministros se encontraban por completo sujetos al nombramiento y remoción por parte del Presidente; por su parte, los Consejeros eran un nombramiento compartido entre el legislativo y el ejecutivo, y no podían ser removidos[49].

3. Los ministros tenían responsabilidad por los actos del ejecutivo, que correspondiesen a su departamento, mientras que por su parte los Consejeros no presentaban ninguna responsabilidad sobre los actos acordados con el Presidente.

4. Los ministros atendían y administraban su propio despacho, y no se preveía una función específica de consejeros, con excepción de las indicadas en la elección de Senadores, Ministros de la Corte y del mismo Presidente. Por otro lado, los Consejeros tenían de manera preponderante y tal como su nombre remarca, la función de aconsejar al Presidente, pero también cumplían la función de limitar los actos del presidente, al deber acordar de manera colegiada muchos de ellos.

5. Finalmente y de manera lógica, otra diferencia importante sería la referente a la temporalidad en el puesto, ya que mientras los ministros permanecerían en el puesto, conforme lo decidiera el Presidente en turno (ocho años de manera estandarizada); los consejeros eran vitalicios, pero he aquí un aspecto no atendido: si cada miembro era relevado conforme moría o presentaba una excusa adecuada, ello permitiría en gran medida una continuación o, mínimamente, una mayor estabilidad en las políticas públicas.

---

[49] La única figura semejante que se tiene actualmente dentro de la Administración Pública es el Procurador, quien es solo ratificado por el Senado, pero puede ser libremente removido por el ejecutivo.

Si se considera todo lo anterior, y especialmente en el actual momento histórico en el que se desarrolla la Nación Mexicana, en el que las Reformas Estructurales se encuentran a la orden del día (laboral, educativa, energética e incluso de Estado) y en la que el Presidencialismo pareciera volver a imponerse de manera absoluta, un freno a los abusos del poder se vuelve necesario.

Ciertamente no sería correcto instaurar un órgano cuyos miembros fueran vitalicios, pero si un grupo cercano al presidente, corresponsable de sus decisiones, que no estuviera sujeto a los vaivenes de los caprichos del ejecutivo, ya que hoy por hoy, es posible asegurar que una de las autoridades a las que menos se les puede fincar responsabilidades por sus actuaciones es precisamente al Presidente de la República.

El Procurador de la República, cuyos equivalentes en otras latitudes se les considera "abogados de la nación", no es una vía, ya que como se mencionó, su remoción depende también de una decisión del titular del poder ejecutivo. Por lo tanto, el considerar una figura que frene con mayor efectividad las decisiones presidenciales, siendo corresponsable de las mismas, se torna indispensable. A esto se debe adicionar la necesidad de una mayor estabilidad en las políticas públicas, ya que tal como se puede apreciar en los recientes Planes Nacionales de Desarrollo, varios de los objetivos se establecen a varios años, que superan incluso los establecidos para un período presidencial. La creación de un órgano ejecutivo, asesor del presidente, que se mantuviese estable por un tiempo mayor a los sexenios, permitiría posiblemente una mayor continuación a los proyectos ya iniciados, independientemente de la tendencia partidista o ideológica del Presidente en turno.

~

EL MUNDO EN TIEMPOS DE LAS LEYES
DE REFORMA MEXICANA (1848-1874)[1]

José Luis Soberanes Fernández[2]
Universidad Nacional Autónoma de México, IIJU

Carmen-José Alejos Grau[3]
Universidad de Navarra

Contexto histórico mundial

La situación mundial a mediados del siglo XIX era muy compleja. El proceso que permite el paso de las revoluciones al liberalismo fue lento.

---

[1] Para elaborar este trabajo hemos tenido en cuenta las siguientes obras: VV. AA., *Historia mínima de México*. México, El Colegio de México, 1973; REDONDO, G., *La Iglesia en el mundo contemporáneo*, t. I, *De Pío VI a Pío IX (1775-1878)*. Pamplona, Eunsa, 1979; REDONDO, G. y COMELLAS, J. L., *De las revoluciones al liberalismo. La época romántico-liberal*, t. XI de *Historia Universal*, Pamplona, Eunsa, 1984; MARTINA, G., *Pio IX (1851-1866)*, Roma, Editrice Pontificia Università Gregoriana, 1986; *Historia General de España y América*, t. XIII, *Emancipación y nacionalidades americanas*; y t. XV, *Reformismo y progreso en América (1840-1905)*. Madrid, Rialp, 1992; VV. AA., *Nueva historia mínima de México*. México, El Colegio de México, 2004; JANKOWIAK, F., *La Curie romaine de Pie IX a Pie X. Le guvernement central de l'Eglise et la fin des* états *pontificaux (1846-1914)*, Roma, École Francaise (Colección Bibliothèque des Écoles françaises d›Athènes et de Rome, 330), 2007.

[2] Investigador Nivel 3 del CONACYT mexicano, perteneciente al Insituto de Investigaciones Jurídicas de la Universidad Nacional Autónoma de México, en donde fue director. Jurista de gran experiencia, ha ocupado cargos políticos como el de Ombudsman y Presidente de la Comisión Nacional de Derechos Humanos en México.

[3] Profesora titular de la Universidad de Navarra (España). Historiadora con larga experiencia en el campo de la investigación (ANECA española) y en la docencia internacional.

Comenzó a fines del siglo XVIII y hacia 1848 era ya una realidad histórica en Europa occidental. Tras el nuevo ciclo revolucionario surgido a mitad de la centuria, tuvo que compartir su presencia con otras formas de pensamiento como la democracia y el socialismo. De este modo se podría afirmar que la época liberal y romántica, que fue época de revoluciones, tuvo su centro de gravedad entre 1830 y 1870. Francia, Bélgica, Polonia, Escandinavia, Suiza, Italia, Gran Bretaña, España, Prusia y Austria fueron sacudidas por estos movimientos que estallaban casi simultáneamente y dieron lugar a nuevos gobiernos con ideologías liberales que fueron asentándose a lo largo del siglo XIX en Europa y América.

En este contexto, la Iglesia católica se enfrentó a una etapa nueva y difícil ya que su posición había cambiado casi radicalmente. Había perdido su *status* jurídico de épocas pasadas, así como el patrimonio que le había sido arrebatado por la Revolución y las desamortizaciones. Las legislaciones de las nuevas naciones constituidas guardaban semejanza en sus disposiciones contrarias hacia la Iglesia católica y se implantaron de norte a sur y de este a oeste. En efecto, las leyes sobre los bienes eclesiásticos, el matrimonio civil obligatorio, la abolición de la intervención eclesiástica en los cementerios, la supresión de órdenes religiosas, la educación, el servicio militar obligatorio a clérigos, la supresión de los capellanes en los regimientos militares, etc. serían comunes a los países europeos y americanos.

Los Estados Pontificios no fueron ajenos a los efectos de estas corrientes liberales. El movimiento cultural del *Risorgimento*, nacido a mediados de la década de 1840, tenía como proyecto la unidad de la península italiana. Las dificultades eran muchas de orden interno y externo. Pero, a partir de 1849 comenzó un vivo proceso que culminaría en la toma de Roma el 20 de septiembre de 1870, mientras los obispos de todo el mundo estaban reunidos allí con ocasión del Concilio Vaticano I. Los milenarios Estados Pontificios desaparecieron al ser anexionados a Italia, y el papa Pío IX se constituía en prisionero en el Vaticano.

La Iglesia católica y el liberalismo hispanoamericano

¿Cuál era la situación de la Iglesia en un contexto nuevo para ella? La percepción de la Iglesia durante la Edad Moderna cambió en el siglo XIX tras la independencia americana. Según Carmen Ruigómez:

> [...] bajo el impacto del liberalismo positivista, se ofrece un panorama radicalmente diferente: un primer plano nos lo ofrece la pluralidad de acontecimientos, ya que el siglo XIX carece de ningún tipo de unidad profunda en lo que se refiere a su contenido; ello desembocó en el subjetivismo que, a su vez, degeneró en escepticismo o, más concretamente, en relativismo, manifestado en la expansión del sentimiento de que nada es seguro y válido para siempre, que puede defenderse cualquier opinión por extraña o radical que sea, lo mismo en el arte que en la economía, en la ciencia que en la religión[4].

Para la Iglesia esto significó una coyuntura complicada. Como se sabe, tras la Independencia hispanoamericana los liberales rechazaron la herencia hispana y se opusieron a una concepción del Estado que estuviera ligado a la Iglesia. Predicaron la separación de ámbitos de actuación de ambas esferas: a la Iglesia correspondía únicamente el aspecto espiritual, y al Estado también exclusivamente lo temporal. Sin embargo, se dio el hecho de que los gobiernos liberales, que pretendían evitar toda intromisión de la Iglesia en asuntos políticos, sociales y económicos, no renunciaron, en muchos casos, al poder del Estado sobre la Iglesia, a través de la institución del Patronato, ya que, en ocasiones y en ese aspecto, se consideraron herederos de las prerrogativas a la corona española.

> Por medio de este poder los gobiernos del siglo XIX tendieron a impedir toda presencia de la Iglesia en la sociedad o toda oposición a sus planes, y, lo que constituye una de las mayores novedades del siglo XIX iberoamericano, contribuyó a la secularización de las masas[5].

En ciertos países este enfrentamiento se vio agravado por la expropiación de bienes eclesiásticos. De hecho, la Iglesia llegó a ser despojada de todo su patrimonio ya que algunos pensadores políticos consideraban que solo las personas físicas eran sujeto de propiedad, de manera que

---

[4] RUIGÓMEZ, M. C., "La Iglesia y los movimientos ideológicos". En *Historia General de España y América,* t. XV, *Reformismo y progreso en América (1840-1905).* Madrid, Rialp, 1992, en nota 1, p. 411.

[5] *Ibidem.,* p. 412.

no se les permitió tener tierras a colectividades, como era el caso de la Iglesia o las comunidades de indios.

La Iglesia, que no quería ceder ante el pensamiento liberal de la época, se vio forzada con frecuencia a respaldar a los conservadores. Pero casi siempre que la Iglesia se decidió por su alianza con estos, salió mal parada ya que el conservadurismo de la época se encontraba:

> [...] dentro de una corriente general del continente en sentido liberal que, al alcanzar el poder, antes o después tomaría represalias contra la Iglesia, ya no solo por sus diferentes concepciones, sino también por su connivencia con el adversario político. Se va fraguando y elaborando durante este período una fuerte mentalidad liberal, mentalidad basada en la secularización, el laicismo que rechaza toda presencia o influjo eclesiástico, un fuerte individualismo religioso (los que actúan dentro de esta mentalidad no son tanto ateos como deístas) y una aspiración a la libertad religiosa[6].

A estas razones de orden interno hay que sumar las de orden externo. Y una de ellas sería que "Iberoamérica seguía siendo lugar de proyección, de importación de doctrinas europeas, y en aquellos momentos había importantes movimientos anticatólicos y anticristianos en el Viejo Continente, que en mayor o menor medida también entraron y actuaron en el Nuevo Mundo"[7].

Pero para comprender lo sucedido en México entre 1848 y 1874 es necesario señalar, además, los cinco problemas fundamentales que tuvo que afrontar la Iglesia católica en Hispanoamérica[8], y que eran: a) las relaciones de las nuevas Repúblicas con la Santa Sede; b) el ejercicio de los presidentes republicanos del tradicional derecho del patronato eclesiástico; c) las relaciones Estado-Iglesia; d) la desamortización de los bienes eclesiásticos, y e) la reactivación de la acción misionera entre los indios. Veámoslo detenidamente:

---

[6]   *Ídem.*

[7]   *Ídem.*

[8]   Vid. BORGES, P., "La Iglesia (1840-1870)". En *Historia General de España y América*, t. XV, *Reformismo y progreso en América (1840-1905)*. Madrid, Rialp, 1992, en nota 1, pp. 119-137.

a) Desde 1840 se llevó a cabo un doble sistema de relaciones entre las nuevas repúblicas con la Santa Sede que consistía en el envío a Hispanoamérica de representantes pontificios permanentes y el envío al Vaticano de ministros de los diversos países. Esto se mantuvo vigente estuvieran o no reconocidos oficialmente esos países por la Santa Sede y, en ocasiones, precisamente, para lograr ese reconocimiento.

b) El derecho de Patronato consistía en la facultad de los monarcas españoles de presentar a la Santa Sede candidatos a obispos y otros cargos eclesiásticos. Concedido en 1508, lo que en principio fue un simple derecho, aunque oneroso y perfectamente delimitado por el ordenamiento jurídico de la Iglesia, terminó convirtiéndose en un vicariato o sustitución del papa y, al final, en una regalía o vicariato pontificio supuestamente anejo a los derechos de la Corona. De este modo los reyes españoles intervinieron en prácticamente todos los aspectos eclesiásticos americanos, pero haciéndose cargo también de las contrapartidas económicas que llevaba consigo ese derecho.

Los nuevos Gobiernos nacidos de la independencia hicieron caso omiso de las contrapartidas onerosas, pero pusieron gran empeño en el ejercicio del Patronato, ampliándolo incluso a aspectos que sobrepasaban la facultad propiamente dicha. El ejercicio de ese derecho mediante la intervención en el nombramiento de obispos permitía a los dirigentes políticos influir eficazmente en la dirección de la iglesia de su país; mientras que la aplicación del *pase* o visto bueno para los documentos pontificios y episcopales, así como para los representantes del Vaticano, era un instrumento decisivo para evitar directrices que perjudicaran la política gubernamental.

c) Las relaciones Estado-Iglesia fueron diversas en las diferentes naciones hispanoamericanas, e incluso variaron a lo largo de las décadas del siglo XIX dentro de cada país. Pedro Borges[9] señala que, en síntesis y partiendo de que después de la independencia las relaciones fueron más o menos difíciles en todas las repúblicas y de que el enrarecimiento sobrevino a mediados de la centuria, se observaron cinco casos:

- Evolución hacia el enrarecimiento (Colombia y México).
- Evolución hacia el entendimiento (Centroamérica, Venezuela, Ecuador).
- De tolerancia mutua, excepto paréntesis (Perú).
- Permanentemente difíciles (Bolivia, Paraguay).
- Permanentemente tolerables (Argentina, Chile).

d) Durante la etapa 1840-1870 la Iglesia hispanoamericana sufrió la nacionalización de sus bienes en México y Colombia, pero en prácticamente todos los demás países estos bienes sufrieron una merma considerable como consecuencia de las expulsiones de las órdenes religiosas y las supresiones de conventos, cuyas propiedades pasaron a manos extraeclesiásticas.

e) La situación de las misiones durante los años centrales del siglo XIX continuó siendo una consecuencia directa de lo acontecido tras la independencia. A lo largo de todo el territorio americano los religiosos, en su mayoría procedentes de España, seguían realizando su acción misional que, en algunos casos, estaba centralizada en los Colegios de Misiones auspiciados por la Congregación romana de *Propaganda Fide*. Pero, tras la expulsión de los religiosos españoles, estos Colegios quedaron reducidos al mínimo, y con ellos desaparecieron prácticamente las misiones en todo el continente. La Santa Sede preocupada por la atención espiritual de los más desfavorecidos, en ese caso, los indígenas, intentó reactivar dichos Colegios con desiguales resultados.[10]

---

[9]   Vid. *Ibidem,* p. 126.
[10]   Un detallado estudio sobre la cuestión en *ibidem*, pp. 133-137.

México en el contexto revolucionario mundial

Durante estas mismas décadas México tuvo que encarar uno de los períodos más difíciles de su historia. Buena prueba de ello es la larga lista de presidentes que se sucedieron durante la segunda república federal (1848-1853) y que debían someterse al Congreso que, en aquel momento, controlaba al Ejecutivo amparándose en el estado de emergencia. La guerra con Estados Unidos, al que tuvo que ceder parte de su territorio, hizo más compleja una situación económica ya de por sí muy deteriorada, que estuvo marcada por dos aspectos: la propiedad de las tierras y las rebeliones campesinas en los diversos estados mexicanos. La pobreza del campesinado contrastaba con la prosperidad de los hacendados, considerados como la fuerza más poderosa de la sociedad mexicana después del clero. En efecto, tras la Independencia mexicana, la Iglesia:

> [...] incrementó su poder económico y acumuló numerosas riquezas manteniendo sus fueros. A sus antiguas mercedes sumó ahora otras donaciones, adquisiciones de tierra y los beneficios resultantes de préstamos e hipotecas concedidos a particulares. Sus riquezas, estimadas en mil millones de pesos en torno a 1856, despertaron recelos en los sucesivos gobiernos conservadores o liberales. Pero la política anticlerical más drástica fue llevada a cabo por los liberales, quienes consideraban a la Iglesia el mayor obstáculo para el desarrollo económico y los cambios sociales, lanzando duros ataques contra sus propiedades[11].

Tras el clero y los hacendados, el tercer puesto lo ocupaba el ejército, aunque su situación se había debilitado debido a la endémica falta de fondos de la hacienda mexicana. Esta prolongada ausencia de liquidez determinó, por parte de los diversos gobiernos, la solicitud de préstamos extranjeros, cuya devolución con los correspondientes intereses, provocó el aumento de la deuda externa. Los distintos gobiernos idearon diversos modos de aumentar las arcas públicas.

---

[11] GONZÁLEZ QUINTANA, M., "Nueva España en la época del imperio mexicano". En *Historia General de España y América*, t. XIII, *Emancipación y nacionalidades americanas*. Madrid, Rialp, 1992, nota 1, p. 365.

Así, Zavala decretó la venta de bienes del clero, con la que obtuvo mucho menos de lo esperado, y la acuñación de monedas de bronce, muy negativa, pues eran fáciles de falsificar. Santa Anna inventó nuevos impuestos aplicables a coches, establecimientos públicos, ventanas y puertas, incluso perros[12].

Entre las ciudades mexicanas destacaba, en esta época, Veracruz por ser clave para la economía, ya que la mayor parte del tesoro nacional se nutría de las aduanas procedente del comercio exterior. Puebla prosperaba gracias a la industria textil y Querétaro por las explotaciones agropecuarias; Zacatecas y Guanajuato eran los principales productores de plata. La capital era el centro de la vida política y administrativa. Con un importante conglomerado social y racial era el refugio para los campesinos que querían mejorar su situación y desempeñar otros oficios distintos al cultivo de la tierra. La vida capitalina era animada: las peleas de gallos, los toros, los bailes, el teatro, así como la prensa, los cafés y las tertulias eran lugares idóneos para comentarios y rumores que alimentaban la ya de por sí activa efervescencia política.

Durante los años 1855-1861 la lucha por el poder entre conservadores y liberales no sólo en la arena política sino también en la militar, llevó a México a una espiral de violencia y revolución semejante a la que tenía lugar en otros países europeos y americanos. La llegada al gobierno de los liberales también produjo efectos negativos en el país, a pesar del intento de modernizar y adecuar la nación a las nuevas corrientes ideológicas.

Respecto a la relación entre política e Iglesia, podemos afirmar que los cinco problemas fundamentales citados incidieron en México de un modo particular. En efecto, existió el doble sistema de representación entre México y el Vaticano; hubo varios intentos de mantener el ejercicio del Patronato por parte de los diversos presidentes mexicanos, con el consiguiente rechazo de los obispos; las relaciones entre los gobiernos y el episcopado sufrieron variaciones en las décadas de 1950 y 1960; y desde Roma se impulsó la reactivación de los Colegios de *Propaganda Fide* existentes en la República.

Todas estas cuestiones quedaron reflejadas en los documentos emanados por Mons. Luigi Clementi que arribó a México en 1851 como

---

[12] *Ídem.*

primer representante pontificio, una vez inaugurada la República. Durante los siguientes años se dio una dura lucha por el poder político y la redacción de las Leyes de Reforma[13]. Todo quedó registrado por el delegado apostólico Clementi.

Ya desde 1848 hasta los preliminares de las leyes de 1856, la documentación de la *misión Clementi* que se halla en los archivos vaticanos muestra los intentos de establecer unas relaciones estables entre México y la Santa Sede mediante el envío de un representante a ese país en 1848, y las grandes dificultades para conseguir que los diversos gobiernos concedieran el *pase* al enviado definitivamente en 1851.

Los años específicos de las Leyes de Reforma, 1856-1858, están marcados por las leyes de desamortización y nacionalización de bienes eclesiásticos, y por los denodados esfuerzos de los eclesiásticos mexicanos y romanos por buscar soluciones a los problemas planteados por estas leyes.

Desde finales de 1858 hasta 1861, Clementi envió a Roma múltiples informes en que dejó constancia de la vida mexicana durante los años de la guerra civil. Tras ser expulsado por Benito Juárez en 1861 siguieron llegando a Roma, abatida por la guerra de unificación italiana, noticias de México. Estas procedían de los obispos, de políticos y de particulares que, sin la mediación del delegado, enviaban las cartas directamente a la Santa Sede. Los documentos consultados hasta 1874 manifiestan las intrincadas relaciones entre la Iglesia mexicana y los gobiernos que se sucedieron en esos años, es decir desde Benito Juárez hasta Sebastián Lerdo de Tejada, pasando por Maximiliano de Austria.

Quisiéramos concluir estas breves notas haciendo referencia a dos aspectos que consideramos importantes: en primer lugar que la vida política, económica, social y religiosa en México no fue ajena a lo que sucedía en otras naciones europeas y americanas. Su historia no es un caso aislado en el siglo XIX, aunque México, abierto a las influencias de otras culturas e ideas, fue configurando una sociedad con un modo de vivir y de hacer política con rasgos propios, como queda patente en la documentación consultada. En segundo lugar, es lugar común emplear

---

[13]   Sobre estas cuestiones vid. ALEJOS GRAU, C. J. y SOBERANES FERNÁNDEZ, J. L., *Las leyes de Reforma y su aplicación en México*. México, Instituto de Investigaciones Jurídicas, UNAM, 2021.

el nombre de ultramontanismo para referirse a los años de Pío IX. En las páginas precedentes hemos señalado como las naciones europeas y americanas aplicaron leyes contra la Iglesia de modo que podríamos decir que su situación política era catastrófica. Pero todo ello propició:

> [...] una Iglesia universal mucho más ligada a Roma que en siglos anteriores; y no se trata solo de infalibilidad, sino del hecho de que, frente a las supresiones estatales, el clero y las órdenes religiosas miraban a Roma como el único ancla de salvación[14].

Esto también puede aplicarse al caso de México.

---

[14] MARONGIU BUONAIUTI, C., *Chiese e Stati. Dall'età dell'Illuminismo alla Prima guerra mondiale*. Roma, La Nuova Italia Scientifica, 1994, p. 291.

∼

SOBRE LA POSIBLE PROCEDENCIA DE TEXTOS HEBRAICOS EN EL ACERVO DE LA BIBLIOTECA PALAFOXIANA

Juan Pablo Salazar Andreu[1]
Universidad Popular Estado de Puebla
y Universidad Panamericana

Introducción

El acervo de la biblioteca Palafoxiana de Puebla se compone por más de cuarenta y cinco mil ejemplares en catorce lenguas distintas, albergados todos en el antiguo edificio que conserva la renombrada colección, compilada principalmente durante el siglo XVII, pero compuesta por libros de hasta tres siglos antes; sin embargo, llama la atención que una diminuta parte de los libros corresponde a una serie de escritos hebraicos cuyo origen no es claro, pues no se ha encontrado ninguna clase de prueba documental que demuestre fehacientemente la manera en que tales libros y textos se incorporaron a la biblioteca.

---

[1] Profesor de la Universidad Popular Autónoma del Estado de Puebla, Profesor de la Universidad Panamericana, Miembro del Sistema Nacional de Investigadores nivel 1, Miembro del Instituto Latinoamericano de Historia Del Derecho, Miembro del instituto Internacional de Historia del Derecho Indiano, Cronista De La Ciudad De Puebla, Miembro del Instituto Colombiano de Historia del Derecho, Miembro del Comité Científico de la revista *Archivum*, de la Junta de Historia Eclesiástica Argentina.

La presente investigación se avocó a determinar las posibles causas de que los anaqueles de la biblioteca, hubieran sido destino de los mencionados textos hebraicos, estableciendo dos líneas de investigación:

1. Se acoge como eje central el estudio de la influencia de las corrientes hebraístas en un contexto posterior a la reforma luterana.
2. La posible incorporación de los textos hebraicos como parte de una colección jesuita agregada a la biblioteca tras la expulsión de tal orden del Imperio Español durante el reinado de Carlos III.

Es indispensable subrayar que lo expuesto son una serie de teorías con un alto grado de viabilidad por los hechos históricos en que se encuentran sustentadas, pero sin evidencia documental que pueda confirmar de manera determinante cualquiera de las líneas de investigación.

Se consideró como punto de partida que la Iglesia católica influenció profundamente el desarrollo político, social, cultural e incluso económico de las tierras pertenecientes a la corona de Castilla, en el continente Americano; además, las comunidades judías se encontraron en conflicto desde 1492, momento en que entró en vigor el decreto de expulsión de los hebreos[2]. Lo anterior aporta una rápida, pero probablemente certera conclusión: las obras judaicas debieron encontrarse importantemente limitadas en todos los dominios castellanos, tanto en la Península Ibérica como en el Nuevo Mundo, por lo cual el hallazgo de los textos hebraicos de la Biblioteca Palafoxiana se torna en un diamante en bruto, ya que se aborda un fenómeno fuera de la norma.

> [...] el tribunal del Santo Oficio no se estableció en la Nueva España hasta mil quinientos setenta y uno, la actividad de la inquisición contra los judíos se inicio a dos años de haberse consumado la conquista: en enero de mil quinientos veintitrés se publicó el primer edicto contra herejes

---

[2] SUAREZ, L., *La Expulsion de los Judios: Un Problema Europeo*. Editorial Ariel, Madrid, 2012, p. 7.; BERMAN, S. "Los judíos de la Nueva España y su profeta José Lumbroso", *Proceso*, 9 de abril de 2017, disponible en https://www.proceso.com.mx/opinion/2017/4/9/los-judios-de-la-nueva-espana-su-profeta-jose-lumbroso-181927.html (fecha de acceso: 15 de marzo de 2018).

y cristianos nuevos y en mil ochocientos veintiocho fueron penitenciados los primeros cuatro judíos novohispanos[3].

También existe documentación que demuestra que en la Nueva España hubo presencia de varios *criptojudíos*, quienes, por la naturaleza de su práctica religiosa, pasaron desapercibidos y prosiguieron clandestinamente con su estilo de vida judío; sin embargo, existieron muchos que fueron objeto de la persecución del Santo Oficio, siendo castigados conforme a las normas aplicables para su caso, siendo en muchos de estos casos lo procedente la tortura o pena de muerte. Miles de judíos, y no-judíos acusados de serlo, fueron perseguidos y juzgados por incurrir en lo que se denominaba 'judaizar', situación que tuvo altibajos desde la instalación del Tribunal de la Inquisición hasta su clausura en 1820[4].

Otro punto que adiciona interés a la presente investigación, es que muchas de las obras en comento, son autoría de eclesiásticos cristianos, los cuales arribaron de ultramar para tiempo después terminar en los anaqueles de la Biblioteca Palafoxiana en Puebla.

Sobre la biblioteca Palafoxiana

La Biblioteca Palafoxiana de Puebla fue fundada en el año 1646 por Juan de Palafox y Mendoza, siendo en ese entonces Obispo de Puebla de los Ángeles[5]. El recinto actualmente alberga aproximadamente cuarenta y cinco mil ejemplares[6], mismos que versan sobre toda clase de temas y disciplinas entre las que se destacan la filosofía, la historia, la teología, el Derecho civil y canónico, la dogmática cristiana, la oratoria sagrada, la liturgia, las humanidades, la geografía, la gramática, las matzemáticas, la doctrina cristiana y varios más, así como una cantidad importante de

---

[3] SHABOT, E. y COHEN, L., *Textos Hebráicos de la Biblioteca Palafoxiana*. Puebla, El Colegio de Puebla, 2014.

[4] DEL CAMPO ALMELLONES, J. *El Mesías de los Marranos*. Málaga, Libros Encasa, 2002.

[5] UNESCO, "Biblioteca Palafoxiana, memoria del Mundo", disponible en http://www.unesco.org/new/es/communication-and-information/memory-of-the-world/register/full-list-of-%20registered-heritage/registered-heritage-page-1/biblioteca-palafoxiana (fecha de acceso: 15 de marzo de 2018).

[6] Biblioteca Palafoxiana de Puebla, "Biblioteca Palafoxiana, lo espiritual prevalece", disponible en http://palafoxiana.com/biblioteca/ (fecha de acceso: 16 de marzo de 2018).

compilaciones de concilios y varios diccionarios, mismos que se encuentran redactados en diversas lenguas.

> [...] la Biblioteca Palafoxiana fue objeto de un proceso de restauración y catalogación que se puso en marcha a raíz de los sismos de mil novecientos noventa y nueve, que provocaron que la biblioteca sufriera daños estructurales[7].

Además, "la creación de esta biblioteca fue aprobada por cédula real en diciembre de mil seiscientos cuarenta y siete y reconfirmada por el papa lnocencio X en mil seiscientos cuarenta y ocho"[8].

La vasta colección se inició cuando:

> [...] el obispo Palafox donó su biblioteca personal, compuesta de cinco mil volúmenes, ante el notario Nicolás de Valdivia, para que fuera consultada por todos aquellos que quisieran estudiar, pues su principal condición fue que estuviera abierta al público y no sólo a eclesiásticos y seminaristas[9].

Situación por la que se le atribuye ser la primera biblioteca pública del Continente americano. Además, el hecho de que la biblioteca se encontrare desinada a la formación de los seminaristas, la hizo contener una colección de la envergadura que presenta, pues el clero de la época se caracterizó, entre otras cosas, por buscar que el sacerdote fuera docto en múltiples disciplinas, en aras de que se generara una defensa integral de la fe, abordándose cabalmente una cantidad amplia de ciencias y campos de estudio.

Los ejemplares entregados en donación por el obispo Juan de Palafox y Mendoza muy probablemente fueron traídos de Europa, muchos de ellos, posiblemente, habiendo sido empleados por él mismo durante su extensa formación académica en las Universidades de Alcalá, Salamanca

---

[7]   QUINTERO, J. R., *Estudio de los fondos de origen de la Biblioteca Palafoxiana en Puebla*. Biblioteca Universitaria, 2016, pp. 121-133.

[8]   *Ídem*.

[9]   FERNÁNDEZ GARCÍA, R., "Palafox y su pasión por los libros", *Revista Artes de México* 68 (2003): 39-45.

y Huesca,[10] y que años después, una vez añadidos al acervo de la biblioteca, sirvieron para la instrucción de varios indígenas en las artes, el castellano y en diversos oficios. Destáquese la amplia posibilidad de que la descrita sea la suerte de la mayoría de los ejemplares que componen el acervo, considérese, como sustento para tal especulación, que del total de los cuarenta y cinco mil volúmenes que componen la totalidad del acervo, únicamente mil ochocientos noventa y tres del total (probablemente agregados a la colección en la última etapa de adiciones al caudal original) fueron editados en el territorio del actual México.[11]

La biblioteca Palafoxiana forma parte del complejo en el que se encuentra el Antiguo Colegio de San Juan, que a su vez es parte del seminario que también fundó Palafox y Mendoza en ejercicio de sus funciones como obispo. La construcción del edificio de la biblioteca, conservado hasta la actualidad, data de 1773[12] y se le atribuye al obispo Francisco Fabián y Fuero, quien también ordenó se fabricaran los primeros dos niveles de estanterías, pues en aquél entonces se agregaron a la colección varios libros que fueron traídos de colegios jesuitas tras su expulsión de todo el Imperio Español en 1767, evento que sin lugar a dudas tuvo una trascendencia determinante para completar la gran colección de la biblioteca. El obispo Francisco Fabián y Fuero también donó su biblioteca personal, siguiendo su iniciativa algunos ilustres como Fernández de Santa Cruz, Francisco Pablo Vázquez, Francisco Irigoyen así como otros particulares.

Teoría sobre las corrientes hebraístas

Una de las teorías referentes al enigma de los textos hebraicos de la Palafoxiana, señala que:

> [...] la explicación más plausible es que este hecho fue un subproducto de la reforma religiosa que conmocionó los cimientos de la Iglesia de

---

[10] QUINTERO, *op. cit.*

[11] *Ídem.*

[12] FERNÁNDEZ, *op. cit.*, 68.

Roma a partir de la ruptura emprendida por Martín Lutero, así como de la propia contrarreforma católica[13].

Ciertamente en 1517 Martin Lutero comenzó con la reforma protestante, fundamentándola en noventa y cinco tesis que fueron colocadas en la fachada de la iglesia de Wittenberg, en Alemania.[14] Tal situación desató una considerable crisis por el importante cambio que la Reforma trajo a la teología y que dividió al continente europeo en dos bandos religiosos: "La reforma se propagó rápidamente fragmentándose en diversas corrientes; la crítica a la Iglesia católica fue común a todas ellas".[15]

Lutero y otros impulsores de la Reforma pugnaron por la necesidad de volver a la consulta directa de las Sagradas Escrituras, a fin de establecer con ello congruencia entre ellas y la práctica religiosa. La Reforma Protestante dio un importante énfasis al estudio del Antiguo Testamento, concibiendo la noción de que únicamente a través de su estudio era posible conocer la totalidad de las ideas del Cristianismo. Los reformistas comenzaron a traducir el Antiguo Testamento a muchos idiomas, siendo la más destacada, desde luego, la del propio Lutero al alemán, misma que buscó mantener la esencia del texto hebreo, siendo así como, en los siglos XVI y XVII, se extendió de manera importante el movimiento hebraísta-protestante, incrementándose la traducción de textos en hebreo a otros idiomas; desde destacarse traducciones como la del *Mishné Torá* de Maimónides y de algunos libros de rezos. La traducción de las fuentes judías surgió a partir del pensamiento de que, si se logra comprender el estilo de vida del pueblo judío, sería factible comprender con mayor profundidad y transmitir de manera más completa las enseñanzas de Jesús de Nazaret.

El movimiento calvinista puso un particular énfasis en el estudio de la tradición judía:

---

[13]   SHABOT y COHEN, *op. cit.*

[14]   RAMÍREZ GONZÁLEZ, E., "Sola fides, sola scriptura. La disputa de Leipzig y el rompimiento de Martín Lutero con la Iglesia romana (1517-1521)", *En-claves del pensamiento* 8.15 (2014): 147-170.

[15]   SHABOT y COHEN, *op. cit.*

El calvinismo se autodesignaba un sistema de vida y el judaísmo podría percibirse de la misma manera. De hecho, el calvinismo no tomó prestados tantos símbolos de religión alguna como lo hizo del judaísmo. Debido a ello, los calvinistas experimentaron, al mismo tiempo, atracción y rechazo hacia las fuentes judías[16].

[...] otra ventaja de la reforma protestante para los judíos estaría constituida por el hecho de que las sectas protestantes se volvieron hacia la Biblia como instrumento dotado de una autoridad fundamental. La tendencia humanista de acudir a los documentos originales asumiría en este caso un aspecto religioso. Para los cristianos la Biblia comprende por igual el Antiguo Testamento y el Nuevo. Pero la aspiración de construir una sociedad cristiana mejor y un Estado más perfecto, haría que varias sectas cristianas y destacados pensadores protestantes retornasen a los sistemas y los objetivos de la Ley tal como se hallan expresados en el Antiguo Testamento por medio de la conducta de los Jueces, los Profetas y los Reyes de Israel. La Biblia hebrea y el idioma hebreo pasaron así a erigirse en valores religiosos, sociales y políticos de primordial significado en la sociedad protestante y en su cultura propia[17].

La reforma protestante entonces, fue punto clave para el desarrollo de los estudios hebraístas, bajo el argumento de la necesidad de obtener un entendimiento más amplio de los textos y costumbres del pueblo judío, y con ello, de las Sagradas Escrituras, impactando también al pensamiento católico, aunque no en las dimensiones que tuvo en el desarrollo del protestantismo[18]. No obstante lo señalado, también se presentó un incremento en las tendencias antisemitas que, posteriormente, fueron un común denominador en las diferentes iglesias, situación que puede dilucidarse, por ejemplo, en la obra tardía de Lutero[19].

---

[16] KATCHEN, A. L. *Christian Hebraistics and Dutch Rabbis*. Harvard Univesity Press: Cambridge, Mass, 1984, pp. 27-28.

[17] BEN SASSON, H. H., *Historia del Pueblo Judío*, vol. 2, *La edad media*, Versión española de Mario Calés. Madrid, Alianza, 1988, p. 760.

[18] *Cfr.* SHABOT y COHEN, *op. cit.*

[19] Las principales obras de Lutero sobre los judíos fueron escritas en 1543, destacando su tratado *Von den Juden und Ihren Lügen* (Sobre los judíos y sus mentiras) y *Von Schem*

A medida que los estudios de los textos judaicos permearon en la academia europea, fue factible prescindir del apoyo que estudiosos judíos prestaron para la traducción y comprensión de las fuentes originarias del pensamiento cristiano, generando que el hebraísmo adquiriera un lugar como una disciplina más, entre la amplia variedad de las que conforman la cabalidad de la academia canónica. Se logró entonces un acercamiento al judaísmo, paradójicamente alejándose del pueblo judío, situación que puede verificarse en documentos que, vinculados con el fenómeno del hebraísmo cristiano y redactados entre la segunda mitad del siglo XVI y el inicio del siglo XVII, actualmente se albergan en la Biblioteca Palafoxiana de Puebla.

Los textos hebraístas de la Palafoxiana son principalmente diccionarios, lexicones, gramáticas, traducciones y análisis comentados de textos bíblicos y post bíblicos, así como libros sobre judaísmo y sobre el pueblo de Israel, lo que conduce a teorizar que fueron incorporados a la biblioteca por ser objeto de estudio de alguno de sus múltiples donadores (cuya identidad es imposible determinar fehacientemente con la evidencia actual), incluyendo la probabilidad de ser textos analizados o utilizados por el mismo Palafox. Difícilmente pudo haberse tratado de libros que pertenecieran a judíos, pues por la naturaleza de tales fuentes es claro que la judería queda en un plano ajeno, como un tercero que es estudiado, un extranjero al que puede conocérsele. Adicionalmente, ha de considerarse que por milenios el pueblo judío se ha abocado al estudio de la Torá original, sin recurrir a otras fuentes, apoyándose en los comentarios de los sabios del pueblo de Israel, descartando el método filológico exegético que acostumbraron muchos de los académicos de la Iglesia.

La teoría referente a los jesuitas

Las corrientes hebraístas tuvieron una importante influencia sobre las escuelas jesuitas, haciendo que muchos de ellos se abocaran al estudio

---

Hamphoras und vom Geschlecht Christi (Del Nombre Incognoscible y las generaciones de Cristo), reimpresos varias veces en vida del autor. WIKIPEDIA, "Antisemitismo de Martín Lutero", disponible en https://es.wikipedia.org/wiki/Antisemitismo_de_Mart%C3%ADn_Lutero (fecha de acceso: 18 de marzo de 2018).

directo de las fuentes judías, en busca de profundizar su conocimiento de la fe y del Creador, así como de la cultura en la que se desarrolló el mismo Jesucristo.

Desde el siglo XVI, la biblia rabínica, conocida como el *Midrash*[20] adquirió un importante espacio entre los jesuitas hebraístas; afirmación que pudiera sustentarse en el hecho de que muchos de los diccionarios y lexicones que se encuentran en la biblioteca Palafoxiana explican, con lujo de detalle, mucha de la terminología hebrea, refiriéndose en múltiples ocasiones al *Targum*[21]. Para que un hebraísta jesuita pudiera tener acceso a las fuentes judías, era necesario, además de un domino considerable de la lengua bíblica original, conocer el hebreo medieval, que difiere sustancialmente del que se encuentra en la biblia o incluso en los comentarios del *Midrash*. Es de admirarse la manera en que los jesuitas aprendieron a estudiar la Torá, con un método propio y sumamente distinto al que emplean los estudiosos judíos, pero que eventualmente tuvo cierto grado de similitud al de los sabios de Israel y llegó, incluso, a arrojar conclusiones similares en algunos aspectos.

> Los lexicones venían a satisfacer la necesidad del hombre culto que se interesaba por la Biblia rabínica y que veía en ella una fuente de información y de percepciones concernientes a las características lingüísticas, exegéticas e históricas de pasajes bíblicos específicos. En muchas ocasiones este tipo de comentarios proveía de claridad a versículos bíblicos que eran de difícil interpretación; en otras entraba en conflicto con la interpretación cristiana[22].

---

[20] Literalmente traducido como 'explicación' es un término hebreo que se refiere a un método exegético empleado para el estudio, interpretación y conocimiento de la Torá.

[21] El *Targum* es una paráfrasis de la tradición oral por la que se enseñaba el estudio del Antiguo Testamento durante el exilio judío en Babilonia (tras la destrucción del primer templo de Jerusalén). El *Targum* también incluye una serie de sentencias, explicaciones y expansiones al texto original de la Torá, siendo producto también de una paráfrasis de los comentarios rabínicos de la época aludida. El *Targum* es generalmente escrito en un idioma distinto al del texto comentado. El *Targum* se refiere a comentarios escritos hasta aproximadamente el año 1500 de la Era Común.

[22] *Cfr.* SHABOT y COHEN, *op. cit.*

A algunos estudiosos jesuitas se les permitió citar a comentaristas judíos, siempre que se hiciera con ciertas limitantes y de manera discreta y moderada, razón por la cual, era necesario conocer el lenguaje y cultura hebraica, constituyendo esto el fundamento de la especulación relativa a que los textos hebreos de la Biblioteca Palafoxiana, debieron llegar a ésta hasta la expulsión de los jesuitas, momento en que parte de sus ejemplares fueron incorporados al acervo en estudio. Tráigase a colación la siguiente consideración de la *Ratio Studiorum*[23]:

> Si hay algo en las escrituras hebreas y rabínicas que pueda ser aplicado con buen efecto sea para apuntalar la común edición latina o en respaldo de los dogmas católicos, deben aplicarse de esta manera, sin conferirles por ello autoridad, para que nadie se vea bien dispuesto hacia ellas. Esto se sostiene especialmente en el caso de que entre ellas haya comentarios que fueran escritos en tiempos posteriores a los de Nuestro Señor Jesús Cristo[24].

Los estudiosos jesuitas se basaron en algunas ocasiones en textos del judaísmo, lo que explicaría que los diccionarios y lexicones que detallan la terminología hebrea, fueran una herramienta básica para el trabajo de los académicos de la Compañía de Jesús, siendo posible teorizar que, al momento de su expulsión, se incorporaran algunos de los libros que les pertenecían a la Biblioteca Palafoxiana.

Los documentos

A continuación, se destacan algunos de los diccionarios, lexicones y gramáticas hebraicos del acervo de la biblioteca Palafoxiana. Téngase en consideración que la mayoría de los textos a que se ha referido el pre-

---

[23] La *Ratio atque Institutio Studiorum Societatis* (Plan oficial de estudios de la Compañía de Jesús) constituye el fundamento formal del sistema de educación de la Compañía de Jesús en 1599, siendo producto de muchos académicos internacionales, con amplia experiencia, que se encontraban en el Colegio Romano. *Cfr.* WIKIPEDIA, "Ratio Studiorum", disponible en https://es.wikipedia.org/w/index.php?title=Ratio_Studiorum&oldid=82595028 (fecha de acceso: 17 de marzo de 2018).

[24] BURNETT, S. E. *The Strange Career of the Bíblia Rabbinica Among Christian Hebraists, 1517-1620*. Boston, Bruce Gordon y Matthew McLean, 2002, p. 73.

sente trabajo se encuentran escritos en latín y hebreo combinados, con algunas excepciones de las que se hará mención específicamente.

No se puede comprender el objetivo de traducir la Biblia al latín sin tomar en cuenta la posición de ese idioma como la lengua del mundo culto y de la Iglesia católica en la Nueva España. Considérese que, al inicio de la Edad Moderna en Europa, la mayoría de la gente educada adquiría conocimientos a partir de libros escritos en latín. No es por tanto sorprendente que por mucho tiempo el latín se mantuviera como el principal medio de comunicación entre teólogos, sacerdotes y profesores, por toda la alta academia eclesiástica.

Desde que el latín cesó de ser una lengua vernácula, las versiones de la Biblia en dicha lengua dejaron de cumplir función alguna en el oficio divino, convirtiéndose en un medio para el trabajo de carácter académico. La exegética, que tenía por objetivo conferir a los estudiosos de la Biblia el rápido y preciso entendimiento del sentido que tiene el texto original, buscó alcanzar una máxima fidelidad respecto del original hebreo y griego; además, en un carácter más humanista, buscaba presentar a los lectores poco familiarizados con el hebreo y el griego, traducciones comprensibles, claras y de calidad literaria.

Thesaurus Lingua Sanctae

Santes Pagnino, originario de Lucca, Italia, perteneció a la Orden de Santo Domingo y actualmente es reconocido como uno de los más importantes filólogos, hebreístas y estudiosos de la biblia de la última parte del siglo XV y de la primera del XVI.

> Nació en Lucca, Toscana y estudió bajo la dirección de Savonarola y otros eminentes profesores, convirtiéndose en un gran erudito del griego y el hebreo. Una de sus obras fundamentales es el Veteris et Novi Testamenti nova translatio, publicado en Lyon en mil quinientos veintisiete, cuyo mérito principal radica en su adhesión literal al hebreo, lo que le valió la preferencia de los rabinos contemporáneos[25].

---

[25] MORREALE, M., "De los sustitutos de la Vulgata en el s. XVI: la Biblia de Santes Pagnino enmendada por Benito Arias Montano", *Revista Sefarad* 67 (2007): 229-236.

La obra más importante de Pagnino *Thesaurus linguæ sanctæ,* forma parte también del acervo de la Palafoxiana.

Este lexicón parece haber sido editado en numerosas ocasiones, pues fue ampliamente utilizado tanto por católicos como protestantes. La traducción de textos del hebreo al latín suele sustentarse en citas bíblicas, lo anterior, con el objetivo de poner contexto a los vocablos y generar una posibilidad de interpretación más certera. En los márgenes del ejemplar que se encuentra en la biblioteca Palafoxiana aparecen anotaciones que indican tiempos y modos verbales, igual que conjugaciones y giros gramaticales hebreos. En el prólogo del libro se cita a los rabinos consultados para la elaboración del Thesaurus.

Lexicon Chaldaicum Talmudicum et Rabbinicum

Johannes Buxtrof fue un profesor de la Universidad de Basilea, en Suiza, en el siglo XVII. Una de sus más importantes investigaciones se centró en aumentar el conocimiento existente en su época de los textos rabínicos. El conocimiento de Buxtrof sobre las fuentes judías posbíblicas era considerable.

> [...] mantenía contactos personales con judíos en el área de Basilea y en otros centros de vida judía, como Frankfurt. Buxtrof publicó una Biblia acompañada de interpretaciones rabínicas, otorgando así la legitimidad necesaria para el estudio científico de este género de obras. Además publicó una investigación bibliográfica sobre la literatura rabínica (Bibliotheca rabbinica) que incluye diversos textos judíos en orden alfabético, con referencia al contenido de cada uno[26].

Buxtrof tuvo una importante cantidad de intercambios epistolares con estudiosos judíos y hebraístas cristianos. Entre las obras de Buxtrof se publicaron un libro para el estudio del hebreo, un diccionario para el estudio del arameo y un lexicón del Talmud. Lo que se encuentra en la biblioteca Palafoxiana es su *Lexicum chaldaicum talmudicum et rabinicum,* obra que se compone de más de dos mil seiscientas páginas.

---

[26] *Cfr.* SHABOT y COHEN, *op. cit.*

Lexicum Hebraicum et Chaldaicum

Se trata de un libro que contiene un lexicón rabínico-filosófico. Es una adaptación en la que se facilita el aprendizaje de varios conceptos de estudio rabínicos. El lexicón se centra, no solamente en el estudio de las palabras hebreas en sí mismas, sino que busca, a través de su comprensión, comprender las ideas y conceptos propios del judaísmo de los rabinos.

Una curiosidad importante que presenta el ejemplar es que ha sido encuadernado de manera invertida, tal y como se hace en los libros en hebreo, pues como la mayoría de las lenguas semíticas, se escribe de derecha a izquierda, en este caso, privilegiando la lectura de aquél sobre la del latín[27].

Gramática Hebraica et Chaldaica

Esta obra se le atribuye a Pierre Gaurin, monje benedictino y hebraísta francés. Se trata de una gramática centrada en lenguas sagradas y orientales. El lexicón tiene la intención de descifrar al judaísmo concibiéndolo como un antiguo rival del cristianismo. "Siguiendo los pasos de San Jerónimo, Bellarminio, Justino, Orígenes, Eusebio y Crisóstomo, prosiguió en la crítica de los padres de la Iglesia a la forma tradicional de la interpretación judía"[28]. Se pronuncia en contra de la presunta literalidad y de su falta de contenido espiritual.

Catena in Exodum

El término latino *catena* ha sido usado para designar a aquella obra que resulta de recopilar escritos de los padres de la Iglesia sobre textos bíblicos, a modo de exposición o comentarios de éstos. En la Edad Media se realizaron varias *catenas*, siendo Tomás de Aquino uno de los más prolíficos autores de esta modalidad.

En este voluminoso tomo se expone en latín la narración bíblica contenida en el libro segundo del Pentateuco hebreo, el Éxodo, Shmot en hebreo. Enseguida de cada párrafo correspondiente a la narración,

---

[27]   *Ídem.*
[28]   *Ídem.*

aparecen los comentarios interpretativos de eruditos cristianos y padres de la Iglesia[29]. Se incluyen también citas en hebreo que sirven de apoyo para sustentar la traducción o el comentario.

Hoseas Prohetas, Ebraicæ y Chaldaice

Es una traducción al latín del libro bíblico del profeta Hoseas, con comentarios y referencias al hebreo, caldeo y arameo. En el subtítulo se expresa a quienes va dirigido este trabajo: *In corum omnia gratiam qui scripta Rabinorum cupiunt intelligere*[30]. En la introducción aparecen las semblanzas de los rabinos en los que el autor apoya su trabajo: Shlomo Larhi, Abraham Eben Ezra y David Kimhi. Abraham Eben Ezra, conocido en el mundo judío como "El Grande" o "El Admirable", fue un rabino e intelectual sefaradí que destacó en múltiples ramas del saber e incursionó en métodos gramaticales para la exégesis del sentido del texto bíblico, preludiando la crítica textual moderna. Por su parte, David Kimhi nacido en Provenza, fue igualmente un renombrado rabino medieval, comentarista bíblico, filósofo y gramático, autor de diccionarios de hebreo y conocido por sus comentarios a los libros de los Profetas.

El contenido del libro bíblico del profeta Hoseas, quien vivió en el Reino de Israel en el siglo VIII a.C., apunta primordialmente a su lamento y condena por la traición que el pueblo de Israel había cometido contra el Creador, cuando muchos retornaron a prácticas idólatras canaanitas. Hoseas, escribiendo con un lenguaje especialmente sensible y triste, hace analogía entre la mujer infiel que traiciona a su marido y el pueblo de Israel que ha hecho lo mismo con el Dios único; sin embargo, también aparece en el texto el profundo amor del creador por su pueblo, igual que su esperanza de que retorne a Él y vuelva a ser merecedor de sus bendiciones.

Liber Hasmonaerum

Los libros Macabeos I y Macabeos II no están comprendidos en el Canon bíblico hebreo, pero sí en el cristiano. Originalmente, Macabeos II estuvo

---

[29] Caietanus, Eusebio, Agustín, Gregorio de Nissenus, Hugo de Sancto Victore y varios más.

[30] A todos aquellos que quieran entender los escritos de los rabinos.

escrito en griego y su inclusión en el Canon cristiano es justificado a ojos de algunas autoridades eclesiásticas por las "afirmaciones que contiene sobre la resurrección de los muertos, las sanciones de ultratumba, la oración por los difuntos, el mérito de los mártires, la intercesión de los santos..."[31]. El Concilio de Trento ratificó esta posición a mediados del siglo XVI. El canon tridentino del Antiguo Testamento, proclamado en abril de 1546, constituye una sobria lista de los libros que deben considerarse santos para los católicos. El decreto hace referencia a los libros completos y todas sus partes, tal como han sido leídos en la Iglesia católica y como están contenidos en la antigua versión de la vulgata, que incluye Macabeos I y II.

En esta traducción comentada al latín, se hace referencia a voces hebraicas para aclarar el texto, citando en ocasiones la obra 'Antigüedades Judías' de Flavio Josefo, en el que la epopeya de los Macabeos constituye uno de los temas relevantes de la historia judía.

Evangelium Mattei Ex Habræo

El lenguaje original con el que se conocen los evangelios es el griego; sin embargo, existen muchas suposiciones de que el Evangelio pudo haber tenido origen hebreo. Es esto lo que condujo al papa Nicolás V (fundador de la Biblioteca Vaticana) a ofrecer cinco mil ducados a quien le consiguiese el Evangelio según San Mateo en hebreo. Es solamente un siglo después de la muerte de este papa que aparecen dos ediciones hebreas del texto, sin que hasta la fecha se haya podido probar que corresponden a un original hebreo o si son traducciones del griego.

La primera traducción que se conoce del Evangelio según San Mateo al hebreo proviene del siglo XIV y está preservada en el polémico tratado del judío español Shem Tobben Isaac, conocido también como Ibn Shaprut. El propósito de Shem Tob era generar controversia y refutar la historia del Evangelio de San Mateo, punto por punto.[32]

---

[31] WICKS JARED, "Catholic Old Testament Interpretation in the Reformation and Early Confessional Eras". En Magne Sæbø (Ed.), *Hebrew Bible/Old Testament. The History of Its Interpretation,1.* Götingen, Vandenhoeck & Ruprect, 2008, p. 626.

[32] GARSHOWITZ, L. *Shem Tov Ben Isaac Ibn Shaprut's Gospel of Matthew*, Barry Welfish (Ed.), The Frank Talmage Memorial, vol. I. Haifa, Haifa University Press, 1993, pp. 297-322.

En el transcurso del siglo XVI fueron publicados dos textos del Evangelio según San Mateo en hebreo. El primero fue editado en Basilea en 1537 y corresponde a Sebastian Munster; el segundo apareció en París en 1555, obra de Jean Mercier, a instancias de Jean du Tillet, obispo de Brieux. Dentro de la polémica religiosa del siglo XVI, puede decirse que cada edición representa a la Reforma y la Contrarreforma respectivamente. La edición identificada con la tradición católica es la que se encuentra en la Biblioteca Palafoxiana.

Uno de los objetivos centrales detrás de la publicación del Evangelio según San Mateo en hebreo, pudo haber sido el de atraer a los judíos hacia el cristianismo; es decir, se trata de la aspiración de que el público judío pudiera tener acceso a este libro del Nuevo Testamento con objeto de promover su conocimiento y hacerlo darse cuenta de lo que los católicos consideraban su error, pero la edición de esta obra puede deberse también a la búsqueda de los orígenes hebreos del cristianismo siguiendo la tendencia que se ha comentado en apartados anteriores.

Poseis Hebraica

El fraile agustino Casimiro Mezger fue el autor de este tratado en latín sobre lingüística y filología de la poesía hebrea. Se apoya en comentarios y referencias de otros orientalistas como el jesuita Athanasius Kircher, a fin de realizar desde una visión católica el análisis del lenguaje poético de versículos del Antiguo Testamento. La visión que expresa Mezger concibe a la versión hebrea de la Biblia como poéticamente sublime, aun por encima de la versión latina. A través de una variedad de ejemplos, Mezger invita al lector a deleitarse con el original hebreo mediante breves explicaciones del valor literario de los versos, poniendo énfasis particular en el cántico de Habacuc, que constituye el tercer capítulo del libro de dicho profeta.

Rituel Des Prières Journalières a l'usage des Israelites. (Sidur T'filat Israel)

El término *Sidur* significa literalmente "orden, arreglo" y ha sido usado tradicionalmente para denominar el libro de plegarias hebreo en el cual los textos litúrgicos están ubicados en un orden fijo. El libro de plegarias más antiguo fue el *Sefer Teflot* de Rab Amram Gaón (Babilonia, siglo IX), que se ordenó en secciones, conteniendo prefacios y leyes relevantes de acuerdo con la frecuencia de su uso, es decir, comenzando por la plegaria diaria. Más tarde y en función de la diversidad geográfica y cultural de las distintas comunidades judías en la diáspora, los Sidurim (plural de Sidur) presentaron variantes regionales, que hasta la fecha siguen dándose conforme a la tradición específica de cada comunidad.

En 1520 el *Sidur* apareció por primera vez en forma impresa, lo que dio origen a versiones estandarizadas. Estos textos fueron fruto de la labor de impresores competentes en la nueva tecnología, pero no necesariamente en el conocimiento rabínico, razón por la cual muchas de las ediciones del siglo XVII al siglo XIX buscaron enmendar los errores cometidos con anterioridad. En el siglo XIX la reforma litúrgica judía basada en consideraciones teológicas, académicas, políticas y estéticas, se convierte en la norma de una parte de la judería europea. La traducción del *Sidur* al francés que aquí se presenta, apareció el mismo año que la plegaria de Hamburgo, una de las más significativas traducciones que introdujo las bases teológicas y litúrgicas de la reforma judía en Alemania.

El liberalismo religioso, que se desencadenó como producto de la Revolución francesa, aceleró los procesos de emancipación y asimilación de los judíos. El autor de esta edición del *Sidur*, Joel Philip Anspach, pertenecía al grupo de dirigentes magistrados de la comunidad judía francesa, que abarcaba en esos días alrededor de seis mil personas. Se trata de un *Sidur* bilingüe, que no suple al hebreo por el francés, y conserva el valor de la lengua santa como medio de comunicación con la Divinidad, pero aportando la traducción a la lengua vernácula de acuerdo con el espíritu aperturista de la época. Al ser una edición del siglo XIX, su incorporación al acervo de la Biblioteca Palafoxiana puede ubicarse en el México independiente.

Le Talmud De Babylone

Para mucha gente, aun en la actualidad, existe un halo de misterio en torno al Talmud, a pesar de las decenas de traducciones, introducciones y discusiones que acerca de esta obra central del judaísmo rabínico se realizaron recientemente. El Talmud era un enigma mayor durante los siglos XVI y XVII, siendo casi totalmente desconocido e inaccesible tanto para el mundo cristiano como para las primeras generaciones de hebraístas, pero hubo excepciones. Se conoce un intento extremamente interesante de revelar el Talmud por un autor de nombre Jacob Fondam, en Amsterdam, durante la primera mitad del siglo XVIII[33]; sin embargo, puede decirse que el interés de los hebraístas cristianos se va despegando de la literatura rabínica, para ir apuntando cada vez más hacia el estudio filológico del Antiguo Testamento. Tomaría mucho tiempo hasta que la literatura rabínica volviera a ocupar un lugar central en los estudios judaicos y hebraístas de las universidades de Europa y Estados Unidos durante el siglo XX.

Resulta entonces de gran interés la traducción comentada en dos volúmenes que estuvo a cargo del abate Luigi Chiarini, quien publicó una gramática de la lengua hebrea y un diccionario hebreo-latín. Ambos fueron traducidos al polaco por Piotr Chebowsky; sin embargo, las mayores controversias se desataron a partir de su obra "Teoría del Judaísmo", donde plantea la necesidad de traducir el Talmud con el propósito de promover la reforma del judaísmo, en un momento en que, esta obra santa para los judíos, se iba convirtiendo en asunto de disputa pública en Varsovia. Así, Chiarini se abocó a la tarea de traducir el Talmud al francés, pero su labor quedó interrumpida debido a su prematura muerte en 1832. Aun así, alcanzó a publicar dos volúmenes de la obra. La primera mitad del primer volumen constituye un muy extenso prólogo introductorio del autor, cuyo objetivo central es explicar con detalle, haciendo uso de una multiplicidad de referencias y términos especializados, la manera como fueron redactados los dos textos emblemáticos de la Ley oral dentro del judaísmo: la *Mishná* y el *Talmud*. Así, Chiarini se explaya en explicar, por ejemplo, qué significan Ley escrita y Ley oral, usando prolijamente la grafología hebrea para precisar términos.

Se trata de un libro erudito que hace mención y ubica históricamente a los rabinos que participaron en la redacción de ambos textos, abordando igualmente contenidos específicos de ellos. Se incluyen listados de los temas tratados por la *Mishná y el Talmud* así como el orden de sus volúmenes y glosarios para aclarar vocablos. El final del primer volumen

---

[33] WESSELIUS, J. W., "The First Talmud Translation into Dutch: Jacob Fundam's Acha-tkamer der Takmud (1737)", *Studia Rosenthaliana* 33.1 (1999): 60-66.

y el segundo en su totalidad, comprenden ocho selectos tópicos, ilustrados con citas en traducción francesa de la Mishná y su interpretación, la *Guremará.*

Arca Noé

Su autoría es del sacerdote y erudito jesuita Athanasius Kircher, nacido en Alemania a principios del siglo XVII. Políglota que dominó el hebreo, el copto y el griego, orientalista de espíritu enciclopédico, además de uno de los científicos más importantes de la época barroca, Kircher fue autor de más de cuarenta obras, entre las que se encuentra su tratado sobre el Arca de Noé, escrito en latín y enriquecido con textos en griego, hebreo, árabe, caldeo y siríaco, utilizados como referencia para exponer y validar sus apreciaciones acerca de cómo y con qué elementos la epopeya del Arca de Noé fue posible.

Se trata de una investigación exhaustiva de numerosas fuentes complementarias al texto bíblico para precisar su curso y veracidad. Estuvo motivada probablemente por la influencia que sobre los eruditos de esos tiempos de la Contrarreforma ejerció la búsqueda de la verdad literal en las Sagradas Escrituras, en oposición a las interpretaciones alegóricas que hasta entonces prevalecían. Kircher se abocó a analizar las dimensiones del Arca, el proceso de su construcción, la descripción detallada de las especies animales que ingresaron a ella, llegando a conclusiones puntuales como la de que una sobrepoblación al interior del navío no fue problema. Igualmente discutió la logística del viaje emprendido por Noé, especulando, por ejemplo, acerca de si fue o no necesario cargar la nave con un excedente de ejemplares vivos con objeto de alimentar a las especies carnívoras a bordo. Kircher llega al extremo de calcular los horarios cotidianos de comida y cuidado de los animales. En la última parte se discurre acerca del destino y dispersión de los hijos de Noé, tras el fin del diluvio y la forma en que se convirtieron en la simiente de la humanidad que repoblaría la Tierra. Múltiples ilustraciones de animales y los mapas que pretenden representar el curso del trayecto emprendido por Noé y su familia, complementan el detallista y concienzudo análisis de Kircher. Tales ilustraciones constituyen un elemento central del trabajo, cuya magnífica calidad estética se combina con tablas de clasificaciones de animales que hacen uso de nomenclatura en cinco idiomas.

Conclusión

Debido a la falta de evidencia que hasta el momento se tiene, es posible afirmar que el origen de los textos hebraicos de la Biblioteca Palafoxiana de Puebla permanecerá como un enigma.

Ciertamente la teoría más convincente de las dos presentadas, simplemente por ser la que se encuentra mayormente favorecida por las probabilidades, es la que plantea a partir de la suposición de que se hubieren incorporado la mayoría de los textos hebraicos al acervo de la Palafoxiana tras la inclusión de las bibliotecas de los jesuitas expulsados de los territorios bajo dominio de España, principalmente atendiendo a la importancia que las fuentes judías tuvieron sobre los estudios de los jesuitas, altamente influenciados por las corrientes hebraístas.

Existe una considerable probabilidad de que Juan de Palafox y Mendoza no se hubiere evocado al estudio de las fuentes judías, de hecho, ninguno de los resultados de la presente investigación sugiere que los libros a los que se ha hecho referencia le hubiere pertenecido a él. Conclúyase que se tratan de incorporaciones posteriores al acervo de la biblioteca.

3
MISCELÁNEA SOBRE HISTORIA Y FILOSOFÍA POLÍTICA DE LA MODERNIDAD

∼

DE LA PERSPECTIVA DEL SÚBDITO A LA EDUCACIÓN DEL PRÍNCIPE DEMOCRÁTICO PRESUPUESTOS PARA UNA PEDAGOGÍA POLÍTICA CONTEMPORÁNEA

Héctor Ghiretti[1]
Universidad Nacional de Cuyo–CONICET

¿Cómo se enseña la política?[2]

A pesar de que la política tiene una presencia en nuestras vidas que nadie se atrevería a negar o a ignorar, ha sido siempre –y ahora más que nunca– el reino de las relaciones intersubjetivas, de los entes de razón.

---

[1] Doctor en Filosofía por la Universidad de Navarra y Doctor en Historia por la Universidad Nacional de Cuyo, es investigador del Consejo Nacional de Investigaciones Científicas y Técnicas (CONICET). Es profesor en la Universidad Nacional de Cuyo y la Universidad Panamericana.

[2] Este texto tiene una historia muy particular, vinculada desde su origen con la Universidad Panamericana. En el año 2007 fui convocado por el Dr. José Antonio Lozano Diez, por entonces Director de la Escuela de Derecho, para integrar un grupo de trabajo que tenía por objeto el lanzamiento de una Maestría en Gobierno. La primera versión del texto fue fruto directo de ese trabajo de investigación, reflexión y planificación de la que hoy es la Maestría de Gobierno y Políticas Públicas, ahora inserta entre los programas que imparte la Escuela de Gobierno y Economía. Con esta pequeña pieza de reflexión política quisiera manifestar mi agradecimiento a una institución que me acogió generosamente, me permitió realizar aprendizajes fundamentales y a la que tengo el gusto de servir, dentro de mis posibilidades.

La parte constitutiva de la política, y por extensión del Estado, está en el plano de los vínculos entre personas, instituciones, colectivos y grupos sociales. Su materialidad física es limitada, sumaria. Y por eso es difícil tanto comprenderla como participar en ella.[3]

Esto no suponía un problema sustancial en contextos en los cuales el gobierno –la política– era un oficio limitado a unos pocos. El aprendizaje realizado a lo largo del *cursus honorum,* la convivencia familiar en entornos cortesanos y eventualmente la intervención de tutores y maestros servía para dar una preparación básica para asumir responsabilidades públicas. No es casual que las primeras reflexiones políticas propiamente dichas que han llegado hasta nosotros se ocupen centralmente de la formación de los gobernantes. Es el caso de Platón y Jenofonte, discípulos de Sócrates. Podría decirse que la primera pregunta filosófica sobre la política se dirigió precisamente al problema de la preparación para el gobierno. Esta cuestión dominaría la tradición del pensamiento político por muchos siglos.

Por el contrario, en un contexto político determinado por la soberanía popular, la educación política se convierte en un factor crítico. Como bien notara Aristóteles, las características del ciudadano dependen del tipo de régimen al que pertenece. El imperativo ideológico democrático es la superación de la articulación tradicional entre *gobernantes* y *gobernados*, entre sociedad y Estado, es decir, la identidad entre unos y otros conjuntos.[4] La democracia demanda una base universal de conocimientos y habilidades políticas, algo que supone un desafío de primer orden.

La respuesta habitual, lejos de ponerse por objetivo la educación general para el gobierno –dada la común condición de *gobernantes* de todos los ciudadanos–, ha sido una instrucción muy esquemática, centrada en nociones sobre la estructura e índole de las instituciones democráticas, sus principios básicos y también sobre los derechos civiles,

---

[3] "E ciò in ragione di un fatto: la politica è una dimensione remota sia perchè è distante dall'esperienza diretta della maggior parte dell persone sia perchè implica delle astrazioni (entità collettive come le nazioni e le classi, ideologie, ecc.)". FEDEL, G., "Cultura e simboli politici". En Angelo Panebianco (a cura di), *L'analisi della politica. Tradizioni di ricerca, modelle, teorie.* Bologna, Il Mulino, 1989, p. 386.

[4] ARBLASTER, A., *Democracia.* Madrid, Alianza, 1992, p. 93.

políticos y sociales de los ciudadanos: esencialmente, una educación para *gobernados*.

La promesa democrática de supresión de la relación mando-obediencia no se ha realizado, ni cabe esperar que se realice: tal promesa opera como ficción orientadora. Subsiste por lo tanto la articulación fundamental de la política. Esta articulación, que convive con la hegemonía ideológica incontestada de la legitimidad democrática y sus instituciones derivadas, queda huérfana de un desarrollo teórico que permitan una adecuada comprensión de la naturaleza y la complejidad específica de la función de gobierno y que pueda servir de vertebrador de un programa de formación para tal fin.

El imperativo ideológico democrático obtura una pedagogía específica antaño reservada a los príncipes. La formación de las élites dirigentes en los sistemas democráticos se da a través un conjunto de estrategias tácitas, ninguna de ellas formalizada propiamente como tal: el *cursus honorum* en alguna institución pública, el salto de instituciones privadas o de actividades propias de profesiones liberales a la carrera política, la militancia en organizaciones estudiantiles y últimamente el desarrollo de programas de posgrado en políticas públicas, usualmente diseñados según una clara inspiración tecnocrática. Prácticamente ninguna de estas estrategias indirectas evita que la totalidad de la curva de aprendizaje de los políticos se termine dando en la práctica del poder. Es inevitable el antiguo prejuicio de la democracia como "gobierno de aficionados".[5]

No resulta fácil preparar para el desafío intelectual, moral y técnico del gobierno en un contexto democrático. Nos preguntaremos en este texto si es posible definir un conjunto de presupuestos muy elementales para desarrollar una educación política, a la que entendemos específicamente como una *educación para el gobierno*. Si no se analizan las condiciones, habilidades y conocimientos que deben tener quienes gobiernan, es decir, si no se estudian los desafíos que implica asumir una responsabilidad directiva, difícilmente puede articularse un programa de preparación para el poder. Con ese objeto exploraremos 1) las formas principales de relación con la política; 2) la forma en la que los pensadores clásicos concebían la preparación de los ciudadanos para el gobierno en

---

[5] *Ídem*, p. 35.

un contexto democrático o republicano; 3) los obstáculos que presenta la concepción moderna de la política para una pedagogía del gobierno; 4) la configuración de una conciencia política a partir de dicha concepción; 5) el verdadero alcance del ideal democrático en el plano de la voluntad de los ciudadanos; como conclusión 6) los presupuestos elementales de una educación política en un contexto democrático.

Dominios de lo político

Como primera aproximación es preciso señalar que esta instancia educativa es –debe ser– formalmente *previa a y diversa de* la práctica propiamente dicha del gobierno. Es una fase preparatoria para el gobierno. Y por eso debe ser confiada a un perfil específico de dominio de la política: el que poseen los maestros.

Existen dos modos diversos de *dominar* la política, entendiendo por *dominio* la posesión de algo en sus causas. Sin perder de vista que toda acción humana es la resultante de la combinación entre *teoría, praxis* y *técnica* (si bien en diferentes proporciones) y que la política pertenece centralmente al ámbito de la *praxis* (es decir, de las acciones cuyo fin es intrínseco al agente) puede distinguirse el dominio predominantemente *teórico*, propio del *estudioso*, del dominio predominantemente *técnico* (es decir de las acciones cuyo fin es extrínseco al agente) propio del *político*.[6] Se domina a la política ejerciéndola o conociéndola. El dominio propiamente dicho, que supone operar correctamente sobre las causas

---

[6]   Hemos tomado la distinción de las líneas generales sobre las que, sin alcanzar una tematización explícita, se desarrolla el trabajo de INCIARTE, F., "Ética y política en la filosofía práctica". En *El reto del positivismo lógico*, pp. 188-216. Madrid, Rialp, 1974. En disidencia con Ortega, quien en el *Mirabeau* señala dos aspectos de la política, el *práctico* y el *teórico*, Pereira distingue tres aspectos de la política: uno *práctico*, otro *proyectivo* y el tercero, *teórico*. Disentimos con esta distinción triple, sobre todo porque la tensión proyectiva es común a la dimensión teórica y práctica. La razón puede encontrarse, sin ir más lejos, en la tesis V de su propio libro, que afirma que "la actividad política tiene siempre un carácter teleológico que hace imposible la neutralidad completa". PEREIRA MENAUT, A. C., *Doce teses sobre a Política*. Santiago de Compostela, Fontel, 1998, p. 29. Además, debiera revisarse el aspecto "práctico", al que aluden tanto Ortega como Pereira: siendo que la política es una *ciencia práctica*, el denominado aspecto *práctico* sería en realidad el aspecto *técnico*.

de la política corresponde al político. El dominio propio del estudioso es derivado, supone un conocimiento de tales causas.

Esta diversa aproximación a la esfera de lo político explica por qué razón la comprensión plena de lo político está frecuentemente reñida con la capacidad ejercer el poder político, la capacidad efectiva de gobierno, como explica Antonio-Carlos Pereira Menaut.[7] No es lo mismo comprender la política que ser político. José Ortega y Gasset apunta en el mismo sentido.

> Una política es clara cuando su definición no lo es. Hay que decidirse por una de estas tareas incompatibles: o se viene al mundo para hacer política o se viene para hacer definiciones. La definición es la idea clara, estricta, sin contradicciones; pero los actos que inspira son confusos, imposibles, contradictorios. La política, en cambio, es clara en lo que hace, en lo que logra, y es contradictoria cuando se la define[8].

---

[7] Coincidimos plenamente con el autor en que, en razón de dicha disparidad, es "difícil que alguien haya brillado en los tres aspectos al mismo tiempo". Por lo tanto, "lo más corriente es lo contrario, porque la excelencia del teórico puede dañar la capacidad práctica, mientras que, inversamente, la capacidad práctica no siempre va asociada al conocimiento teórico". Esto explica por qué motivo "los grandes teóricos sean políticamente inhábiles", y que los anglosajones, que son los pueblos que más acabadamente han comprendido la esencia de lo político en la actualidad, "sospechan de los intelectuales que intervienen en política, al revés que en algunos países continentales y latinoamericanos". Se advierte que los dos modos dominantes, en la contraposición del autor citado, son el teórico (el sabio) y el técnico (el político). *Ibidem*, pp. 33-34. En este sentido conviene aclarar que nos alejamos de la tesis platónica sobre el asunto que tiende a identificar el punto de vista del sabio con la del gobernante. "¿Y entonces? Quien es capaz, aunque él mismo sea un particular, de dar su consejo a quien reina sobre una región, ¿acaso no diremos que tiene la ciencia que tiene el propio gobernante?" PLATÓN, "El Político". En *Diálogos V*. Madrid, Gredos, 2008, 259a, p. 503. La misma posición parece sostener Leo Strauss. "From this it follows that the classical philosophers see the political things with a freshness and directness which have never been equalled. They look at political things in the perspective of the enlightened citizen or statesman. They see things clearly which enlightened citizens or statesmen do not see clearly, or do not see at all. But this has no other reason but the fact that they look further afield in the same direction as the enlightened citizens or statesmen". STRAUSS, L., *What Is Political Philosophy? And Other Studies*. Chicago, Chicago University Press, 1988, pp. 27-28.

[8] ORTEGA Y GASSET, J., *Tríptico. Mirabeau o el político. Kant. Goethe desde adentro*, 9.ed. Madrid, Espasa–Calpe, 1972, pp. 55-56.

Hecha esta aclaración inicial cabe señalar cuál es la función o la utilidad social del estudioso de la política. Es quien, a partir de su comprensión de la política, de la intelección de sus principios fundamentales, puede explicarla, hacer docencia de ella. Puede enseñar esos principios, preparar a los futuros gobernantes para las responsabilidades del gobierno, de modo que no toda su curva de aprendizaje se dé en la práctica, y pueda afrontar su ingreso en la política pertrechado con un núcleo básico de conocimientos y habilidades previos.

Sin embargo, no todos los hombres poseen algún tipo de dominio sobre lo político, aun cuando todos estén insertos por naturaleza en un orden político.[9] Ni todos son gobernantes, ni todos son estudiosos. Existe un tercer tipo de relación con la política: la que es propia del *súbdito*, o para decirlo con un término más políticamente correcto, del simple ciudadano gobernado, o del ciudadano con responsabilidades políticas mínimas. Si el modo de relación del sabio y del gobernante con la política es de *dominio,* ya que cada uno a su modo, la define y la formaliza, la relación del súbdito con la política es de subordinación. Aquí se empleará en el texto el término súbdito (de latín *subditus.* etimológicamente "lo que está puesto debajo"), de raíz monárquica y regusto de *Ancien Régime,* con el objeto deliberado de subrayar la posición de la mayoría de los ciudadanos en los regímenes democráticos.

El súbdito es definido como tal por un orden político dominado por otros. Es formalizado en dicho orden, forma parte de él. Naturalmente, esta distinción no es excluyente ni absoluta: ni el dominio del gobernante sobre la política es total (en ningún régimen político conocido) y mucho menos lo es el del estudioso (que no puede superar un conocimiento parcial y precario), mientras que por el lado del súbdito, su condición de miembro de una comunidad le reserva una proporción de poder con el que puede condicionar (o influir en) el orden político al que está sujeto.

Siendo entonces parte del orden político ¿qué tipo de conocimientos o habilidades se le asignan? Veamos cómo se ha resuelto más frecuentemente este problema en el plano de la práctica, al punto de haber tenido una formalización teórica sumaria pero eficaz. Si se observa la configura-

---

9   Usaremos aquí los términos *la política* y *lo político* de forma indistinta, sin los matices que advierten algunos autores entre uno y otro.

ción más usual del gobierno en el plano de la teoría política y la historia, se advierte cierta regularidad más allá de las variaciones en el tiempo y los énfasis en uno u otro elemento. A saber: un gobierno ejecutivo unipersonal, el asesoramiento y consejo de los más sabios y el asentimiento del común de los súbditos. Según esta concepción el gobernante es sensible y gobierna de acuerdo con el consejo de los más sabios; los sabios, en razón de que comprenden la naturaleza del orden político y del bien común, aconsejan al gobernante y obedecen sus órdenes; y los súbditos obedecen a las acciones dispuestas por el gobernante con el consejo de los sabios. La relación entre el súbdito y la política es de orden *teórico* –asentimiento o reprobación– y *práctico* –obediencia o rebelión–.

Las indicaciones sobre los gobernados no pueden ser más sumarias. Pero se advierte que la mayoría de los textos propiamente políticos se dirigen o a los gobernantes o a los sabios, dejando a los súbditos privados de todo dominio sobre lo político, siquiera proporcional a su condición.[10] La vinculación del súbdito con la política es *tácita*, en un sentido literal, es decir, *silente*: esto no es casual ni caprichoso, puesto que por definición el súbdito no tiene ningún tipo de dominio sustancial sobre la comunidad política a la que pertenece. Constituye la *materia* formalizada en comunidad política.

Pero esta solución pierde terreno y validez en un contexto en el que gobernantes, sabios y súbditos no se hallan separados en una sociedad estamental o de castas, es decir en una sociedad con iguales derechos

---

[10] Esto ha sido recientemente confirmado incluso para textos aristotélicos, los cuales, a pesar de haber sido sistemáticamente malinterpretados e ignorados por el pensamiento moderno, siguen siendo el paradigma de la ciencia política. "Y como la ley es dada por el legislador, la educación moral de éste ha de ser la primera preocupación pedagógica de la comunidad. Por eso la Ética *Nicomaquea* es un tratado escrito para ellos, y no es totalmente esotérico ni totalmente exotérico. Conviene recordar esto porque podría dar la impresión de que el esquema moral propuesto en esa obra es poco 'realista', olvidando que su destinatario no es el pueblo, al que Aristóteles considera incapaz de acceder inmediatamente a la perfección del carácter, sino el que está llamado a regirlo. La estructura misma de la Ética *Nicomaquea* y no pocos pasajes aparentemente inconexos, quedan suficientemente claros si conservamos la hipótesis de que su destinatario no es el pueblo (*demos*), sino aquellos llamados a darle a éste su forma o identidad como comunidad política, esto es, los legisladores (*nomothétes*)." MARTÍNEZ BARRERA, J., "La libertad en la filosofía política de Aristóteles", *Humanitas* 7.29 (2003): 111.

civiles y políticos. Busquemos una respuesta más cercana a lo que sería una sociedad democrática. Aristóteles afirma que la condición y las características del ciudadano dependen del régimen o constitución política de la ciudad. Sostiene que los ciudadanos son en general aquellos que toman parte en el gobierno y la administración de justicia en la ciudad.[11]

Para caracterizarlos de forma más precisa, toma como referencia los ciudadanos de una *polis* democrática. En ese sentido, no son ciudadanos aquellos que *efectivamente* toman parte del gobierno y de la justicia, sino aquellos que *tienen derecho* a hacerlo. Según la concepción aristotélica, lo ideal es que los ciudadanos ocupen de las magistraturas por períodos regulares y por turnos, mientras que su derecho a participar en la asamblea (órgano superior de gobierno) es irrenunciable pero su participación efectiva es facultativa. Derivado de esta concepción es que "la virtud de un ciudadano digno parece consistir en ser capaz tanto de mandar como de obedecer bien".[12] Mientras que por un lado se muestra escéptico respecto una educación diferenciada para gobernantes y gobernados, explica que en contraposición con el imperio despótico propio del amo sobre el esclavo:

> [...] hay un cierto mando en virtud del cual se manda a los de la misma clase y a los libres, y ése decimos que es el imperio político, que el gobernante debe aprender siendo gobernado, como se aprende a ser general de caballería sirviendo a las órdenes de otro, y general de infantería sirviendo bajo el mando de otro y siendo jefe de regimiento y compañía. Por eso se dice con razón que no puede mandar bien quien no ha obedecido. La virtud de estos es distinta, pero el buen ciudadano tiene que saber y poder tanto obedecer como mandar, y la virtud del ciudadano consiste precisamente en conocer el gobierno de los libres desde ambos puntos de vista[13].

---

[11]   ARISTÓTELES, *Política,* Edición bilingüe y traducción de Julián Marías y María Araujo. Madrid, Centro de Estudios Políticos y Constitucionales, 1989, 1275a, pp. 68-70.
[12]   *Ibidem*, 1277a, p. 74.
[13]   *Ibidem*, 1277b, p. 75.

Aristóteles confía el aprendizaje de los ciudadanos en el mando al ejercicio propio de sus funciones y responsabilidades, en una forma progresiva: primero se aprende a obedecer, después a mandar. Tal aprendizaje era quizá concebible en los tiempos de una democracia directa, *no representativa*, en comunidades pequeñas en las que el poder era una esfera próxima a todos los ciudadanos, los asuntos de la ciudad eran familiares y se estaba muy lejos de la complejidad y la escala de los Estados modernos.

Cabe no obstante preguntarse por la verdadera eficacia de este esquema de preparación para el gobierno, porque en definitiva Aristóteles confía sin más en la propia organización política para formar a sus gobernantes, es decir, en el imperio de la ley. Explica que "la ley educa expresamente a los gobernantes y prescribe que estos juzguen y administren con el criterio más justo lo que cae fuera de su alcance".[14] La afirmación reintroduce la distinción entre gobernantes y gobernados. Desde la perspectiva que nos ocupa, las tesis aristotélicas son ciertamente problemáticas.

> Ahora bien, el ciudadano medio, como la experiencia enseña, no aspira tanto a una elevada moralidad como a una subsistencia segura y a una convivencia ordenada. Y para lograr un fin relativamente tan modesto, le basta con una actitud estrictamente legal. La función positivamente moral que Aristóteles atribuye a lo que hoy llamamos el Estado no impide que la mayoría de los ciudadanos se dejen convencer más por el castigo que por buenas razones o por amor al bien… Mientras que el sujeto principal de la Política de Aristóteles como ciencia y como técnica es el hombre moralmente inmaduro, el punto de referencia de su Ética son las personas que se dejan convencer más por razones y discursos (por 'logoi', por argumentos) que por el poder político, judicial o policíaco o, simplemente, por el temor a sanciones judiciales[15].

El pasaje sirve para ilustrar la verdadera capacidad pedagógica de la ley: se trata de una pedagogía del castigo o la coacción, es decir, inferior a la argumentativa, que propone Aristóteles en la *Ética*. Esta pedagogía

---

[14]   *Ibidem*, 1287a, 104.
[15]   INCIARTE, *op. cit.*, pp. 199 y 203.

mínima no puede servir para una educación del gobernante. La ley impone una pedagogía demasiado rústica a quien sólo está sometido a ella, tal como aparece formulada en *Ayax*, de Sófocles.

> Sin embargo, es propio del hombre miserable, siendo hombre de pueblo, en nada tener por justo escuchar a los que están encima. Nunca en una ciudad las leyes marcharían convenientemente allí donde no esté instaurado el temor, ni un ejército obedecería jamás con sensatez si no tuviera la defensa del miedo y la vergüenza. De igual manera un hombre es preciso que tenga presente que, aunque haya alcanzado un cuerpo de gigante, puede caer incluso en el caso de una desgracia insignificante. El que posee temor y vergüenza a la vez, sábete que ése tiene salvación. Pero donde es propio el ser insolente y hacer lo que apetece, ten presente que esa ciudad, aunque avance con viento propicio, con el tiempo cae al fondo[16].

Para quien la tiene que concebir la ley o hacerla cumplir, y de algún modo o en algún sentido está por encima de ella, hace falta una educación superior.

Las analogías políticas de la teoría social aristotélica

En contextos formalmente similares al del ciudadano presentado por Aristóteles, pero materialmente disímiles como son nuestras democracias contemporáneas, con gobiernos de tipo representativo, grandes Estados nacionales, una complejidad siempre creciente, élites políticas profesionalizadas y un distanciamiento notorio entre la esfera del poder y la vida cotidiana de los ciudadanos ¿será eficaz el modelo de aprendizaje-acción ciudadana que proponía Aristóteles? ¿Puede decirse que el imperio de las democracias contemporáneas es propiamente un *imperio político*, es decir, ejercido sobre iguales? ¿Y si no fuese así, qué tipo de imperio consistiría?

La respuesta, siguiendo una perspectiva aristotélica, es ciertamente inquietante. Para encontrarla hay que recurrir a sus textos en los que

---

[16] SÓFOCLES, *Ayax – Las Traquinias – Antígona – Edipo Rey,* Ed. de José Ma. Lucas de Dios. Madrid, Editora Nacional, 1977, 1060-1090, p. 95.

explica la índole y las características de la relación entre amo y esclavo. Para eso seguiremos las orientaciones de Antonio Millán Puelles respecto de la discreta vigencia del régimen esclavista.

> En efecto, lo que de un modo más radical definía al esclavo era, en definitiva, su incapacitación legal para ocuparse, con facultad de hacer propuestas propias, en los asuntos públicos o de interés general. Porque es lo cierto, aunque talvez resulte sorprendente, que en el Imperio Romano, y no sólo en él, hubo algunos esclavos que llegaron a conseguir una envidiable situación privada, y ello hasta el punto de poder, a su vez, tener esclavos; a pesar de lo cual no se les concedía el derecho a intervenir, con propia y personal iniciativa, en la *res publica*.

> Así las cosas, y frente al esclavo, era formalmente un hombre libre, en la plena acepción de la palabra, quien tenía ante la ley la facultad de ocuparse del interés general, formulando, precisamente para él, una opción responsable. En consecuencia, y aunque su libertad implicaba también otros derechos de los que, en cambio, carecían los esclavos, lo más esencial de ella se cifraba realmente en la capacidad de intervenir en los problemas y los asuntos propios del bien común.

> Tras haber desaparecido –como institución– la esclavitud, cabe, sin embargo, preguntarse: ¿No siguen siendo, de hecho, y radicalmente hablando, unos esclavos todos los hombres que en la práctica se comportan como si no fuera cosa de ellos el interés general?[17].

El perfil político y social del esclavo antiguo difiere en lo esencial del súbdito –del ciudadano súbdito de la sociedad democrática– pero eso no impide que puedan establecerse analogías entre uno y otro. A pesar de que presenta la relación amo-esclavo como estrictamente doméstica, es decir reducida al ámbito de las relaciones económico-familiares que se desarrollan en el plano de la satisfacción de las necesidades más inmediatas, Aristóteles revela una proyección política de este vínculo. Dice que, a diferencia de los griegos, los bárbaros son esclavos por

---

[17]   MILLÁN PUELLES, A., *Universidad y sociedad*. Madrid, Rialp, 1976, p. 33.

naturaleza: "en efecto, es forzoso reconocer que unos son esclavos en todas partes y otros no lo son en ninguna".[18] Por su condición servil, entre los pueblos bárbaros son comunes las monarquías legales y hereditarias próximas al régimen tiránico.[19] El imperio propio de la tiranía es el ya mencionado imperio despótico, aquél que no tiene en cuenta la libertad del subordinado. Si se prolongaran algunas líneas de razonamiento aristotélico de la relación de dominio *despótico* amo-esclavo a la relación de dominio *político* entre gobernante y súbdito, podrían advertirse elementos que alumbrarían las razones por las cuales es tan difícil la comprensión de lo político para el común de la gente. Dice Aristóteles que el esclavo lo es principalmente por naturaleza, porque *puede ser de otro*, porque necesita que *alguien sea por él*.

Si se lo mira desde la perspectiva de las operaciones humanas, en el caso del político lo que prima es el *arte*, la *técnica*. En el caso de los sabios prima la *teoría*, el *conocimiento*. En el caso de los súbditos, no prima ni la técnica (puesto que no la ejercen ni la dominan) ni la teoría (puesto que no poseen suficiente conocimiento sobre ello). A los tres grupos es común la dimensión específicamente *práctica* del vínculo y la acción política. A cada grupo le es necesario vivir la virtud según su modo particular. Según Aristóteles, "es naturalmente esclavo el que es capaz de ser de otro, y participa en la razón en medida suficiente como para reconocerla, pero sin poseerla".[20] A la vez, si la virtud del niño, en tanto que imperfecto, "no es exclusivamente suya y referente a él, sino relativa a su perfección y a su maestro, de modo análogo, la virtud del esclavo es relativa al dueño".[21] Particular mención merece la prudencia, virtud política por antonomasia. La prudencia del gobernado en buena medida estará determinada por su adhesión y obediencia a la decisión del gobernante. Consiste en acatar la prudencia del soberano.

Pero entonces ¿a partir de qué criterios decide el ciudadano su actitud respecto del gobernante? Recuérdese que es esencial el *asentimiento*, es decir, la adhesión voluntaria a las decisiones y acciones del gobernante. No se trata

---

[18] ARISTÓTELES, *op. cit.*, 1255a, 10.
[19] *Ídem*, 1285a, p. 89.
[20] *Ídem*, 1254b, p. 9.
[21] *Ídem*, 1260a, p. 24.

de una pura coacción u obediencia ciega, propia del imperio despótico. Pero el súbdito no domina la técnica del político (no accede a la dificultad de la acción política), y tampoco tiene la ciencia del sabio (no comprende la complejidad de la realidad política). El único elemento de juicio de que dispone es la dimensión ética de la acción o las acciones políticas decididas por unos y aconsejadas por otros: *si lo están haciendo bien o no*.

Dicho elemento práctico de juicio sólo es eficaz si se posee una conciencia moral bien formada y una capacidad de distinguir el bien común del bien particular. En caso contrario, un perjuicio de su propio bien particular podría ser (mal) interpretado por el súbdito como un ataque o atentado al bien común. Esto es particularmente importante en el caso de los regímenes democráticos, donde la autoridad y la potestad no están consagradas por una estructura social estamental o instancias sobrenaturales y por lo tanto se ven sometidas en todo momento (o al menos, periódicamente, a ritmo de elecciones) a evaluación y cuestionamiento.

Entre gobernante y gobernado hay una diferencia cualitativa. Uno gobierna, el otro obedece. Hay *imperio*. Pero la distinción entre imperio político e imperio despótico no debe ocultarnos que en realidad se refiere a la *diferencia específica*. El *género* –imperio, dominio, gobierno: *arjéin*– es el mismo. Esta relación de dominio puede explicarse –con las distancias del caso– del modo en que Aristóteles caracteriza al esclavo: el gobernado también necesita que *alguien sea por él*. El gobernado tiene respecto del gobernante una condición política *inferior*, subordinada. El carácter de libres y iguales que distingue a los ciudadanos de aquellos que no lo son, no evita ni suprime las relaciones jerárquicas entre gobernante y gobernado, entre príncipe y súbdito.

El gobernado posee un poder político disminuido, proporcionalmente menor al del gobernante. Además, no comprende bien la política: su relación con ella no es próxima ni cercana: es remota. Sólo le queda *asentir* y *obedecer* y eventualmente *rechazar y desobedecer*: "En el gobernado no es virtud la prudencia, sino la opinión verdadera, pues el gobernado es como el que fabrica la flauta y el gobernante como el flautista que la usa".[22] La obediencia, hábito propio del súbdito, exige una actitud inicialmente receptiva (*ob-audire*), directamente relacionada etimológicamente con el

---

[22] *Ídem*, 1277b, 75-76.

acto de escuchar. Debe aclararse, de todos modos, que la relación *mando-obediencia* no es unilateral: tanto los sabios como el príncipe tienen también deberes de obediencia. El sabio debe obedecer al príncipe. El príncipe debe oír el consejo del sabio y decidir en consecuencia.[23] Estas precisiones, evidentemente, no parecen muy aceptables en un contexto de fina sensibilidad democrática. Pero el problema es muy anterior a la emergencia de la democracia de masas.

El pensamiento político moderno como emergencia de la perspectiva del súbdito

Lo cierto es que esa incomprensión está lejos de ser excluyente de los ciudadanos de a pie o los súbditos, sino que ha pasado a ser la perspectiva dominante del pensamiento político moderno. Aquí sólo podemos enunciarlo, porque su desarrollo completo llevaría, como puede suponerse, mucho más tiempo y espacio. *La evolución del pensamiento político moderno, en particular desde su formulación liberal, asume la perspectiva del súbdito como esquema explicativo del orden político.*

La tradición clásica de la filosofía política se agrupa en dos perspectivas principales, que tienen dispar acogida en los autores modernos. Una es la perspectiva *principista* o *antropológica*, de la cual el principal exponente es Platón, y cuyo interés principal se centra en las condiciones y la educación del gobernante. Esta perspectiva dominó la reflexión política prácticamente sin interrupción, hasta los albores de la Era Moderna y tiene a Maquiavelo como último gran exponente. La otra, que podría calificarse de *sistémica* o *analítica*, es la que inaugura Aristóteles y se interesa principalmente por la organización de la comunidad política, la articulación del poder, las instituciones de gobierno, las condiciones de ciudadanía. Esta tradición apenas fue cultivada en la Antigüedad, pero fue redescubierta con renovado y excluyente interés a partir de la Baja Edad Media, y es la que predomina a partir de la Modernidad.

---

[23] Se advierte aquí que el hábito de obediencia es condición de posibilidad del hábito de mando o gobierno. La obediencia, a su vez, es formalizada y significada por el mando. El mando contiene la obediencia y la supera.

Si bien existen mutuas interacciones y continuidad entre ambas perspectivas (Platón se interesa por las formas de organización política en *Las Leyes*, mientras que Aristóteles precede su *Política* con un largo tratado moral conocido como *Ética a Nicómaco*), la preferencia por una u otra supone un distanciamiento mayor o menor de la perspectiva propia del gobernante. Tal alternativa supone una decisión epistemológica y política a la vez. En ambas la politicidad del hombre es algo *dado*, es un mandato de su propia naturaleza. En la concepción griega clásica de la política, la voluntad humana comparece en las formas en las que el orden político se concibe, *no* en la constitución del vínculo político. La artificialidad propia del orden político, que es tan clara en el pensamiento griego, reside en la forma que adopta.

Por el contrario, la preocupación principal del pensamiento moderno es la de los fundamentos del orden político, derivada de un interés por reconstruir la reflexión desde bases enteramente nuevas, tal como Manfred Riedel ha señalado en el caso de Thomas Hobbes.[24] La atención de los textos políticos modernos se desplaza de los modos de organización posibles (teorías de las constituciones) y del arte del gobierno (educación del príncipe) a los fundamentos de la organización social, al modo o las formas en las cuales el *individuo* constituye una relación social, se integra en sociedad. Sólo después el pensamiento moderno deriva en desarrollos propios de la organización política.

Esto supone un sustancial cambio de perspectiva. Los presupuestos de dicha integración social sólo pueden tener un sentido *ascendente*, a partir de una decisión fundante de los individuos como punto de partida, que reemplaza a las concepciones de integración *descendentes*: tanto las que afirman una voluntad divina como las que afirman la primacía del liderazgo o las sostienen la politicidad natural del hombre, independientemente de su voluntad de formar o no sociedad. El pensamiento moderno intenta explicar el orden político poniéndose en la posición del súbdito, lo que supone un concepto diferente del poder, como lo ha notado agudamente Bernard-Henri Lévy al referirse a las

---

[24] RIEDEL, M., *Metafísica y metapolítica. Estudios sobre Aristóteles y el lenguaje político de la filosofía moderna*, tomo 1. Buenos Aires, Alfa, 1976, p. 20.

metáforas que se han empleado para presentarlo.[25] Esto es evidente en las teorías del contrato social. Se intenta comprender el orden político *desde la perspectiva del súbdito*, es decir, desde lo que antes hemos definido como el punto de vista más reducido o precario de lo político.

Esta perspectiva *gnoseológica* tiene una consecuencia *práctica* necesaria: si el orden político se estructura desde la perspectiva del ciudadano desprovisto de gobierno sobre otros, se invierte la relación príncipe-súbdito. En esta perspectiva, el príncipe aparece como mera expresión o instrumento de la voluntad de los súbditos, sometido a sus designios y sus orientaciones. El súbdito emerge así como el verdadero poseedor del poder. Pero la disonancia cognitiva es asimismo inevitable: los titulares originarios del poder se encuentran desprovistos de poder. La teoría democrática moderna insiste en que el poder político reside por igual en todos los ciudadanos. Pero la realidad política, aún en sus conformaciones más igualitarias, impone sin excepciones su articulación constitutiva entre gobernantes y gobernados, príncipes y súbditos. Esta diferenciación conspira directamente contra el principio igualitario o de la voluntad general: sólo hace política, *tiene poder político*, quien tiene capacidades suficientes para ganarlo, ejercerlo y conservarlo.[26]

---

[25] El autor citado caracteriza magistralmente los modos de comprender el poder en el pensamiento moderno y particularmente, desde la perspectiva de izquierda. Las metáforas del poder como enfermedad o patología no son causales. "Siempre se ha definido el Poder como un principio que mana de una fuente para correr hacia sus afluentes: es preciso definirlo, al contrario, como un efecto que viene de abajo, que regresa de la periferia, que asciende a partir del fango del mundo. Siempre se ha descrito según el modelo del contagio, como una enfermedad extraña que se abatiría sobre un cuerpo sano para infundir en él terror y mancillar su inocencia: hay que invertir la metáfora, describirlo como un reflujo, un hedor de cuerpo enfermo, mancillado desde su origen y espontáneamente aterrorizado. Siempre se ha dicho que los dominados *interiorizaban* la violencia, que *se identificaban* con el Príncipe e *ingerían* sus decretos: ¿por qué no imaginar, al contrario, una *hemorragia*, una *expulsión* del Príncipe, una *exteriorización* de la Ley?" LÉVY, B. H., *La barbarie con rostro humano*. Caracas, Monte Ávila, 1978, p. 24.

[26] Es muy ilustrativo un pasaje de la conocida novela de Kazuo Ishiguro, que vale la pena transcribir en su integridad. El autor ilustra críticamente los esquemas elitistas de pensamiento que subsistían en la aristocracia británica de los años treinta. Sin embargo, el texto revela inadvertidamente la estructura propia del orden político y la impotencia práctica del igualitarismo democrático moderno: "As I recall, I was rung for late one night – it was past midnight – to the drawing room where his lordship had been entertaining three gentlemen since dinner. I had, naturally, been called to the drawing room several times already that night to replenish refreshments, and had

Conforme el pensamiento moderno alcanza su formulación liberal, y desde ese punto prosigue su evolución hacia los horizontes ideológicos de la democracia y el socialismo, desarrolla una desconfianza invencible hacia la realidad del poder, hacia el poder ejercido, efectivo, incontrastable.[27]

---

observed on these occasions the gentlemen deep in conversation over weighty issues. When I entered the drawing room on this last occasion, however, all the gentlemen stopped talking and looked at me. Then his lordship said: 'Step this way a moment, will you, Stevens? Mr Spencer here wishes a word with you.' The gentleman in question went on gazing at me for a moment, without changing the somewhat languid posture he had adopted in his armchair. Then he said: 'My good man, I have a question for you. We need your help on a certain matter we've been debating. Tell me, do you suppose the debt situation regarding America is a significant factor in the present low levels of trade? Or do you suppose this is a red herring and that the abandonment of the gold standard is at the root of the matter? 'I was naturally a little surprised by this, but then quickly saw the situation for what it was; that is to say, it was clearly expected that I be baffled by the question. Indeed, in the moment or so that it took for me to perceive this and compose a suitable response, I may even have given the outward impression of struggling with the question, for I saw the gentlemen in the room exchange mirthful smiles. 'I'm very sorry sir', I said, 'but I am unable to be of assistance on this matter.' I was by this point well on top of the situation, but the gentlemen went on laughing covertly. Then Mr Spencer said: 'Then perhaps you will help us on another matter. Would you say that the currency problem in Europe would be made better or worse if there were to be an arms agreement between the French and the Bolsheviks?' 'I'm very sorry, sir, but I am unable to be of assistance on this matter.' 'Oh, dear,' said Mr Spencer. 'So you can't help us here either.' There was more suppressed laughter before his lordship said: 'Very well, Stevens. That will be all.' 'Please, Darlington, I have one more question to put to our good man here,' Mr Spencer said. 'I very much wanted his help on the question presently vexing many of us, and which we all realize is crucial to how we should shape our foreign policy. My good fellow, please, come to our assistance. What was M Laval really intending, by his recent speech on the situation in North Africa? Are you also of the view that it was simply a ruse to scupper the nationalist fringe of his own domestic party?' 'I'm sorry, sir, but I am unable to assist in this matter.' 'You see gentlemen,' Mr Spencer said, turning to the others, 'our man is unable to assist us in these matters.' This brought fresh laughter, now barely suppressed. 'And yet,' Mr Spencer went on, 'we still persist with the notion that this nation's decisions be left in the hands of our good man here and to the few millions others like him. Is it any wonder, saddled as we are with our present parliamentary system, that we are unable to find any solution to our many difficulties? Why, you may as well ask a committee of the mothers' union to organize a war campaign." There was open, hearty laughter at this remark, during which his lordship muttered: 'Thank you, Stevens,' thus enabling me to take my leave." ISHIGURO, K., *The Remains of the Day*. Londres, Faber and Faber, 1996, pp. 204-206.

[27] "Durante los siglos XVII y XVIII, el arte de gobierno se equiparaba a los *arcana imperii*, esto es, como un conjunto de conocimientos reservados a unos cuantos expertos que los guardaban en un lenguaje oscuro contenido en fórmulas y aforismos. Ya desde fines del

Esas ideologías son concebidas casi en su totalidad en oposición al poder, pertenecen a un horizonte definido conceptualmente por el liberalismo, son desarrollos evolutivos o reacciones de radicalización, pero no logran trascender sus límites. Toda concentración personal, grupal o institucional de poder es en ese contexto un poder confiscado, arrebatado. En tanto el príncipe o gobernante no es instrumento de la voluntad de los súbditos, en la medida en que inevitablemente muestra opacidad en sus decisiones, o lo que es lo mismo, se muestra rebelde o indócil a la racionalidad con la que se espera que actúe, se convierte en un gobernante arbitrario o despótico.

Exceptuadas las arengas, las alocuciones proselitistas o los reclamos electorales, el discurso político tiene la particularidad de referirse como interlocutor a quien desea comprender la política o desenvolverse en ella de modo activo. En el caso del discurso político moderno, *el interlocutor no cambia* (sigue siendo el estudioso y el político), pero lo que se modifica es la perspectiva. Se intenta comprender la política o dar consejo sobre la acción política, pero, como se ha visto, desde una perspectiva de racionalidad limitada o mutilada.[28] Las razones de esta reconceptualización no son difíciles de ver. Históricamente, el moderno es un pensamiento que se construye desde un sector social que advierte su propio poder real, pero que no se ve reflejado en las instituciones de gobierno de la época. En su origen, la burguesía está formalmente aislada del poder político: esto se ve de modo explícito en la obra del Abate Sieyés. Los pensadores políticos de la modernidad, después conocidos

---

siglo XVII estos secretos tuvieron mala reputación: las 'cámaras ocultas del Estado', como se denominó a esas cábalas de cortesanos, se convirtieron en blanco de los ataques de la literatura política barroca, que en muchas ocasiones las reprobó por considerarlas nidos de urdimbres maquiavélicas a las que se asignaba con el nombre de Razón de Estado. El siglo XIX, bajo la impronta de la revolución francesa y del pensamiento ilustrado del siglo XVIII, tanto en Europa como en América significó, en el ámbito de las ideas políticas, una ruptura de los sellos reales bajo los cuales se guardaban los secretos de Estado. Las revoluciones populares se transformaron así en un símbolo de una decodificación del lenguaje arcano lleva a cabo por los representantes del pueblo mediante el uso de la palabra, pública por naturaleza, que descubre aquello que quisiera permanecer oculto." CÁRDENAS GUTIÉRREZ, S., "La construcción del imaginario social de la "República representativa" en la folletería mexicana, 1856-1861", *Historia Mexicana* 48.3 (1999): 523.

[28] Con respecto a las ficciones del estado de naturaleza y el contrato social, Lévy señala que "nada se comprende de lo Político mientras se persista en pensar en dichos términos". LÉVY, *op. cit.*, p. 65.

como *intelectuales*, provienen principalmente de la burguesía, la baja nobleza y el bajo clero, un sector social originariamente desprovisto de responsabilidades políticas.

Estas teorías son constructivistas, están fundadas en presupuestos teóricos indemostrados. Para ellas la legitimidad de un orden político reside en su origen, no en su desempeño, como es en el caso del pensamiento clásico. Según estas teorías los regímenes políticos deben constituirse de acuerdo con principios que no responden a su propia evolución institucional ni a sus tradiciones. Las teorías del contrato social tienen una evidente proyección prescriptiva, al punto que constituyen la legitimación ideal de todo proyecto revolucionario.

Las teorías del contrato social suponen el carácter íntegramente artificial, no natural de la comunidad política. Se trata de un constructo montado por un grupo de personas *en oposición* al estado de naturaleza. Al ser artificio, se puede disponer discrecionalmente de todas las instituciones políticas derivadas de dicho contrato primigenio. Esto induce a pensar que la ciudadanía, en cuanto parte contratante, tiene pleno dominio sobre las mismas. No solamente porque las ha originado ella misma, sino también porque supone conocerlas plenamente (cumpliéndose así aquella sentencia de Giambattista Vico, que dice que el hombre conoce mejor aquellas cosas que ha hecho él mismo) y por ello posee la capacidad para modificarlas a voluntad.

A partir de estos presupuestos ideológicos, el pensamiento político moderno genera su propio imaginario cultural, hoy extendido por las sociedades occidentales. La "perspectiva del súbdito" impera como un complejo teórico interpretativo imbatido e indiscutido. Pero el horizonte conceptual-valorativo político del súbdito constituye una perspectiva reducida, ajena a la índole del orden político, a las formas y la dinámica de la acción política, a sus demandas técnicas y sus limitaciones intrínsecas. En definitiva, a las complejidades de la política.

Una relectura de Leo Strauss y Hannah Arendt desde la perspectiva del súbdito

La idea del pensamiento político moderno como el despliegue de la perspectiva del súbdito puede vislumbrarse en dos pensadores políticos de primer orden del pasado siglo: Leo Strauss y Hannah Arendt.

Strauss sostiene que las soluciones modernas al pensamiento político consisten en un continuo ajuste a realidad, una búsqueda constante y progresiva de un mayor *realismo político*. De ese modo, si la causa y el fin propios de la filosofía política clásica había sido la *vida virtuosa*, para Maquiavelo ese se convierte en un fin inasequible, imposible de alcanzar, y lo sustituye por la *gloria*, objeto que todavía lo mantiene en la perspectiva del príncipe. Este descenso en las exigencias de la vida política se profundiza con Thomas Hobbes, que sustituye la gloria, un ideal que conserva rastros antiguos y aristocráticos, por algo más práctico, sobrio y negociable (*businesslike*): el *poder*. Es el poder, al que podríamos combinar, completando a Strauss, con el muy plebeyo temor a perder la vida, lo que se convierte en el pivote de la teoría política de Hobbes.

Pero aún este poder resulta demasiado ambicioso, demasiado pretencioso para ser aceptable como fundamento del orden político. Es John Locke quien ajusta más aún esos fundamentos a las necesidades primarias del hombre: la autopreservación, que depende más del alimento que de la capacidad defensa. Y el alimento depende de la *propiedad* y la adquisición. Esa perspectiva, de sustitución radical de la antigua virtud republicana por la economía y las finanzas se pone definitivamente de manifiesto en Montesquieu.

Para Strauss, los intentos de reacción contra este progresivo ajuste de la filosofía política a un *realismo* configurado por la mentalidad burguesa (Rousseau, Marx, Nietzsche) no hacen más que profundizar el proceso de extravío de la realidad política, al ser incapaces de trascender y cuestionar los fundamentos del pensamiento político moderno. En cualquier caso, resulta notoria en el autor de qué manera la perspectiva principista va sustituyéndose por un punto de vista cada vez más acorde al tipo social dominante, algo que finalmente terminará imponiéndose como concepción del Estado y del orden político.[29]

Apelando a otros fenómenos históricos y a procesos paralelos, Hannah Arendt señala que en la sustitución de lo político por lo social, que empieza a operarse con el Cristianismo y toma una forma cada vez más definida a finales de la Edad Media, reside la clave del desarrollo del pensamiento político moderno. Arendt explica que el término *societas* es de origen romano y nace con un sentido político, al definir una agre-

---

[29] STRAUSS, *op. cit.*, pp. 42-55.

miación popular con un objetivo puntual o particular. *Lo social*, en las transformaciones decisivas de la conciencia política europea durante los últimos siglos medievales, habría implicado el ascenso de lo doméstico o familiar en el sentido antiguo a la esfera de lo público, desplazando la jerarquía de lo político y consecuentemente, subordinándolo.

Lo que en la Antigüedad estaba claramente diferenciado y por tanto, articulado –lo *privado-doméstico-familiar* como ámbito de la necesidad y la desigualdad, y lo *público-político* como ámbito de la libertad y la igualdad– empieza a dar lugar a una zona intermedia, que deviene pública pero no es política, y que consagra y jerarquiza el interés privado, convirtiendo lo político en funcional a sus intereses y haciendo retroceder lo privado a lo estrictamente *íntimo*.[30] Arendt rectifica los remotos orígenes de la subordinación de lo político:

> [...] que la política no es más que una función de la sociedad, que acción, discurso y pensamiento son fundamentalmente superestructuras relativas al interés social, no es un descubrimiento de Karl Marx, sino que, por el contrario, es uno de los supuestos que dicho autor aceptó de los economistas políticos de la Edad Moderna[31].

La perspectiva clásica de la política puede verse claramente ilustrada en las atribuladas confesiones de Edipo, el tirano de Tebas.

> Hijos merecedores de compasión, cosas conocidas y no desconocidas para mí habéis venido aquí anhelando. Sé bien que todos sufrís, y con todo, aunque sufrís, ninguno hay entre vosotros lo mismo que yo. El dolor vuestro penetra en cada uno por separado con respecto a sí mismo, y no a ningún otro, mientras que mi alma se lamenta por la ciudad, por mí y por ti a la vez. En consecuencia, no me despertáis acunado por el sueño, sino que sabed que mucho he llorado ya, y muchos caminos he recorrido en los ires y veteres de mi mente, y la única curación que encontraba con cuidado, ésa la he puesto en práctica[32].

---

[30] ARENDT, H., *La condición humana*. Barcelona, Paidós, 1997, pp. 38-44.
[31] *Ídem*, p. 45.
[32] SÓFOCLES, *op. cit.*, pp. 58-72 y 233.

En la perspectiva moderna, por el contrario, lo social deviene categoría superior a la política, resulta de la suma de intereses particulares o individuales, no de un interés superior a las partes. La perspectiva del súbdito, sumada como interés social y presentada como superior a la política, termina por subordinarla y sustituirla.

Perspectiva del súbdito y la conciencia política contemporánea: algunos ejemplos

En la democracia de masas la perspectiva del súbdito se va decantando en una conciencia política propia, es decir: una idea general de la política a partir de la cual fundamenta sus creencias, establece diálogos, elabora juicios y valoraciones y determina comportamientos participativos, esencialmente en el plano electoral. Veamos unos pocos ejemplos.

El progreso incesante los derechos

La democracia contemporánea apoya su legitimidad en una constante expansión de derechos individuales o grupales, que van acumulándose según estratos, o como se afirma usualmente, generaciones. La concepción individualista propia de las doctrinas liberales se configura desde la perspectiva del súbdito. Estos derechos son prerrogativas o facultades individuales o grupales que se hacen valer en el marco del Estado y ante él. Sirven para oponerlo contra una instancia superior para que intervenga, en calidad de tal, contra terceros o contra el propio Estado.

Por un lado, es una manifestación clara del recelo constitutivo del pensamiento político moderno hacia el poder, que se coagula en teorías e ideologías garantistas, centradas en una incesante creación y promulgación de derechos, que han ido avanzando sobre la acción política hasta convertirse en su centro fundamental, con cada vez menos margen para otros temas de agenda. Es perfectamente comprensible, desde este punto de vista, que el liberalismo exija, para desplegarse como orden social, una creciente y compleja base de garantías.

Por otro lado, la creación, promoción, protección o ampliación de todo derecho demanda un cúmulo de recursos humanos, materiales institucionales para su ejercicio efectivo. Todo derecho tiene un reverso en materia de obligaciones o deberes. En tiempos pretéritos, esta relación se hacía expresa. El ejercicio de un derecho comportaba una obligación. Esa relación aparece deliberadamente ocultada en los derechos de última generación. En todo caso, el sujeto de la obligación o el deber no coincide con el titular del derecho.[33] Mientras tanto, tal como Marcel Gauchet explicara hace unos años, el incesante despliegue de los derechos individuales suma dificultad, inestabilidad e incapacitación política a las democracias. Es "la democracia contra sí misma", en la que la soberanía del individuo va imponiéndose a la soberanía popular, invirtiendo así la relación originaria que fuera la clave de su instauración.[34]

Discurso y gobierno

Separémonos por un momento de la acertada afirmación que sostiene que la política es una acción que se realiza principalmente con palabras, porque obligaría a realizar una serie de precisiones adicionales para mostrar el punto que se quiere explicar aquí. Para el común de las personas, el plano del discurso político es diferente del plano del ejercicio efectivo del poder. Esto se deriva de la experiencia generalizada de la ciudadanía en los países democráticos, que observan que los discursos electorales, en particular las promesas de campaña, los programas de gobierno, las propuestas realizadas en la lucha por el voto, sólo se realizan muy parcialmente una vez que el candidato, el partido o la coalición consiguen convertirse en gobierno.

Usualmente, ese contraste entre experiencia y expectativa se atribuye a una mera táctica de persuasión electoral que no genera ningún compromiso serio en quien la emplea: no tiene particular interés en llevar a cabo lo que prometió. Lo cierto es que hay un cúmulo de factores que inciden en esa distancia entre los enunciados y los logros.

En primer lugar, un programa de gobierno o propuesta electoral no es definida exclusivamente en términos de lo que se percibe como necesario desde la perspectiva del interés público. Debe ser competitiva respecto de otras opciones electorales, es decir, *más atractiva*. En este sentido, las

---

[33] En las leyes electorales argentinas de principios del s. XX era frecuente referirse al ciudadano elector como "funcionario público", en razón de la grave responsabilidad que le cabía en el contexto del acto eleccionario.

[34] GAUCHET, M., *Democracia: de una crisis a otra*. Buenos Aires, N. Visión, 2010, pp. 43-45.

propuestas realistas y equilibradas tienden a perder terreno frente a otras más atrevidas. En segundo lugar, la ejecución de todo plan de gobierno depende de la fuerza que el sector político consiga en las urnas y en su capacidad y habilidad ulterior para valerse de ella. A mayor poder, mayores posibilidades de realización. Por último, toda fuerza política tiende a sobreestimar su propio poder al convertirse en gobierno. En este sentido es particularmente elocuente el testimonio de Moisés Naím al convertirse en ministro de fomento de Venezuela: advirtió que su capacidad de acción, de disponer recursos humanos, institucionales y materiales era limitadísima, muy lejana de las necesidades que demandaba el plan de reformas propuesto.[35] También para los políticos existe una brecha entre realidad y percepción del poder.

La distinción público-privado

La distinción exquisita de lo privado y lo público que asume el pensamiento político moderno también forma parte de la conciencia política derivada de la perspectiva del súbdito. Es fácil distinguir entre privado y público cuando no se debe administrar lo segundo, cuando la responsabilidad por esa administración es *ajena*. Es mucho más problemática en el caso del político, quien se ve obligado a promover, administrar y velar el bien público con el mismo esmero que debería poner si fuera suyo individual. Es el propio Platón quien advierte sobre esta característica del gobernante.

El *interés personal* del político, en cuanto tal, se identifica con el *interés público*. Tanto su propio interés privado como el interés público le son igualmente *propios*. Y cuando se debe administrar lo público es inevitable que quien lo hace siga los criterios para cuidar lo privado. Pero ese interés no suprime, sino que coexiste con otros intereses, que frecuentemente entran en colisión mutua y demandan un ejercicio prudencial particularmente delicado. Pueden distinguirse cuatro planos generales de interés en el político:

1. el bien común o el interés público;
2. el interés propio del proyecto o la fuerza política a la que pertenece;
3. su trayectoria personal como dirigente político, y
4. su interés privado (familia, desarrollo profesional, formación, , etc.)

---

[35] NAÍM, M., *El fin del poder*. Buenos Aires, Debate, 2013, pp. 13-15.

Desde esta perspectiva, la distinción entre lo público y lo privado pasa a ser una cuestión compleja, siempre cambiante, sujeta a consideraciones prudenciales. Pero para comprender todo esto hace falta trascender la perspectiva del súbdito.[36]

El rol de la oposición

En la democracia, los políticos pueden ser gobernantes u opositores. El sistema democrático actual exige la noción de *oposición*. Se atribuye a la oposición una función determinante, esencial para el sistema. Se afirma que solamente hay democracia cuando hay oposición. Esto obliga a dicha oposición a dos modos diversos de acción. O bien se pone fuera del sistema y por lo tanto, fuera de la democracia, y necesariamente se vuelve conspirativa, o bien intenta representar el papel de *abogado del diablo*, de contracara o rostro de Jano de la acción de gobierno, aun cuando esté esencialmente de acuerdo con la acción emprendida por el mismo. Se trata de un equilibrio inestable, difícil de mantener, porque el centro de gravedad es demasiado grande respecto del punto de apoyo. Una oposición plena, radical y permanente sólo es posible fuera del sistema. Una oposición dentro del sistema sencillamente no puede ser plena, radical y permanente.[37]

---

[36] En la discusión que enfrenta a liberales, comunitaristas y republicanos la *perspectiva del súbdito* está del lado de los dos primeros grupos, al concebir el ámbito de lo público como algo amenazador, frente a lo cual hay que oponer resistencias y articularse en defensa del individuo o de la comunidad reducida, mientras que la *perspectiva del gobernante* se expresa en la argumentación republicana, es decir, quien asume como propios los destinos de la comunidad política y la concibe como un todo de sentido y de acción.

[37] Es interesante observar de qué modo los regímenes políticos han integrado exitosamente a la "oposición" como parte fundamental de su articulación institucional. Irazusta muestra el caso del ciclo de los gabinetes ministeriales en el Reino Unido de la Gran Bretaña, durante los años de expansión y esplendor imperial, en los siglos XVIII y XIX. Se trata en realidad de camarillas rivales, que pugnan por imponer su visión de la política nacional y que se van sucediendo en el poder, pero que más que constituir partidos opuestos o contrapuestos, representan la renovación de las sucesivas generaciones, en formas y fuerza, dentro de una empresa común, sobre la que no hay diferencias sustanciales. Así, las críticas devastadoras que recibe una administración de parte de una facción opositora se transforman en continuidad de las políticas en marcha, a partir del momento en que esa facción se hace con el poder. IRAZUSTA, J., *La política, cenicienta del espíritu*. Buenos Aires, Dictio, 1977, pp. 52-56.

La oposición, en este último caso, debe legitimarse y dar cuenta a cada momento de su función específica: si no es así, deja de ser oposición. A la vez, debe constituirse en *oposición máxima posible* dentro de lo que permiten los límites del sistema. Debe recordarse que, luego de la prueba electoral, la legitimación en el ejercicio del gobierno depende primeramente de la acción misma de gobierno y secundariamente del discurso con el que se la justifica. En cambio, en el ejercicio de la oposición, la relación es inversa: se legitima primariamente por el discurso alternativo al gobierno y secundariamente por las acciones políticas.

Por esta razón, la oposición genera un considerable volumen de discurso y despliega un repertorio de argumentaciones muchas veces reñido con sus íntimas convicciones y en directa contradicción con las responsabilidades indirectas de gobierno: es decir, en oposición a sus consideraciones prudenciales, ocasionalmente coincidentes con la acción de gobierno del soberano.[38] Obrar de otro modo implica perder la propia razón de ser. Pero lo más delicado del asunto es que esta oposición opera frente al ciudadano como encubridora indirecta de las verdaderas razones políticas que posee el gobierno al determinarse en un sentido o en otro. En ocasiones, su propia función –oponerse– encubre la decisión prudencial del gobernante, y da falsos argumentos de juicio al ciudadano.[39]

La oposición sólo es tal en la medida en que juega siempre a la línea política alternativa, al *gobierno en potencia*. Todo gobierno en potencia debe oponerse, de modo más o menos claro y legítimo, al gobierno en acto. En todo caso, el ciudadano termina creyendo que *siempre* hay una vía alternativa de acción política. Lo cierto es que unas veces solamente existe una, y otras veces hay más modos de resolución que los que muestra –o está dispuesta a mostrar– la oposición política.[40] El rol esclarecedor y crítico que se le asigna a la oposición respecto del gobierno también posee un efecto de encubrimiento y desinformación respecto del mismo objeto. Se trata de una información "interesada".

---

[38] Podría hacerse aquí otra distinción. No es similar la oposición que se hace desde la posesión de una experiencia directa en el ejercicio del poder a la que se hace cuando no se la tiene. La experiencia del poder transforma radicalmente la comprensión del mismo.

[39] "¡El miedo al ridículo, señores..., siempre el miedo al ridículo, monstruo que, por desgracia, murió en 1816! He oído decir a mi padre que, en los países donde hay dos partidos, no existe el ridículo...", STENDHAL, *Rojo y negro*. Barcelona, Olympia, 1995, p. 343.

[40] "Cynics often say that politicians are more enlightened in opposition than in power". BRITTAN, S., *Left or Right: the Bogus Dilemma*. Londres, Secker & Warburg, 1968, p. 122.

Opacidad y secreto

Lo anterior también explica que las impugnaciones que reciben los políticos en los regímenes democráticos sean tan comunes y frecuentes, y además, que usualmente adopten fundamentos éticos o morales. *Este gobierno es malo* –se dice– *principalmente porque es inmoral y se ha corrompido*. Sus fracasos no se explican predominantemente por sus carencias técnicas o su incomprensión de las circunstancias, sino por secretas e inconfesables razones vinculadas a intereses particulares.

La *opacidad* de la acción política, y en particular, la del gobernante, es tan constitutiva como su racionalidad. Esta opacidad está dada por varios factores concurrentes. En primer lugar, se trata de una *acción*, es decir, de un movimiento posterior a la *decisión*, que suspende la deliberación y reclama ejecución. La decisión constituye, como ha llegado a afirmar Carl Schmitt con una dosis de exageración, un momento de irracionalidad. Pero además es una acción cuyo resultado es incierto, precisamente porque el futuro lo es. "El mayor obstáculo que la política opone a la inteligencia" –se ha dicho– "es que el futuro, en cuyo manejo está su misión, no es susceptible de conocimiento cierto".[41]

En otras ocasiones es imprescindible que para que una decisión tenga el efecto esperado no se comunique la totalidad de las razones que han conducido finalmente a ella. Incluso puede afirmarse que una cierta opacidad e incomunicabilidad son esenciales para el arte de gobierno, como se empeñó en recordar, en no pocas oportunidades, el aragonés Baltasar Gracián.[42] Incluso es necesario ocultar deliberadamente información y motivaciones, porque su

---

[41] "La mejor educación del príncipe, el mayor acopio de antecedentes por las oficinas de cada rama de la administración, el más sabio asesoramiento de las minorías selectas reunidas en los consejos de gobierno, jamás eliminarán la parte aleatoria, como de salto en el vacío, que hay en toda decisión práctica". IRAZUSTA, *op. cit.*, p. 17.

[42] En el primer párrafo del *primor* primero (titulado *Que el héroe practique incomprensibilidades de caudal*) de *El Héroe* (1637) Gracián advierte que "gran treta es ostentarse al conocimiento, pero no a la comprensión; cebar la expectación, pero nunca desengañarla del todo. Prometa más lo mucho, y la mejor acción deje siempre esperanzas de mayores. Excuse a todos el varón culto sondearle el fondo a su caudal, si quiere que le veneren todos. Formidable fue un río hasta que se le halló vado, y venerado un varón hasta que se le conoció término a su capacidad; porque, ignorada y presumida profundidad, siempre mantuvo con el recelo el crédito." GRACIÁN, B., *Obras completas*, tomo 1. Madrid, Turner, 1993, p. 9. Gracián, un pensador moderno que tiene que aconsejar la práctica de algo que en siglo anteriores se daba por descontado.

conocimiento puede acarrear males sustanciales a la comunidad política, y también ofrecer justificaciones que no coinciden con las motivaciones reales para la acción: es el caso asuntos relacionados con la defensa y la seguridad y de los llamados secretos de Estado. Enfrentado al problema, Platón explica en *La República* que en ocasiones muy específicas resulta necesario mentir para evitar consecuencias funestas a la comunidad política[43].

Como se puede ver, la acción de gobierno posee elementos de opacidad específicos, que se suman a la natural e inevitable barrera de comprensión de la interioridad entre las personas, la imposibilidad constitutiva de la comunicabilidad total.[44] Es por ello que el principio democrático liberal de la publicidad de los actos de gobierno (y su variante contemporánea, *transparencia, open government, glásnost*) nunca es total, sino siempre relativo y sujeto a conveniencia. Quien no esté advertido sobre tal característica no comprende acabadamente la naturaleza de la acción política.

Democracia y voluntad política

A partir del repertorio conceptual del liberalismo se despliega la ideología de la democracia moderna. En sociedades democráticas, uno de los principios fundamentales sobre los que se basa el sistema es aquel que se resume en la expresión "educar al soberano". Como se sabe, el *soberano* es, en democracia, el pueblo, sin que se sepa todavía quién es el súbdito, a no ser que tal condición les corresponda a los gobernantes, también denominados en algunos países de habla hispana con el sugestivo término de "mandatarios". En todo caso, si se afirma el tópico democrático que afirma que el pueblo es tanto *soberano* como *súbdito*, no se entiende por qué deba educarse sólo al soberano y no al súbdito. Se advierte aquí plenamente que aun cuando la perspectiva dominante es la del súbdito, el destino que persigue, la atención que quiere llamar es siempre la del soberano: ni siquiera en la ideología democrática parece haber necesidad de educar al súbdito.[45]

---

43 PLATÓN, *La República*, Traducción, notas y estudio preliminar de José Manuel Pabón y Manuel Fernández-Galiano, tomo 2. Madrid, Centro de Estudios Políticos y Constitucionales, 1997, p. 7.

44 BOBBIO, N., *Democracia y secreto*. México, FCE, 2013.

45 "El discurso en boga de la democracia en los círculos académicos e intelectuales ha logrado sellar una operación paradójica y sorprendente: los problemas de la democracia se han vuelto un asunto que compete en primer lugar a los gobernantes y de manera

Pero en esta "educación", no se suministran nociones ni se forman hábitos que habiliten para la acción de gobierno. En su lugar se imparten, en un modo más o menos estructurado, los fundamentos ideológicos de la democracia y nociones muy elementales de las instituciones liberales, centradas muy particularmente en los derechos individuales.[46] Según quien sea el "soberano" a educar, se ofrecen complejos ideológicos completos, principios fragmentados o bien eslóganes. Así, la pretendida *comprensión actual de lo político* es en realidad, una *incomprensión de lo político*. La contradicción aparece expuesta, aunque de modo involuntario, en un texto de Walter Jacobsen, uno de los promotores de la psicología política en Alemania.

> En el ámbito de la educación política consideramos como imagen dirigente general al ciudadano democrático que piensa y actúa bajo su propia responsabilidad, que observa los derechos y deberes postulados en las leyes de la República Federal de Alemania, y que se encuentra en situación de *desplegar su propia individualidad bajo una autorresponsabilidad*[47].

Como se puede advertir, una educación política fundada en esta "imagen dirigente" apenas prepara al ciudadano para un despliegue individual autoconsciente dentro del marco legal vigente, nada más. A continuación, el autor indaga sobre el problema que le preocupa: la declinación del compromiso político, la participación en las instituciones públicas y la disposición para asumir responsabilidades de gobierno entre los jóvenes alemanes. Sin embargo nada lo lleva a cuestionar la imagen dirigente del ciudadano sobre el que se funda su concepción de la educación política. Jacobsen se acerca por un momento a la verdadera raíz del asunto.

> Entre los muchos impulsos que pueden provocar la 'actividad por responsabilidad política' entre personas maduras, se indica con frecuencia

---

subsidiaria a los gobernados." CANSINO, C., *La muerte de la ciencia política*. México, Debate, 2010, p. 184. Cabe agregar que la paradoja es tal si se asume la perspectiva de la promesa de la democracia, no sus diversas y discretas concreciones históricas.

[46] En la Argentina, durante una cierta época, la asignatura *Educación Cívica*, que se impartía en el ciclo secundario, se redenominó como *Educación Democrática*.

[47] JACOBSEN, W., *Educación política como problema antropológico-filosófico*. En VVAA. *Psicología política como tarea de nuestra época*. Barcelona, Barral, 1971, p. 160.

el principio del 'acercamiento a lo lejano'; un principio suficientemente acreditado, que se basa en antiguos conocimientos psicológicos[48].

La política es una actividad lejana para la mayoría de los ciudadanos. Pero la pedagogía política de Jacobsen no parece aproximarla. Lo que se suministra en las educaciones políticas democráticas al uso, para usar una metáfora del pasado tecnológico reciente, es un *manual del usuario básico*, no del *usuario avanzado* y mucho menos del *programador*.

Una auténtica *educación política* es siempre una *educación para el príncipe*. Educar *políticamente* es educar *para el gobierno*. Inevitablemente, el esquema *gobernante-gobernado* se repite, a pesar de los dogmas de la ideología correspondiente, dentro de los regímenes democráticos: existe una política según la comprenden los políticos, y una política según la comprenden los súbditos. En razón de que lo que el defecto en el pensamiento político moderno es la comprensión misma de lo político, el sabio tiene muchas dificultades para explicar la esencia de lo político. No sucede lo mismo con el político: es necesario que subsistan gobernantes y políticos profesionales. El resultado es el siguiente: se ejerce la política pero sin que haya muchos que la puedan explicar. Este extravío de la racionalidad específica de lo político se advierte en la constatación de que desde la decadencia de la filosofía clásica hasta épocas muy recientes –concretamente, la vía de reflexión abierta por Carl Schmitt, Hannah Arendt y Leo Strauss– la pregunta sobre *lo político* desapareció de entre los intereses teóricos de los filósofos y los pensadores.

Desde esta perspectiva, se comprende no solamente que la pretendida educación democrática no es una educación política, sino que además está estructurado casi exclusivamente sobre los ejes principales del ideal democrático, no sobre su siempre problemática y contradictoria encarnación en la realidad, lo cual implica profundizar el abismo entre las convicciones o creencias democráticas –que son parte del imaginario político– y la realidad política. Nada prepara al ciudadano común para la disonancia cognitiva que resulta del contraste entre expectativa y experiencia. El súbdito, que precisamente por su condición de tal, tiene una comprensión muy limitada de la realidad política, ve dicha intelección oscurecida aún más, en virtud de la lógica del sistema democrático. Pero

---

[48] *Ídem*, p. 164.

el sistema, contrariamente, le exige al ciudadano súbdito mucho más que lo que podría exigir otro tipo régimen político. Aunque no llega a comprender la técnica correspondiente, debe poseer, sin embargo, una *razón suficiente* de lo político, para poder asentir o disentir respecto de las decisiones de gobernante. Se advierte aquí la elevada exigencia personal que impone el régimen democrático de gobierno.[49]

En democracia, en la medida en que el súbdito *también puede ser* gobernante, debe poseer una cierta capacidad técnica para la política. El ciudadano común debe saber más y ser mejor que en otros regímenes políticos. Aún no siendo gobernante, debe poseer la suficiente capacidad de comprensión de lo político como para intuir y reconocer aquello que en virtud de su situación, no le es dado conocer plenamente, y dar en consecuencia –y a pesar de ello– su asentimiento o su rechazo. Como se ve, la exigencia teórica y práctica de los regímenes democráticos es muy elevada. Como ya se ha dicho, para que el ciudadano súbdito posea una educación política acorde con el régimen democrático, es preciso que esa educación adquiera los contenidos y las formas que tenía en épocas pasadas la educación para los príncipes.

Lo que sucede con más frecuencia, en el caso del súbdito, es la declinación de las responsabilidades políticas en manos del gobernante.[50] De hecho y en

---

[49] Jacinto Choza ha explicado las razones de esta elevada exigencia teórica y moral del régimen democrático: "¿qué supone, entonces, la democracia para una sociedad?, ¿qué le añade o en qué le hace crecer? Le hace crecer en la conciencia reflexiva del ideal político y en la responsabilidad sobre él... lo que la democracia añade a una sociedad es la institucionalización de una conciencia de sí y de una voluntad de ser, con un contenido y unas metas a determinar, integrada por la totalidad de las conciencias y voluntades de los individuos que forman parte de dicha sociedad." También avisa sobre los peligros que la amenazan: "en una sociedad así, la situación de descomposición socio-política será más conscientemente y más gravemente experimentada. La desconexión entre *ethos* social y política se dejará sentir de un modo mucho más alarmante en una sociedad democrática que en cualquier otra, porque en cualquier otra ni la inhibición será tan funesta ni la politización de la sociedad tan radical". CHOZA, J., "La articulación entre ética y política en el plano antropológico". En *La realización del hombre en la cultura.* Madrid, Rialp, 1990, p. 164.

[50] "Ahora bien, el ciudadano medio, como la experiencia enseña, no aspira tanto a una elevada moralidad como a una subsistencia segura y a una convivencia ordenada. Y para lograr un fin relativamente tan modesto, le basta con una actitud estrictamente legal. La función positivamente moral que Aristóteles atribuye a lo que hoy llamamos el Estado no impide que la mayoría de los ciudadanos se dejen convencer más por el castigo que por buenas razones o por amor al bien". INCIARTE, *op. cit.,* p. 199. Se

general, puede considerarse como *plena declinación* incluso la mera respuesta positiva a la convocatoria a elecciones. Para el grueso de los ciudadanos, el voto emitido no es el fruto de una consideración prudencial, ejercida con la conciencia de responsabilidad que ello implica. No hay prudencia ni responsabilidad genuina cuando la única situación en la que se pide su ejercicio es el reclamo electoral. La prudencia no puede educarse ni ejercitarse, porque un mero reclamo electoral cada dos o tres años (en el mejor de los casos) no puede formar ningún tipo de hábito. La responsabilidad por la decisión, por otro lado, queda mediada y disminuida por el voto anónimo.

Por otra parte, el poder político que ejercen los ciudadanos siempre es delegado: los ciudadanos sólo pueden elegir entre las posibilidades (elencos, leyes o disposiciones, alternativas) que decide ofrecer la élite dirigente, los políticos. En caso de ser completamente ajeno a la política, *apolítico*, como se suele decir en la actualidad, el súbdito, en realidad, no es tal: renuncia a su condición de ciudadano, libre e igual, y por lo tanto es apenas un siervo con un margen ampliado de rebelión contra el amo.[51] El hombre, *zoon politikon*, queda reducido a *animal doméstico*.

---

advierte aquí la superioridad -en términos de realismo- de la concepción aristotélica de lo político sobre las ideologías democráticas contemporáneas. Prosigue Inciarte afirmando que: "Mientras que el sujeto principal de la Política de Aristóteles como ciencia y como técnica es el hombre moralmente inmaduro, el punto de referencia de su Ética son las personas que se dejan convencer más por razones y discursos (por 'logoi', por argumentos) que por el poder político, judicial o policíaco o, simplemente, por el temor a sanciones judiciales". *Ídem*, p. 203. El pasaje sirve para ilustrar la verdadera "capacidad pedagógica" de la ley: se trata de una pedagogía del castigo o la coacción, es decir, inferior a la argumentativa, que propone Aristóteles en la Ética. Esta pedagogía mínima no puede servir para una educación del príncipe. La ley impone su pedagogía a quien está sometido a ella. En cambio, para quien la tiene que concebir o hacer cumplir, y de algún modo o en algún sentido está por encima de ellas, hace falta una educación superior.

[51] Debe ponerse en cuestión la difundida teoría de la *reflexividad social* de Anthony Giddens, que sirve para justificar su propuesta de superación de la distinción entre izquierda y derecha, y su promocionada tercera vía. "En una sociedad que elimina las tradiciones, los individuos deben acostumbrarse a filtrar toda clase de datos significativos para sus situaciones vitales y actuar habitualmente basándose en ese proceso de filtrado.". Y prosigue: "El aumento de la capacidad social de reflexión es un factor muy importante que introduce la discrepancia entre el conocimiento y el dominio de la situación, un elemento que constituye una fuente esencial de incertidumbre fabricada". GIDDENS, A., *Más allá de la izquierda y la derecha. El futuro de las políticas radicales*. Madrid, Tecnos, 1996, p. 16. Como se advierte, se trata más de una afirmación prescriptiva que de la descripción de un fenómeno. Son demasiados -y demasiado débiles- los presupuestos sobre los que se

La *participación plena* en cualquier comunidad política, sea o no democrática, implica *saltar la valla* que divide al ciudadano súbdito del príncipe e instalarse del lado de este último. Participar plenamente es ejercer la labor propia del gobierno, asumir la parte responsable de la totalidad. El ideal democrático afirma que *todos los hombres son gobernantes*. Las posibilidades reales del régimen democrático son sensiblemente más reducidas, y aquí los matices son decisivos: *cualquier ciudadano puede proponerse ser gobernante y eventualmente conseguirlo*. Esta es la verdadera novedad de la democracia moderna. Y nadie puede ejercer el gobierno pensando como súbdito, al modo de Sancho en la Ínsula Barataria.

Conclusión: presupuestos básicos para una pedagogía política en un contexto democrático

Los fundamentos para una pedagogía política entendida como preparación para el gobierno en un régimen democrático deberían apoyarse sobre los siguientes conceptos fundamentales: *política, democracia, poder y ética individual*, relacionados como binomios. Tal como se lo presenta

---

basan dichas afirmaciones. En primer lugar, que las tradiciones se oponen a la capacidad reflexiva de las personas (sin considerar que toda tradición es una práctica social fundamentada en su eficacia respecto al ordenamiento social, y puede no responder a la inteligencia individual, pero sí a una inteligencia o razón común, confirmada por el pasado y la supervivencia exitosa de dicha comunidad). En segundo lugar, que una mayor cantidad de opciones implica necesariamente una mayor capacidad reflexiva. Giddens confunde *información* con *formación*, que es que lo que exige capacidad reflexiva. La oferta de múltiples opciones no opera ni necesaria ni automáticamente como elemento formativo de las capacidades reflexivas. No se detiene a considerar que la elección definitiva entre múltiples opciones puede no exigir una consideración detenida de las mismas. En este sentido, la incertidumbre socialmente construida a la que alude, debe atribuirse menos a la falta de capacidad reflexiva que a la elección arbitraria (*random*), a la dispersión de la elección, exigida por los cada vez más efectivos medios informativos, propagandísticos o publicitarios. Giddens concluye afirmando que "en el terreno de la política, los Estados no pueden ya tratar tan claramente a sus ciudadanos como súbditos". *Ibidem*, p. 17. Esto sólo es cierto en el momento en que los propios ciudadanos dejan de pertenecer, por decisión personal, al conjunto de los ciudadanos-súbditos. Debe responderse que, si bien han crecido las opciones para los ciudadanos, también lo ha hecho la capacidad para manipular opinión pública y electorados, precisamente porque tanto las opciones como los medios de manipulación coexisten en los medios de comunicación.

a continuación se trata de un *tetraedro* en el que dichas distinciones son perspectivas o puntos de vista diferentes de la misma cosa.

Democracia y política

La filosofía clásica nos ha legado la más conocida y eficaz clasificación de los regímenes políticos, ordenados según la cantidad de los que gobiernan y su legitimidad. En ese esquema, la democracia es el gobierno de las multitudes. Respecto de su legitimidad, tanto en el pensamiento de Platón como en el de Aristóteles, se trata de un gobierno de facción, que no se orienta al bien o la felicidad de la ciudad. La democracia antigua, no obstante, era un régimen relativamente fácil de identificar y comprender, puesto que se fundaba de participación directa que desconocía el principio de *representación*. Aun así, las democracias antiguas incorporaban institutos ejecutivos, también conocidos como magistraturas, en las que se ejercía un poder delegado con competencias específicas: aún en democracia la política no puede prescindir de la acción individual, de instituciones o pequeños grupos que están revestidos de legitimidad democrática pero no tienen un funcionamiento democrático.

La democracia contemporánea, por su parte, no puede prescindir del principio de representación, que es un principio de mediación entre la voluntad popular y el gobierno, adquiriendo distintas modalidades: desde la asamblea o el congreso hasta el líder de masas. En la actualidad, la democracia no es tanto un régimen determinado –del modo en que era en el mundo clásico– como una forma de legitimación del poder. Prácticamente todos los regímenes contemporáneos, desde los más participativos hasta los más autocráticos, reclaman para sí una legitimidad democrática, *ascendente*.

Esta particularidad sirve para delimitar los confines del principio democrático dentro de las diversas formas de organización y acción política. En un sistema democrático, los criterios democráticos –entendiendo por ellos aquellos en los que se toman decisiones mayoritarias como resultado de una deliberación o negociación colectiva– solo son aplicables en un número determinado –muy exiguo– de procedimientos de deliberación, negociación y toma de decisiones. El resto de las prácticas sigue las formas restringidas, minoritarias y a veces de acción individual, que son tradicionales de la política. *La democracia no suprime ni reemplaza las formas personales y minoritarias del ejercicio del poder propios de la política.*

Poder y política

La afirmación de la politicidad constitutiva del hombre –sobre la que no parecen existir objeciones sustantivas– posee un corolario no tan aceptable para la sensibilidad contemporánea. Si esa condición es el requisito fundamental para su perfeccionamiento del hombre (lo que conocemos usualmente como *felicidad*) hay que considerarlo un *bien*. Y tendrán esa misma condición los instrumentos o medios para tal fin. En particular uno, sin el cual ni el orden ni la acción política son concebibles: el poder. *El poder es una cosa buena. Es mejor tener poder que carecer de él.* El poder es una dimensión constitutiva de la interacción social. Si se lo suprime o se lo reduce, se suprime asimismo la relación social. Ese poder, que se encuentra en cada nudo o interacción social, puede concentrarse en determinados agentes sociales: individuos, grupos sociales, instituciones.

Si esa concentración es suficiente como para condicionar o determinar el orden general de un conjunto social, se trata de *poder político*. Entendido como servicio, el poder es un activo de la relación social: aumenta en intensidad y calidad de las interacciones. Entendido como dominación, el poder es un pasivo de la relación social: disminuye la intensidad y la calidad de las interacciones. Como todo instrumento, para que cumpla su función adecuadamente es preciso que quien lo opera posea condiciones suficientes, habilidades específicas. Las condiciones para ejercer el poder son básicamente cuatro: inteligencia, firmeza de carácter, capacidad técnica y conducta probada. El poder político es uno de los recursos que más condiciones demanda, puesto que pone a prueba las habilidades de los agentes y todo el tiempo plantea problemas de difícil solución[52].

La concepción liberal de la política asume con Lord Acton que el poder tiende a corromper. Mucho antes, Pítaco de Mitilene hizo un

---

[52] "En la *práctica*, el pedagogo político continúa planteándose la composición concreta del hombre al que tiene que educar, porque, al fin y al cabo, los métodos pedagógicos e incluso el éxito de los mismos, dependen decisivamente de sus tendencias de despliegue y de sus potencias de percepción, de su espíritu abierto o cerrado a la polémica, de sus estructuras de voluntad y dotes personales (relaciones vitales psicofísicas y socioculturales)". JACOBSEN, *op. cit.*, p. 153.

diagnóstico más profundo: "el mando manifiesta quién es el hombre"[53]. La preparación para el poder sigue siendo igual de necesaria, tanto en la era de la democracia de masas como en los tiempos del Antiguo Régimen.

Ética individual y política

El ideal democrático consiste también en que en tanto es el pueblo quien gobierna, no habrá diferencias entre los códigos de conducta de gobernantes y gobernados, puesto que existe identidad entre unos y otros. Junto con el gobierno del pueblo se impone su moral. Como puede verse, esta idea supone una posición diametralmente opuesta a las tesis maquiavelianas desarrolladas en *El Príncipe*, donde se sostiene la necesidad de una moral especial *ad usum delphini*, en la que el criterio principal de acción es la adquisición, la conservación y el aumento del poder como bien supremo del gobernante, lo que le da una ventaja comparativa respecto de los súbditos, que siguen comportándose según la moral tradicional.

Lo cierto es que, como ya se ha mencionado anteriormente, el ideal democrático no suprime en los hechos la distinción entre gobernantes y gobernados y por tanto tampoco puede suprimir los códigos diferenciados de conducta. El poder político posee una lógica específica que es irreductible a códigos de conducta moral *standard*, y termina imponiéndose sobre los ideales igualitarios que buscan la eliminación de la articulación fundamental de la política entre gobernantes y gobernados. Esto podría explicarse de diversas formas, pero quizá la aproximación más sintética a este delicado aspecto consiste en señalar que dentro de una concepción prudencial de la política, el bien común puede no coincidir con la suma de los bienes individuales de cada uno de los miembros de una comunidad. Un ejemplo extremo de esta distinción puede encontrarse en un conflicto armado, donde la vida de los individuos es subordinada al bien o la conservación de la nación, el estado o la comunidad por la que lucha. Pero puede encontrarse una entera gama de instancias mucho menos dramáticas en las que la decisión política se enfrenta a esta alternativa. Por esa razón es preciso prepararse muy concienzudamente para el colosal desafío de conciencia que supone el ejercicio del poder.

---

[53] LAERCIO, D., *Vida, opiniones y sentencias de los filósofos más ilustres*. Buenos Aires, El Ateneo, 1959, p. 52.

~

MAQUIAVELO Y EL PASO
A LA MODERNIDAD

Patricia Rizo Morales[1]
Universidad Panamericana

Maquiavelo en su entorno

Niccolo Machiavelli nació y se crio a finales de un siglo que marcó el cambio de la época medieval a la época moderna. Se trata de una convulsión extendida en toda Europa debido a los movimientos en las fuerzas de poder que habían logrado sostener el equilibrio entre las monarquías a partir de la instauración del imperio carolingio en el siglo IX.

La cadena de circunstancias que dieron lugar a las transformaciones del mundo europeo a lo largo del milenio medieval, llegaron a su cúspide justamente en el siglo XV. Los hechos detonantes partieron de los adelantos logrados hasta entonces en las ciencias y en la aceleración de los procesos productivos y de comercialización. Asimismo, los distintos sistemas de producción en el área manufacturera generaron nuevas necesidades y nuevas relaciones laborales, muy diferentes de las que se establecían entre los señores feudales y sus siervos.

---

[1] Ha sido profesora investigadora de la Facultad de Derecho de la Universidad Panamericana, campus México. Doctora en Historia del Pensamiento por la Facultad de Filosofía de la Universidad Panamericana.

De igual manera, la aristocracia dominante tuvo que admitir a una nueva clase social que se volvía cada vez más influyente, no debido a su origen, sino a su trabajo, a su astucia y al capital financiero y mercantil que ya acumulaba. De esta manera, entre las capas más altas de las sociedades se tuvo que entretejer un tipo de relaciones mercantilistas, mediante las cuales unos grupos compraban o vendían influencias o favores. El dinero que los burgueses aportaban era utilizado para saldar deudas provenientes de los derroches de la aristocracia. Este intercambio de favores incluyó al alto clero y al papado, como se verá más adelante. Naturalmente este intercambio suscitó rivalidades y luchas, pues el choque de intereses económicos y de dominación entre los diferentes centros de poder fue la causa de las guerras e invasiones permanentes entre los principales reinos europeos.

Durante la Alta Edad Media, Europa se componía de un mosaico de pequeños territorios organizados en una estructura piramidal que empezaba con el señor feudal y culminaba con el rey. El monarca gozaba de un poder limitado al interior de su reino, pero tenía toda la potestad para establecer la política exterior y por supuesto, las decisiones de guerra. Su poder no era absoluto, aunque era vitalicio y casi total, teniendo que recibir el apoyo de un concejo o parlamento; pero sobre todo, sus determinaciones tenían que recibir el beneplácito del Papa.

Los reyes consideraban sus dominios como una conquista personal, los territorios que abarcaba el reino eran suyos; no existía una diferencia entre la propiedad privada del rey y la perteneciente al reino. Por eso, a medida que aumentaba su dominio territorial, su poder se incrementaba y los señores feudales se veían en la necesidad de aliarse y someterse al gobierno del monarca. Esta protección monárquica fue la razón de su fortalecimiento y de su constitución como Estado.

La monarquía con base territorial, con un espacio geográfico y político delimitado por fronteras y bajo la autoridad de un rey fue la base de los estados monárquicos, a pesar de la instauración de sistemas parlamentarios que al mismo tiempo que limitaban el poder del rey, le otorgaban legitimidad a sus decisiones [2].

---

[2] GARCÍA DE CORTÁZAR, J. Á. y SESMA, J. Á., *Manual de Historia Medieval*. Madrid, Alianza, 2014, disponible https://ebookcentral.proquest.com/lib/upanamericanasp/reader.action?docID=3228039.

El concepto de Estado empezó a vislumbrarse desde el siglo XIV, cuando la monarquía se ostentaba como depositaria indiscutible de la autoridad y de la potestad (*auctoritas* y *potestas*). La autoridad la obtenían de su papel de arbitraje en las pugnas entre la aristocracia y la burguesía. La potestad provenía de la pérdida de influencia del papado y el otorgamiento de poderes de los reyes en sus dominios, justificada por el Derecho romano.

El crecimiento de las ciudades en el siglo XV generó dinámicas de interacción social muy distintas a las de siglos anteriores. La población urbana se componía de nobles, burgueses, artesanos y obreros de la construcción y de otros oficios. La riqueza se concentraba en manos de la aristocracia, de la alta burguesía y del clero. La burguesía, carente de linaje y abolengo, estaba formada por los grupos o familias asociadas al sector manufacturero y comercial de los burgos. Los banqueros tenían el mayor poder económico y empezaron a ejercer influencia en la política con el fin de obtener beneficios para sus emporios financieros y para la adquisición de títulos nobiliarios, que llegaban a costar una fortuna. Otra manera de hacerse de rango era a través del matrimonio concertado con miembros de la nobleza.

Desde el siglo XIV los estados más extensos dominaron a los más pequeños, y las monarquías más poderosas se aliaban entre sí para favorecer sus intereses comunes. Así lo expone Chevallier[3]:

En torno a cuatro ejes fijos –Roma, Venecia, Milán, Florencia– había una multitud de Estados proliferando, pululando, pudriéndose, haciéndose, deshaciéndose, rehaciéndose, con ayuda, las más veces, de los extranjeros, franceses y españoles, que habían invadido Italia. Roma, la Roma pontifical, que ofrecía (especialmente bajo Alejandro VI Borgia) el menos edificante, el menos evangélico de los espectáculos, usaba en ocasiones de los ejércitos extranjeros, como de cualquier otro medio bueno, para ensanchar, ya su propio poder temporal, ya los dominios de los hijos, hermanos, sobrinos, primos del soberano Pontífice.

Durante los siglos XIV y XV se desarrolló en Italia el capitalismo mercantil. Sus organizaciones financieras y comerciales fueron vanguardia económica entre los países de Europa, en gran parte gracias a su posición

---

[3] CHEVALLIER, J. J., *Los Grandes Textos Políticos. Desde Maquiavelo a Nuestros Días*. Madrid, Aguilar, 1957, disponible en https://sosunnedrch.files.wordpress.com/2016/03/jean-jacques-chevallier-los-grandes-textos-polc3adticos.pdf

geográfica y a sus nexos con el Imperio Bizantino. Los grandes empresarios de Milán, de Venecia, de Génova y de Florencia establecieron relaciones políticas y financieras con el papado, y en continuas rivalidades y guerras obtuvieron alternativamente el predominio en la península. Algunas ciudades eran gobernadas por aristócratas, como el ducado de Milán y otras formaban repúblicas en las que la confrontación entre la nobleza y la burguesía era notoria, como fue el caso de Venecia y Florencia.

En el área del conocimiento, la cultura y el arte, el Renacimiento marcó las transformaciones más profundas, como lo dice Chevallier[4], la imponente construcción medieval sostenida por la autoridad del papado y del imperio, se resquebrajaba ante el surgimiento de grandes monarquías unificadas, como Francia, Inglaterra y España, cuyos soberanos se rebelaban contra la centralización del poder en Europa. En ese mismo tiempo, el descubrimiento de América y de la ruta de la India por el Cabo, debido a Vasco de Gama, trastocaron las bases económicas medievales y con ello las fuerzas políticas y sociales dieron un vuelco dando paso a la modernidad.

El clero

El Papado fue la institución más poderosa de Europa durante la Alta Edad Media, pero su liderazgo decayó en la medida en que los conflictos de la jerarquía episcopal fueron minando la confianza sobre la que sostenía su legitimidad. Desde el siglo XIV, después de un atentado que sufrió el Papa Bonifacio VIII, se eligió a Clemente V en 1309 y la sede pontificia se trasladó a Aviñón, en donde permaneció hasta 1377.[5] Esta larga permanencia del papado fuera de Italia contribuyó al posterior desencadenamiento del Cisma de Occidente según de Souza, que fue expresión de la Iglesia. Esta fue la época en que hubo dos Papas apoyados por una cristiandad dividida, uno en Roma y otro en Aviñón.

En el siglo XIV, el poder que se le había conferido a los papas era inmenso. El papado se convirtió en un poder tendente a la teocracia, a pesar de que la rectitud de la conducta de muchos de los pontífices era más que dudosa.

---

4   *Ibidem*, p. 4.
5   GARCÍA y SESMA, *op. cit.*, p. 398

Como el propio Belloc ha señalado, el fin de las civilizaciones se debe a una implosión interna, y es que, si no hubiera sido así, difícilmente habría surgido un Lutero como consecuencia. De ahí que otros monarcas europeos como Felipe el Hermoso y Luis de Baviera intentaran equilibrar este poder absoluto con la autoridad eclesiástica del concilio.

La ruptura interna surgió tras la muerte de Gregorio XI en 1378, que acababa de reinstalar la sede en Roma, cuando algunos renovadores espirituales, como Catalina de Siena, luchaban por la renovación moral de los miembros del clero, instando al papa Gregorio XI a hacer una limpia de todos los miembros que mantenían formas de vida deshonestas y lujuriosas:

> Dígoos de parte de Cristo crucificado: tres cosas principales os conviene ejecutar con vuestra potencia, a saber: que del jardín de la santa Iglesia arranquéis las flores malolientes, llenas de inmundicia y de codicia inflados de soberbia, que son los malos pastores y rectores [...] lanzadlos fuera y que no gobiernen [...][6].

La crisis del papado condujo a los concilios de Pisa (1409) y de Constanza (1414) a raíz de los cuales se estableció una nueva regulación del poder papal y la supremacía del concilio. El concilio de Constanza (1414-1418) dio fin al cisma eclesiástico y eligió a Martín V como papa, regresando la sede a Roma, bajo un acuerdo tácito de reparto de poderes. Los papas tendrían control político en Italia, mientras que las monarquías dominarían los territorios que les correspondieran, incluyendo los derechos sobre nombramientos y remociones del alto clero, así como intervención en los tribunales eclesiásticos, bajo el supuesto de que la Iglesia formaba parte del reino, y por tanto al rey le correspondía su control.

Desde que se produjo el cisma de la iglesia se acentuó el ambiente mundano y corrupto en el seno de la Iglesia y de la sociedad en general. El retorno de la sede papal a Roma ayudó a restablecer la influencia clerical, aumentaba su poder y sus bienes:

---

[6] Carta de Catalina de Siena: Le lettere di S. GARCÍA VILLOSLADA, C., *Historia de la Iglesia católica*, p. 176, citado por DE SOUZA y AZNAR, 2013, p. 32.

> La Curia pontificia superaba como poder económico a todos los príncipes, tiranos, banqueros y comerciantes de la alta Italia; podía invertir sumas mayores que éstos en fines culturales y en el terreno del arte tomó la dirección que hasta entonces había poseído Florencia[7].

El poder papal era imperial, además de patrocinar las grandes obras artísticas del Renacimiento, el episcopado tenía una vida principesca, que se sostenía de las simonías y los cobros de servicios, indulgencias, dádivas, o sobornos. El engrandecimiento del clero despertaba la codicia de príncipes ávidos de utilizar los favores papales para incrementar su dominio[8].

Frente a esta forma de vida licenciosa se alzaron muchas voces al interior de la Iglesia que se pronunciaban a favor del regreso a la sencillez evangélica; pero al mismo tiempo, se desató una confusión de ideas que despertaron los estudios humanistas de los gnósticos, como Erasmo de Rotterdam, que impulsaron una interpretación más personal de las Sagradas Escrituras. De estas corrientes reformistas surgió Martín Lutero.

En 1492 el cardenal español Rodrigo Borja fue erigido como Papa, con el nombre de Alejandro VI. Había tenido cuatro hijos, a quienes otorgó beneficios y puestos de influencia, con el objetivo de expandir su dominio. A su hijo César lo nombró arzobispo de Valencia y a su hija Lucrecia le consiguió matrimonios con personajes poderosos como Giovanni Sforza; luego con Alfonso de Aragón y al final con Alfonso d'Este. Así se condujo como cualquier monarca europeo, pero con poderes absolutos.

Al morir Alejandro VI, Guicciardini comenta que murió en medio de gloria y dicha, y aunque mostró inteligencia y valentía, su conducta se caracterizó por la lujuria, la inmoralidad y la deshonestidad[9].

Al papa Alejandro VI le sucedió Pío III, pero al mes de su elección murió, por lo que Giuliano della Rovere, sobrino del papa Sixto IV, fue coronado con el nombre de Julio II. Este papa se caracterizó por su gran ambición y fuerza guerrera que se centró en la unificación de Italia bajo el dominio de los Estados Ponfificios. En 1511, Julio II logró aliarse con los reyes Fernando el Católico, y Enrique VIII de Inglaterra, así como

---

[7]   HUBERÑAK, F., *Historia Integral de Occidente*. Buenos Aires, Educa, 2007, p. 155.

[8]   *Ibidem.*

[9]   GUICCIARDINI, F., *Historia de Florencia*. México, FCE, 2005, p. 237.

con el emperador Maximiliano, para defenderse de la invasión francesa. Los ejércitos unidos lograron vencer a los franceses, y como Florencia era aliada de Francia, con su derrota quedó amenazada e indefensa[10]. Los aliados victoriosos apoyaban a los Medici, de tal manera que en ese momento exigieron el derrocamiento del líder republicano, Piero Soderini, y el regreso de los Medici.

Así como fue exitoso en sus campañas bélicas, la conducta licenciosa del papa era muy conocida, tuvo tres hijas. Este tipo de excesos fueron considerados por Maquiavelo como una causa de la crisis religiosa de su tiempo.

En 1513, al morir Juio II, le sucedió Giovanni de Médici, con el nombre de León X. Este papa fue patrocinador de obras en conventos, hospitales y apoyo a los necesitados. Las arcas vacías del clero exigían nuevas formas de obtener ingresos, y a León X se le ocurrió la concesión de indulgencias a los contribuyentes a cambio de determinadas sumas. Con los fondos recaudados se propuso la reconstrucción de la basílica de San Pedro, pero fue tan mala su administración que llevó a la Santa Sede a la quiebra financiera en 1515. La ambición papal –comenta Hubeñak[11]– encendió la chispa para la difusión de las teorías heréticas de Lutero. Sobre la condición del papado, Maquiavelo escribió en sus *Discursos sobre la primera década de Tito Livio* (Cap. XII), "de lo importante que es hacer gran caso de la religión, y de que Italia, por no hacerlo, a causa de la Iglesia romana, está arruinada". Advirtió que los príncipes y las repúblicas debían cuidar la pureza de la religión, pues de no hacerlo, se perdería la devoción y se abrirían las puertas a terribles desórdenes.

Si los príncipes de las naciones cristianas hubieran mantenido la religión conforme a las doctrinas de su fundador, los Estados y las repúblicas cristianas estarían mucho más unidos y serían mucho más felices. El mejor indicio de su decadencia es el ver que los pueblos más próximos a la Iglesia romana, cabeza de nuestra religión, son los menos religiosos[12].

En 1521, León X estableció una alianza perpetua con Carlos V en contra de los turcos, los herejes, los franceses y los venecianos, a cambio

---

[10] SAZO, D., *La Revolución de Maquiavelo: El Príncipe 500 Años Después*. Santiago de Chile, Ril editores, 2013.

[11] HUBEÑAK, *op. cit.*

[12] MAQUIAVELO, N., *Maquiavelo. Obra Selecta*. Madrid, Gredos, 2011.

de Parma, Plasencia, Ferrara y garantías para preservar el dominio de los Médici en Florencia, además del apoyo contra luteranos.

Florencia

La organización política de Florencia es un claro ejemplo de la complicada composición de fuerzas generada desde mediados del siglo XIV, cuando inició el dominio de los Médici con todas sus vicisitudes. Gran parte del poderío económico y político de la dinastía Médici provenía de haber sido los banqueros papales durante largos periodos, y de su dominio como exportadores textiles y de otros productos.

Durante el siglo XIV la ciudad había sufrido los daños de continuos enfrentamientos entre grupos rivales, hasta que una asamblea general, en 1393, estableció una constitución que, de acuerdo a Guicciardini, permitió que el gobierno quedara en manos de "hombres de bien y prudentes"[13]. Así, "al encontrar una manera de vivir bien organizada, todo mundo la aceptó con gran alivio".

Durante casi 30 años, hasta 1420, la población se repuso de las atrocidades anteriores, pero la paz terminó al entablarse una guerra contra el duque Visconti, que dividió a la ciudad en dos bandos, uno encabezado por Niccolo de Uzzano; y el otro, por Giovanni di Bicci de Médici. A la muerte de éste, ocupó su lugar su hijo Cósimo[14].

Los Médici fueron mecenas de los artistas más innovadores del momento. Donatello fue protegido por Cósimo de Médici y Lorenzo su nieto fue benefactor de Miguel Angel y de otros pintores y escultores del Quattrocento. A Lorenzo se le llamó "el Magnífico" debido a su exitoso liderazgo que tuvo como resultado el auge de Florencia hasta su muerte, en 1492; pero su sucesor, Piero fue un gobernante mediocre sin apoyo popular y pésima actuación política. Sus negociaciones con el rey de Francia, Carlos VIII aumentaron el descontento y generaron constantes levantamientos en su contra, hasta que en 1494 tuvo que salir huyendo[15].

---

[13] GUICCIARDINI, F., *Historia de Florencia*. México, FCE, 2005, p. 69, disponible en https://ebookcentral.proquest.com/lib/upanamericanasp/reader.action?docl-D=4559383&query=historia+europa+italia+florencia+roma#

[14] GUICCIARDINI, *op. cit.*

[15] CHEVALLIER, *op. cit.*

En estas circunstancias críticas de Florencia, el fraile dominico Girolamo Savonarola representó la oposición a la práctica oligárquica de los Médici, enarbolando la defensa de las virtudes cristianas de piedad, austeridad, templanza y humildad. Su discurso alentaba a los fieles a alejarse de los bienes mundanos y a delatar a todo aquél que mostrara conductas indecentes o impúdicas. Su propósito era la renovación de la Iglesia y denunciar los excesos que se toleraban entre la nobleza y el alto clero. Por supuesto que sus discursos atentaban contra los intereses del Papa Alejandro VI, cuya conducta y costumbres eran exactamente lo opuesto del ideal cristiano.

Savonarola movía a multitudes, levantaba la indignación y el temor con mensajes proféticos y apocalípticos. Anunciaba catástrofes que azotarían Italia mientras no hubiera muestras de arrepentimiento y se dejara atrás la lujuria, la usura, el dispendio y la corrupción. Se decía enviado de Dios para anunciar el futuro, y utilizaba argumentos religiosos para la persuasión política sobre la conveniencia de un gobierno republicano semejante al de Venecia. En suma, el conjunto de los temas de sus discursos representaba una amenaza para la oligarquía de los banqueros florentinos, como los Médici (que seguían siendo los banqueros del papado), y era una denuncia directa de la corrupción material y espiritual de la alta jerarquía eclesiástica.[16] Este autor comenta que era tal su poder persuasivo que "parecía que todas las reformas propuestas por fray Girolamo tenían una fuerza sobrehumana".

La radicalidad de los sermones de Savonarola fueron suficiente causa de excomunión, pero ni así cesó su militancia y la furia de sus seguidores, al grado de destruir y quemar todo objeto que significara banalidad: "la hoguera de las vanidades". Guicciardini[17] describe el enardecido ánimo de comunidades enteras, temerosas de que el desenfreno moral acarreara calamidades a los florentinos. Las posturas se polarizaron, algunos lo consideraban como un monje enloquecido, obsesionado con la idea del mal; mientras que otros reconocían en él la rectitud de su conducta y su labor depuradora de las costumbres licenciosas. Guicciardini describe el cambio que produjo en la vida cotidiana la misión de Savonarola:

---

[16] GUICCIARDINI, *op. cit.,* p. 139.
[17] *Ibidem,* p. 170.

> En público ya no se jugaba, y en las casas, con temor; estaban cerradas las cantinas, que por costumbre son el lugar de reunión de toda la juventud depravada y el antro de todos los vicios; la sodomía había bajado mucho y casi había desaparecido; las mujeres en gran parte habían abandonado la indumentaria deshonesta y provocativa; casi todos los niños habían sido alejados de los entretenimientos deshonestos y se habían acogido a una vida devota y bien educada[18].

Finalmente, Savonarola fue apresado, torturado y quemado en la hoguera en mayo de 1498, pero esto no acabó con las trifulcas en Florencia. La inestabilidad prevaleció por mucho tiempo, debido a las luchas permanentes entre tres facciones: los partidarios de Savonarola y la austeridad republicana; los que apoyaban al gobierno establecido de aristócratas; y los que respaldaban a los Médici durante el tiempo de su expulsión y hasta su retorno, en 1512.

El caso de Savonarola es un ejemplo muy revelador de lo que se entretejía en el mundo renacentista y la crisis de la que surgió, pues Florencia fue el nido donde se gestó y se fomentó la expresión artística y cultural del Renacimiento. También refleja la convulsión ideológica que trajo consigo el enriquecimiento de la burguesía con intereses contrapuestos a los de la nobleza tradicional. Florencia llegó al siglo XVI en medio de pugnas continuas entre facciones políticas que encabezaban diferentes intereses de clases sociales, pero también se debatía el dominio político en Italia, disputado entre los principales centros urbanos: Milán, Venecia, Florencia, Nápoles y el Estado Pontificio de Roma. Como señala Voegelin[19], el año de 1494 fue crucial en el paso a la edad moderna: Fue cuando el rey Carlos VIII de Francia emprendió la invasión a Italia, lo que influyó en la expulsión de los Medici de Florencia y el interludio republicano, durante el cual Maquiavelo se integró como secretario y canciller del gobierno (de 1498 a 1512).

En 1512 Giovanni de Médici (que después fue coronado como Papa León X) logró restablecer la primacía medicea que se mantuvo hasta 1527,

---

18 *Ibidem*, p. 170.
19 VOEGELIN, E., "Machiavelli's Prince: Background and Formation", *The Review of Politics* 13.2 (1951): 142-68.

año en el que los Médici fueron vencidos, para retomar el poder en 1531, cuando el papa Clemente VII (Julio de Médici) nombró duque de Florencia a Alejandro de Médici, quien sustituyó la república por la monarquía.

Nicolás Maquiavelo

Maquiavelo nació el 3 de mayo de 1469 en Florencia en el seno de una antigua familia toscana, que había gozado de gran influencia en el gobierno de Florencia desde el siglo XIII hasta el XV. Su declive inició cuando un miembro de la familia Machiavelli –Girolamo– se confrontó políticamente con Cosimo de Medici, alrededor de 1450, situación que le costó la prisión y el exilio. Esta afrenta de los Medici a los Machiavelli dejó su huella en la memoria de sus descendientes, y por tanto, mientras los Medici mantuvieron la hegemonía, los Machiavelli fueron subordinados y despreciados, como lo señala Juan Manuel Forte en su análisis[20]. Una vez expulsados de Florencia los Medici, en 1498, Niccoló Machiavelli fue nombrado secretario de la Segunda Cancillería, pero perdió esta posición en cuanto los Medici recuperaron su posición de poder, en 1512.

De los antecedentes familiares, se sabe que fue hijo de Bernardo Machiavelli y de Bartolommea dei Nelli. Tuvo dos hermanas mayores que él y un hermano menor. La familia paterna provenía de una pequeña comunidad cercana a Florencia. En las memorias familiares –*Quaderni di Ricordanze*– se encuentran muchos relatos que revelan la trayectoria familiar desde épocas muy lejanas. Se dice que en el año de 1120, un señor Buoninsegna, hijo de Dono dei Machiavelli, tuvo dos hijos varones: Castellano y Dono. Los señores de Montespertoli descendían del primero y los Machiavelli, del segundo[21]. Estas dos dinastías fueron herederas de vastos feudos pertenecientes al castillo de Montespertoli y tuvieron el monopolio de los pesos y medidas. Fueron una familia con privilegios que durante mucho tiempo gozó de una posición distinguida, y varios de sus miembros ocuparon puestos importantes en el gobierno de Florencia. Aún se conserva su escudo de armas en la fuente de la plaza central –*Piazza Machiavelli*– del pueblo de Monterertol. El escudo

---

[20] MAQUIAVELO, *op. cit.*

[21] VILLARI, P., *Maquiavelo Su Vida y Su Tiempo*. México, Biografías Gandesa, 1953.

consiste en una cruz de plata sobre fondo azul, bordeado por cuatro clavos en las esquinas y uno al centro. Así se simbolizaba el nombre de la familia: *mali clavelli*, que significa clavos malos[22].

A lo largo del tiempo las propiedades familiares se mermaron al haberse repartido entre las diferentes ramas de la familia. Villari[23] comenta que Bernardo, el padre de Nicolás Maquiavelo recibió una fortuna muy reducida, aunque conservó ciertos derechos sobre el castillo y algunas casas en el *Ponte Vecchio* de Florencia. Ahí vivieron por mucho tiempo y se mantuvieron durante décadas entre los florentinos notables, pero su estatus fue disminuyendo, hasta perderse casi del todo en tiempos de Nicolás.

Aunque Bernardo era jurista, no desempeñó ningún cargo relevante entre los jueces y notarios, sus ingresos eran escasos y vivían en relativa pobreza a pesar de una parte de la herencia que conservaron. Lo que sí heredó Maquiavelo fue el amor a los libros y su inclinación por la historia y la cultura. En su casa tenían una importante biblioteca con obras de Aristóteles, Cicerón, Justino, Tito Livio y otros. Su madre, Bartolomea era una mujer piadosa y culta, con cierto talento artístico. Compuso versos e himnos a la Virgen María, que dedicó a su hijo Nicolás[24]. De modo que la educación de Maquiavelo desde pequeño inició en casa. Se cultivó en literatura clásica y aunque no se sabe que hubiera cursado la carrera de jurisprudencia, como correspondería a su tradición familiar, sí desarrolló habilidades de oratoria y redacción, y sus obras dan muestra de su sensibilidad para descifrar los enmascarados artificios de la política, además de su extenso conocimiento de los grandes pensadores grecolatinos.

De su infancia no hay registros relevantes, tuvo tres hermanos: Totto, Primerana y Ginevra. Vivieron de forma modesta, excluidos del ámbito político. En 1502 se casó con Marietta Corsini y tuvieron cuatro hijos y dos hijas. Su nieto, Giovanni Ricci fue quien salvó sus escritos y cartas después de la muerte de Nicolás Maquiavelo.

En 1498 los Medici fueron desterrados de Florencia, y ese mismo año, Maquiavelo inició una corta carrera diplomática al servicio del gobierno florentino. Fue nombrado secretario del gobierno *Dei Dieci* (Consejo

---

[22]   FORTE, "Prólogo". En N. MAQUIAVELO, *Maquiavelo. Obra Selecta*. Madrid, Gredos, 2011.
[23]   VILLARI, P., *Maquiavelo Su Vida y Su Tiempo*. México, Biografías Gandesa, 1953.
[24]   VILLARI, *op. cit.*

de los Diez de Libertad y Paz) y encargado de la segunda Cancillería de Asuntos Exteriores y Guerra de la República. Fue confirmado en su puesto en 1500, y se mantuvo ahí hasta la caída del gobierno republicano en 1512, convirtiéndose en un funcionario importante[25]. Se le encomendó la redacción de cartas oficiales y la resolución de asuntos de Estado en territorios de la República y en embajadas exteriores. También tuvo a su cargo la organización de la milicia.

Su primera misión importante fue en 1500, para encargarse de negociar con el rey Luis XII de Francia la reconquista de Pisa, pero no obtuvo gran éxito. También se presentó ante César Borgia, (hijo del papa Alejandro VI, Rodrigo Borgia), que era el capitán general del ejército papal y extendía su dominio con violencia y corrupción, convirtiéndose así en una amenaza para la república de Florencia. La experiencia de Maquiavelo en la corte papal le dio elementos para formarse un criterio de los factores que inciden en el perfil del éxito político, que en nada coincidían con los atributos incluidos en los "espejos de príncipes"[26].

El liderazgo de César Borgia cautivó a Maquiavelo, lo consideraba un hombre grandioso y triunfante, con la suficiente determinación y valentía como para no dejarse intimidar por sus enemigos[27]. Su admiración por César creció al ser testigo de las componendas que fue capaz de llevar a cabo tras la muerte de Alejandro VI, con el obejtivo de lograr la sucesión de Julio II al trono papal en 1506. Algo que llamó la atención a Maquiavelo fue que, a pesar de sus enemistades familiares, César ponderó por encima de las querellas del pasado, la conveniencia que tendría para sus futuros intereses, el ascenso de Giuliano della Rovere al cetro pontificio. Más tarde, Maquiavelo comentó que éste fue el gran error de César, pues creyó que el antagonismo que hubo siempre entre los dos sería olvidado con grandes favores, pero no fue así, ya que Julio II se encargaría de destruirlo[28].

---

[25] VILLARI, *op. cit.*

[26] La literatura relacionada con "espejos de príncipes", reúne una serie de tratados políticos y morales que exponen las cualidades que deben tener los soberanos cristianos.

[27] SAZO, D., *La Revolución de Maquiavelo: El Príncipe 500 Años Después*. Santiago de Chile, Ril editores, 2013.

[28] FORTE, *op. cit.*

A Julio II se le llamó "el papa guerrero", porque emprendió continuas batallas para conservar los dominios de la iglesia, conquistar Bolonia, vencer a los venecianos y arrojar de Italia a los franceses. Como salió bien librado en todas sus cruzadas y logró acrecentar el patrimonio de la Iglesia[29], representó un modelo de nuevo príncipe para Maquiavelo, quien admiró en él su decisión férrea en defensa del territorio italiano[30], así como "su destreza como príncipe eclesiástico que disponía de la religión como una extensión política para el sometimiento de las voluntades". No obstante, advirtió que su impulsividad lo llevaría a la ruina, lo que efectivamente, ocurrió poco después.

Durante todo el tiempo que duró su gestión diplomática, Maquiavelo fue testigo cercano de las ardides de poder de los que se valían los más altos dignatarios de su época. En ocasión de otra embajada a Alemania para impedir que Maximiliano I de Habsburgo invadiera territorios italianos, Maquiavelo observó el tipo de gobierno del emperador a quien lejos de admirar, lo consideró mediocre, un hombre en quien era imposible confiar debido a la ambigüedad de sus decisiones y a su incapacidad para sacar ventaja de los enormes recursos materiales y militares con que contaba[31].

En 1512, cuando los Medici retomaron el poder de Florencia, Maquiavelo fue duramente castigado. El prestigio que había ganado como eficiente secretario de la segunda cancillería republicana fue motivo de sospecha para los Medici, quienes fácilmente encontraron motivos para despojarlo de sus cargos y castigarlo. Primero fue despedido del cargo en el Consejo de los Diez y de la cancillería. Después se le prohibió acudir al palacio por un año, permanecer en Florencia y pagar una multa de mil florines de oro, como castigo por supuestos malos manejos del presupuesto. Más tarde se le acusó de formar parte de una conspiración contra los Medici y por ello fue apresado y torturado con la garrucha, que consistía en tirones de cuerda que provocaban enorme dolor[32].

---

[29] MAQUIAVELO, *op. cit.*, Cap. XI.
[30] SAZO, *op. cit.*, p. 26.
[31] MAQUIAVELO, *op. cit.*, *El Príncipe*, Cap. XXIII.
[32] SAZO, *op. cit.*

Al ser liberado se retiró a su propiedad en San Casciano, cerca de Florencia y se entregó a la vida campestre y a la convivencia con los campesinos. En sus cartas lamenta su soledad y pobreza[33]:

> Cuando llega la noche, regreso a casa y entro en mi escritorio, y en el umbral me quito la ropa cotidiana cubierta de fango y de mugre, me visto paños reales y curiales, y apropiadamente revestido entro en las antiguas cortes de los antiguos hombres donde, recibido por ellos amorosamente, me nutro de ese alimento que sólo es el mío [...] , Y como dice Dante que no hay ciencia sin el retener lo que se ha entendido, he anotado todo aquello de que por la conversación con ellos he hecho capital, y he compuesto un opúsculo: *De principatibus*, donde profundizo todo lo que puedo en las meditaciones sobre este tema, disputando qué es principado[34].

Chevallier comenta las dificultades con que topó Maquiavelo y su amargura por sus exiguos ingresos, el abandono de sus viejos amigos y el desprecio que recibió por parte de los Medici. Esto último le dolía en especial porque significaba un menosprecio a los años de lealtad y honestidad con que sirvió en el gobierno de Florencia. Después de un año de retiro en Sant'Andrea, Maquiavelo volvió a la ciudad con su familia. Murió en abril de 1527, justo después de que los Medici fueron expulsados de Florencia, a los 58 años y fue sepultado en la Santa Cruz. En 1557 fue condenado por el Papa Paulo IV; el Concilio de Trento lo censuró y sus obras fueron puestas en el Índice. *El Príncipe* fue proscrito por el Cardenal Quiroga en 1583[35].

Su obra

De 1513 en adelante, Maquiavelo se dedicó a leer y sobre todo a escribir. En su obra *El Príncipe "De Principatibus"*, dedicada a Lorenzo de Medici

---

[33] MAQUIAVELO, N., *Epistolario 1512-1527*. México, FCE, 2011.
[34] MAQUIAVELO, N., "Carta a Francisco Vettori, 10 de diciembre de 1513". En *Epistolario 1512-1527*. México, FCE, 2011.
[35] CHEVALLIER, *op. cit.*, p. 28.

en 1515, describe los artificios del poder para adquirir y conservar principados. A pesar de más tarde ésta sería una obra monumental del pensamiento político, no despertó interés ni del propio Lorenzo. Se publicó hasta 1531, cuatro años después de la muerte de su autor.

En 1516 escribió los *Discursos sobre la primera década de Tito Livio*, su obra más extensa y referida al estudio del gobierno republicano. Su comedia *La mandrágora*, escrita en 1518, se presentó con mucho éxito en el carnaval de Venecia de 1522, después fue leída en varias ciudades, de tal manera que le aportó al autor la suficiente tranquilidad económica y mayor respeto en la comunidad florentina.

En 1519 escribió *El arte de la guerra*, en la que en estilo socrático presenta el debate sobre cuestiones militares entre personajes reconocidos de su círculo de *Orti Oricellari*[36]. Esta obra fue reconocida por su incisivo conocimiento de las cuestiones militares. Su gran mérito le procuró el encargo de misiones diplomáticas de mediana importancia, pero eso le permitió contribuir de alguna manera a favorecer los intereses de su amada Florencia. Ese mismo año el cardenal Julio de Médicis, futuro Clenmente VII, le encargó escribir la Historia de Florencia.

En 1520 escribió *La vida de Castruccio Castracani*, una biografía de un héroe toscano con numerosas conquistas militares. De acuerdo a Sazo[37], tenía el propósito era dar a conocer el ideario de un príncipe virtuoso capaz de fundar un nuevo Estado.

Sostiene una activa correspondencia con su amigo Francisco Vettori desde 1513. Muchas de sus cartas fueron recopiladas por su nieto y publicadas en *El epistolario*.

El pensamiento político de Maquiavelo

La efervescencia del mercantilismo y las transformaciones sociales y culturales que implicó, explican gran parte de los cambios en la mentalidad del siglo XVI. Lo primero que resalta en las ideas políticas de Maquiavelo es el enfoque utilitarista con el que analiza la actuación de un soberano, de acuerdo al cual la conservación del Estado es el fin último al que debe supeditarse la acción de gobernar.

---

[36] SAZO, *op. cit.*
[37] *Ibidem.*

Su experiencia en la cancillería florentina lo acercó a los gobiernos más influyentes del mundo europeo y fue parte de las negociaciones diplomáticas más relevantes para su país en ese momento, en las que se jugaba el poderío de unos reinos sobre los otros. Entre estos reinos, el de la Iglesia era preponderante. Maquiavelo veía a iglesia como el poder temporal que más obstaculizaba la unidad de Italia porque además de su ambición territorial, exhibía una terrible corrupción moral. Al ser testigo de que en realidad las virtudes éticas no destacaban en los soberanos más exitosos, se dedicó al análisis de las características de los personajes más sobresalientes, quienes en el fondo no tenían el bien común de sus comunidades como el fin último de su acción, sino la victoria en las batallas que acrecentaran el poder del estado que dirigían o al cual se debían.

En cuanto dejan de priorizarse las necesidades humanas en las prácticas políticas, el éxito se mide de acuerdo a la eficacia de las medidas y a la perfección de las técnicas empleadas en la persecución de un fin, que será mantener un estado fuerte para asegurar las ventajas económicas, como lo señala Franceschi[38]. En consecuencia, Maquiavelo no valora la virtud moral como un rasgo indispensable en quien ejerce el poder, sino que enaltece la *virtú*, en el sentido latino que se refiere a cualidades viriles, como el afán guerrero, decidido, audaz, capaz de engañar a los demás cuando así lo requiere el fin. En su concepción, la actuación maliciosa del príncipe, incluso es recomendable, en algunas circunstancias, aunque siempre con sigilo, sin dejarse llevar por los vicios que le harían perder su principado.

El hecho de que los grandes líderes de su entorno no fueran ejemplo de virtudes, sino al contrario, tuvieran una conducta licenciosa, sin límites morales, y sin embargo tuvieran grandes éxitos en sus campañas –como los mismos pontífices de la época, papas y obispos– dejaba claro a Maquiavelo que la bondad por sí misma no lleva al éxito político, pero sí se requiere el cultivo de virtudes como la templanza y la fortaleza para que el dirigente pueda mantenerse firme en el logro de sus fines. Aconseja para ello practicar dos tipos de conducta, la del zorro y la del tigre, disimulando su naturaleza para aparentar fuerza aunque no la tenga.

---

[38] FRANCESCHI, N., *La Política En Tomás de Aquino. Sus Fuentes, Sus Fundamentos y Su Articulación Con La Ética*. Pamplona, Universidad de Navarra, 1994.

Maquiavelo culpa al papado por la debilidad de Italia, no sólo por su vulnerabilidad ante las invasiones extranjeras, sino también por su falta de religiosidad debida a una parte del alto clero corrompido. La permisividad de desórdenes socaba la unión de los italianos que antes estuvieron unidos en la devoción y la religión.

El capítulo XII de los Discursos, se refiere a la importancia de apegarse a la religión, en caso contrario, como el de Italia, a causa de la Iglesia romana, quedó en la ruina[39]:

Los príncipes y las repúblicas que quieren vivir sin que se corrompan las costumbres, deben cuidar, ante todo, de la pureza de la religión y sus ceremonias, y de que siempre sean veneradas, porque el indicio más seguro de la ruina de un Estado es ver despreciado en él el culto divino.

Continúa diciendo que si los príncipes de las naciones cristianas hubieran sido fieles a las doctrinas de Jesucristo, sus repúblicas estarían más unidas y más felices. "El mejor indicio de su decadencia es el ver que los pueblos más próximos a la Iglesia romana, cabeza de nuestra religión, son los menos religiosos"[40]. La prosperidad y fuerza de un país requieren del sometimiento de su gente al gobernante sea republicano o monárquico, como en Francia y la Monarquía española, asegura Maquiavelo.

En contraste con las ideas que expone el *Discurso*, en el *Príncipe*[41], adopta una postura alejada de la ética en cuanto a los atributos admirados en los hombres ilustres. Explica que debe haber realismo en la percepción de la acción política, porque dista mucho "el ser" del "deber ser", porque el ideal de repúblicas y principados de los que se ha hablado antes no corresponde a la realidad, y los hombres no se comportan realmente como deberían hacerlo. Por lo tanto quien pretenda actuar como bueno en todo, acabará en la ruina, rodeado por tana gente que no es buena. Un príncipe que se quiera mantener, tiene que saber cuándo no ser bueno, de acuerdo a la necesidad. Maquiavelo retrata crudamente la realidad política, sabe que lo que escribe en *El Príncipe* es contrario a lo que todo el mundo considera laudable, pero las condiciones humanas requieren

---

[39] MAQUIAVELO, N. "Discurso sobre la primera década de Tito Livio". En N. Maquiavelo, *Maquiavelo. Obra Selecta*. Madrid, Gredos, 2011, p. 296.

[40] *Ibidem*, p. 297.

[41] MAQUIAVELO, *op. cit.*, *El Príncipe*, Cap. XV.

acciones malas para lograr el fin mayor que es la salvaguardia del Estado, "pues si se considera todo debidamente, se hallará algo que parecerá virtud, pero que al seguirlo provocará su ruina, y algo que parecerá vicio, pero que al seguirlo le procura seguridad y bienestar"[42].

El personaje de Maquiavelo

De la personalidad de Maquiavelo no se conoce gran cosa, se le describe como un hombre común en cuanto a sus costumbres y vida cotidiana, sin mucha cercanía afectiva con los suyos. Sabemos por sus escritos y cartas que se sentía descontento con el estilo de vida restringido y excluido al ser proscrito por los Medici. El tono de su escritura es irónico y expresa desdén por las bajezas humanas, tanto en los comportamientos de soberanos débiles o mediocres –entre los que coloca al Emperador Maximiliano de Habsburgo–, como a la ignorancia y sometimiento de los pueblos, presas fáciles del engaño. Considera que los hombres por naturaleza no son buenos y que sólo la prudencia puede llevarlos a controlar su inclinación al mal y a los vicios.

Durante su exilio en el campo tuvo mucho tiempo para meditar, para entablar comunicación con los campesinos e integrar aspectos de su teoría política. Muy probablemente su orgullo herido y el despecho por el rechazo y la marginación que experimentó, no sólo él sino también su padre, fue una motivación personal para describir con cinismo el arte de la guerra y de la política, como extensión de la guerra. Debió de ser indignante para él ver cómo los personajes más corruptos se apoderaban de los gobiernos y sacaban el mayor provecho a costa de abusos e injusticias, mientras que su padre, que era un hombre letrado y de bien, no fue honrado con un puesto a la altura de sus merecimientos.

No se puede decir que fuera un hombre vicioso, ni tampoco que estuviera lleno de virtudes, pero algo revela de su carácter firme la carta que escribió a su hijo Guido en 1527, en la que le aconseja mantener una conducta recta de aprendizaje y virtud:

---

[42] MAQUIAVELO, *op. cit.*, p. 52.

> Es necesario que tú aprendas, y, puesto que ya no tienes excusa para comportarte mal, que te apliques en el aprendizaje de las letras y la música, que ya ves cuánto me honra a mí esa poca virtud que tengo; de manera que, hijo mío, si tú quieres tenerme a mí contento, y beneficiarte y honrarte tú mismo, estudia, compórtate bien, aprende, que si tú te ayudas, todos te ayudarán[43].

Se dice que Maquiavelo amaba Florencia más que a nada, Strauss[44] inclusive comenta que su patriotismo era tal, que estaba por encima de la salvación de su alma. La amargura del fracaso junto con la inteligencia para detectar los ardides del poder, al que no podía acceder, sin duda le generaron sentimientos contrastantes entre la admiración por los grandes villanos de la época y desprecio por la bondad ultrajada de quienes se dejan pisotear. Esto puede explicarse en términos psicológicos como una identificación con el agresor y representa un mecanismo interno para no sentirse vencido ni sometido, sino vencedor y dominante. Los grandes hombres a quienes admiraba eran el ideal que hubiera deseado alcanzar.

La amargura que lo embargó por su impotencia para acceder al lugar de influencia que anhelaba, así como las carencias económicas y soledad en muchas etapas de su vida, lo condujeron a fraguar su teoría política con base en las estrategias bélicas más exitosas que pudo observar, sin importar la crueldad y los males que pudieran acarrear, siempre y cuando se lograran los fines vinculados al bien común. Claramente lo expresa así en el *Discurso*[45]: "Los verdaderos estadistas, al valerse de la crueldad, lo hacen en función del bien común, es decir, en aras de conseguir el fin supremo político, que es el acto de fundación de un Estado o de su conservación".

---

[43]   MAQUIAVELO, *Epistolario 1512-1527*, *op. cit.*
[44]   Leo STRAUSS, *Thoughts on Machiavelli*. Illinois, The Free Press, Glencoe, Ill., 1958.
[45]   MAQUIAVELO, *op. cit.*, *Discurso sobre la última década de Tito Livio*, libro 2, Cap. XXX.

$$\sim$$

IMMANUEL KANT: CONTRACTUALISMO Y CONSTITUCIONALISMO

Juan Fernando Segovia[1]
Universidad de Mendoza–CONICET

Ilustración y convencionalismo

Propósito

Una investigación en curso sobre los fundamentos modernos de la libertad política a partir de la libertad natural, nos llevó a esbozar las características generales del contractualismo en la Modernidad como un resorte de control social[2]. Al hacerlo, nos referimos a Immanuel Kant y su construcción virtual del Estado republicano vía un contractualismo hipotético. En esta ocasión, pretendemos ampliar lo expuesto, profundizando en el constructivismo kantiano a partir de su idea de la Ilustración que enlaza con su filosofía; constructivismo que se manifiesta como contractualismo y constitucionalismo.

---

[1] Doctor en Derecho y en Historia. Investigador del Consejo Nacional de Investigaciones Científicas y Técnicas (CONICET) de Argentina. Profesor titular ordinario de Historia de las Ideas Políticas en la Facultad de Ciencias Jurídicas y Sociales de la Universidad de Mendoza.

[2] SEGOVIA, J. F., *Le contrat social comme mécanisme de contrôle politique*. Catholica, Paris, 2021, pp. 17-31.

Kant y la Ilustración; inmanencia y subjetivación

El breve texto de Kant que lleva el nombre "Respuesta a la pregunta ¿qué es la Ilustración?", escrito en 1784, es un buen punto de partida para acercarnos a su contractualismo[3]. Allí Kant presenta la trama del proceso ilustrado como el atreverse a pensar por uno mismo, hacerlo con la propia razón sin someterse a maestros o tutores. Kant concibe la Ilustración partiendo de la libertad de la razón como libertad de pensar y de expresar lo pensado. En sus propias palabras: la "libertad de hacer un uso público de la propia razón, en cualquier dominio"[4], íntegramente.

Refiere Kant que se trata del pensar de la razón libre del ciudadano, de la independencia intelectual del filósofo, no la del funcionario, pues sólo la de aquél/aquéllos es una razón pública que necesita expresarse públicamente[5]. La propuesta de Kant pone a la Ilustración como consagración de la Modernidad, pues la independencia del pensamiento comporta la autonomía del individuo y/o liberación de la razón; la libre autodeterminación, con prescindencia de las cosas que la libertad quiera[6]; la libertad crítica del poder, cualesquiera que éstos fueren: religiosos, jurídicos, corporativos, morales, políticos, etc.

Por cierto que hay muchos aspectos discutibles, y discutidos, en este concepto[7]. Conste, además, que lo hemos sintetizado al extremo porque

---

[3]   KANT, I., "Beantwortung der Frage: Was ist Aufklärung? (1784)", versión castellana, "Respuesta a la pregunta ¿qué es la Ilustración?". En *Filosofía de la historia. Qué es Ilustración*. La Plata, Terramar, 2004, pp. 33-39.

[4]   KANT, "Respuesta a la pregunta...", *op. cit.*, p. 34.

[5]   KANT, "Respuesta a la pregunta...", *op. cit.*, p. 34.

[6]   KANT, I., "Idee zu einer allgemeiner Geschichte in Weltbürgerlicher Absichr (1784)", en castellano: "Idea de una historia universal desde el punto de vista cosmopolita", Octavo Principio. En *Filosofía de la historia. Qué es Ilustración*. La Plata, Terramar, 2004, p. 29: "Cuando al ciudadano se le impide que busque el bienestar según le plazca -con la única reserva de que emplee medios compatibles con la libertad de los demás- se obstaculiza la vitalidad de la actividad general y con ello las fuerzas del todo".

[7]   De la abundante bibliografía, reenviamos a DELIGIORGI, K., *Kant and the culture of Enlightenment*. Nueva York, State University of New York Press, 2005, pp. 41-53; LESTITION, S., "Kant and the end of Enlightenment in Prussia", *The Journal of Modern History* (Chicago) 65 (1993): 57-112; SCHMIDT, J., "Kant and the politics of Enlightenment: reason, faith, and revolution", *Studies in Eighteenth-Century Culture* (Baltimore) 25 (1996): 225-244; SCHMIDT, J., "What Enlightenment was: how Moses Mendelssohn and Immanuel Kant answered the Berlinische Monatsschrift", *Journal*

lo que nos interesa es, partiendo del uso público de la razón, llegar a la versión kantiana del convencionalismo. Para ello, empero, hay que dar otro paso previo.

La Modernidad puede ser entendida a partir de la subjetivación del mundo de la vida, que consiste en un volverse el sujeto sobre su propio pensamiento para conocer y obtener o elaborar los criterios de juicio acerca del mundo exterior, de las cosas, incluido el hombre mismo. Esto es: la subjetivación del objeto y de la verdad, en el sentido de que la realidad (el ser) y el significado del mundo están determinados por el sujeto pensante, es decir, por el pensamiento. Es el "principio de la inmanencia" en el que C. Fabro ha cifrado la esencia de la filosofía moderna:

> Cuando el inicio se da con *el cogito*, con el acto de pensamiento que ha removido todo contenido del ser, la filosofía ha negado en sí misma su fundamento en el ser y ha colocado el ser bajo la dependencia del pensamiento, mediado por el acto de pensamiento, como quiera que el acto de esta mediación se conciba por los diversos sistemas de la filosofía moderna.[8]

Kant lo dice de este modo: "[...] la libertad de pensar significa el sometimiento de la razón a ninguna otra ley sino a las que ella se da a sí misma [...]".[9] Esas leyes que la razón se da son llamadas máximas: "A todos los principios subjetivos que no proceden de la naturaleza del objeto, sino del interés de la razón con respecto a cierta perfección posible del conocimiento de ese objeto, los denomino máximas de la razón".[10]

Se trata del giro fundamental que Kant llamó "revolución copernicana"[11], pues atribuye a Copérnico el haber observado que el movimiento de los astros era relativo al movimiento del espectador, cambio científico

---

of the History of Philosophy (Baltimore) 30 (1992): 77-101; SCHMIDT, J., "The question of Enlightenment: Kant, Mendelssohn, and the Mittwochsgesellschaft", *Journal of the History of Ideas* (Pennsylvania) 50 (1989): 269-291.

[8] CORNELIO, F. *Introduzione all'ateismo moderno*, 2ª ed, vol. 1. Roma, Studium, 1969, p. 72.

[9] KANT, I., *Was heisst: Sich im Denken orientieren?* (1786), edición española: *Cómo orientarse en el pensamiento*. Buenos Aires, Leviatán, 1982, p. 61.

[10] Kant, I., *Kritik der reinen Vernunft* (1781), edición en castellano, *Crítica de la razón pura*. Buenos Aires, Colihue, 2007, p. 704.

[11] KANT, *Crítica de la razón pura*, *op. cit.*, "Prólogo de la segunda edición, en el año de 1787", pp. 15 y ss.

del que Kant se valió para sostener que los objetos de conocimiento son relativos a quien conoce. Esto quiere decir que, al contrario de la filosofía clásica de corte aristotélico, no son los objetos los que dirigen, miden y ordenan nuestro conocer, sino, a la inversa, es nuestra capacidad de conocer (de pensar) la que dirige, mide y ordena los objetos que conoce (que piensa).

Es el pensamiento (el acto de la razón humana) el que da forma a la realidad, pues sin nuestro pensamiento la realidad sería una materia informe e inaprehensible. El objeto, la realidad, dependen de las categorías *a priori* del pensar del sujeto. Al mismo tiempo comporta la "ausencia de fundamento" para el pensamiento, desde que el pensamiento se funda a sí mismo, no deriva de nada ajeno al pensamiento mismo, él es su fundamento. Kant dirá que la razón no tiene más fundamento que ella misma, de modo que la verdad está en el hombre, es el hombre mismo.

> *Pensar por sí mismo* significa buscar la suprema piedra de toque de la verdad en sí mismo (esto es, en la propia razón), la máxima de pensar siempre por sí mismo es la *ilustración* [Aüfklarung]. [...] servirse de la propia razón no significa sino el hecho de preguntarse a propósito de todo lo que se debe admitir[12].

Ilustración y emancipación

Pensar por sí mismo hace al hombre libre y, por lo mismo, lo hace moral, es decir, dueño de sí mismo y no sujeto a otro. Efectivamente, Kant estima que el oficio del libre pensar del hombre es la causa de su libertad moral[13], de la libertad de obrar conforme a la propia razón. La Ilustración es un proceso sistemático de crítica inmanente y de autocomprensión de la razón[14], un proceso de desarrollo de estándares no autoritarios ni asfixiantes, un proceso subversivo de las autoridades opuestas a la autoridad de la razón[15].

---

[12] KANT, *Cómo orientarse en el pensamiento, op. cit.*, p. 65, nota.
[13] KANT, "Respuesta a la pregunta...", *op. cit.*, p. 38.
[14] LESTITION, *op. cit.*, p. 90.
[15] ONORA, O. "The public use of reason", *Political Theory* 14.4 (1986): 523-551, en especial pp. 533 y 534.

El hombre no sólo tiene libertad de usar su razón ("razonar sobre todo"[16]) y exponer su pensamiento a la sociedad; tiene además el deber de hacerlo. La determinación originaria de todo hombre consiste en ese "progresar"[17]; el progreso es su destino natural y por ello ha de usar la razón y hablar en nombre propio de manera ilimitada, pues está obligado al progreso, especialmente el del conocimiento, aunque éste no lo sea todo[18]. La Ilustración es, por lo mismo, un programa siempre avanzando en persecución de la liberación del hombre de autoridades extrañas a su razón.

Cuando indaga sobre el posible comienzo de la historia humana, Kant confirma su proyecto ilustrado de salir del control de la naturaleza y alcanzar el estado de libertad. Esto es, el trabajo de la razón humana persigue el fin de la liberación del hombre del dominio de la naturaleza en la que ha sido creado y puesto por Dios, "la *emancipación* por parte del hombre del seno materno de la Naturaleza", la salida del estado tosco y simple de sus orígenes, el tránsito de la inmadurez a la mayoría de edad. Sorprendente y herética lectura de la Caída, pues Kant afirma que la expulsión del Paraíso no es sino "el tránsito de la rudeza propia de una simple criatura animal a la humanidad, de las andaderas del instinto a la guía de la razón, en una palabra, de la tutela de la Naturaleza al estado de libertad"[19].

Estado de libertad al que se llega usando libremente de la razón, porque el rasgo distintivo del uso público de la razón está en la crítica pública ("la franca crítica a lo existente"[20]), entendida la crítica como el

---

[16] GONZÁLEZ FISAC, J., "Ilustración y mecanismo. Metafísica del uso privado de la razón", *Estudos Kantianos* 1.1 (2013): 187 y ss., concluye que este razonar es un uso caracterizado como un pensar de carácter no cognoscitivo, porque no guarda relación con objeto alguno, es un indicio de la animación de la facultad, "el rendimiento propio de la razón".

[17] KANT, "Respuesta a la pregunta...", *op. cit.*, p. 37.

[18] Progresar para el hombre significa, según Kant, que él sea "causa" de su propio progreso hacia lo mejor, que sea su "autor", porque posee libertad. KANT, I., "Erneuerte Frage: Ob das menschliche Geschlecht im beständigen Fortschreiten zum Besseren sei (1797)", traducción española: "Reiteración de la pregunta de si el género humano se halla en constante progreso hacia lo mejor". En *Filosofía de la historia. Qué es Ilustración*. La Plata, Terramar, 2004, p. 155.

[19] KANT, I. *Muthmaßlicher Anfang der Menschengeschichte* (1786), edición en castellano: *Probable inicio de la historia humana*, en *Ideas para una historia universal en clave cosmopolita y otros escritos sobre Filosofía de la Historia*. Madrid, Tecnos, 1987, p. 66.

[20] KANT, "Respuesta a la pregunta...", *op. cit.*, p. 39.

enjuiciamiento de lo que se considera "inconmovible" (tal, la religión y sus dogmas) en atención al progreso, al mejoramiento humano. La razón, llegada la mayoría de edad de la humanidad, se convierte en censura y el uso de la razón es incensurable, sólo la razón censura a la razón.

Ilustración, convencionalismo y constitucionalismo liberal

No pocas interpretaciones de la Modernidad y de la Ilustración se centran especialmente en el despliegue de la libertad en todos los ámbitos, hasta la consagración de un estatuto de los derechos del hombre. Sin embargo, consideramos que esta perspectiva debe necesariamente complementarse con otra, la de la soberanía, porque no hay libertad ni derechos para los hombres sin el poder del Estado, de un Estado que las proteja y garantice, protección y garantía que importan la obediencia política, demandada por la autoconservación del Estado, incluso un Estado constitucional de derecho[21]. Kant es un claro ejemplo de ello.

La razón intersubjetiva

Para los intérpretes, el kantiano uso público de la razón es un uso compartido y generalizado, pues en principio está encomendado a todo hombre: nadie debe pensar por el otro. Si la razón es crítica, ella no está libre de esa crítica (autocrítica)[22], que es algo así como el método del progreso. Luego, implica un espacio de expresión del propio pensamiento y de confrontación con el pensamiento del otro, un espacio público

---

[21] *Cfr.* SEGOVIA, J. F., *Tolerancia religiosa y razón de Estado. De la Reforma protestante al constitucionalismo liberal.* Madrid, Dykinson, 2021.

[22] KANT, *Crítica de la razón pura, op. cit.*, pp. 765-766: "La razón, en todas sus empresas, debe someterse a la crítica, y no puede menoscabar la libertad de esta con ninguna prohibición, sin perjudicarse a sí misma y sin atraer sobre sí una sospecha que le es desfavorable. No existe nada tan importante, en lo que toca al provecho, nada tan sagrado, que pueda sustraerse a esta inspección que controla y que examina, y que no conoce acepción de personas".

de comunicación del pensamiento que sea tan amplio como la misma razón[23]. Es un decir, un espacio de correspondencia intersubjetiva[24].

En *Cómo orientarse en el pensamiento* Kant propone abandonar la idea del pensador solitario e integrar una comunidad de pensamiento, algo así como ejercer en común el derecho a pensar: "¿pensaríamos mucho, y pensaríamos bien y con corrección, si no pensáramos, por decirlo así, en comunidad con otros, que nos comunican sus pensamientos y a los que comunicamos los nuestros?"[25].

La cuestión es, entonces, cómo establecer este "parlamento del libre-pensamiento". El planteo kantiano necesariamente impulsa un remedio político. Retengamos, por lo pronto, que el respeto de la razón supone la construcción de un ámbito nuevo, el de la razón pública como espacio de intercambio racional. "Nuestra época –escribió Kant en la presentación de la *Crítica de la razón pura*– es, propiamente, la época de la crítica a la que todo debe someterse", que concede el respeto genuino que la razón sólo acuerda a "quien ha podido sostener un examen libre y público"[26].

La opinión pública –de eso es de lo que incipientemente se trata[27]– es esa expansión de la razón crítica individual a toda la sociedad, la puesta en marcha de la Ilustración cosmopolita, una gran devoradora de la autoridad, secular o religiosa; un gran cerebro pensante, un "pleroma" gnóstico compuesto de una miríada de razones[28], una suerte de psicoanalista

---

[23] ONORA, *op. cit.*, pp. 532 y ss.

[24] De estas impresiones ha tomado J. Habermas las ideas de acción comunicativa y democracia deliberativa. Por supuesto que en Kant se trata de una utopía, si se quiere "literaria", filosófica; en Habermas se ha vuelto una utopía "sociológica", política. *Cfr.* SEGOVIA, J. F., *Habermas y la democracia deliberativa. Una «utopía» tardomoderna.* Madrid, Marcial Pons, 2008.

[25] KANT, *Cómo orientarse en el pensamiento, op. cit.*, p. 60. Continúa Kant diciendo "[...] que el poder externo que priva a los hombres de la libertad de comunicar pública-mente sus pensamientos los priva también de la libertad de pensar".

[26] KANT, *Crítica de la razón pura, op. cit.*, "Prólogo" de 1781, p. 8, nota.

[27] HABERMAS, J., *Strukturwandel der Öffentlichkeit. Untersuchungen zu einer Kategorie der bürgerlichen Gesellschaft*, (1962), edición en castellano: *Historia y crítica de la opinión pública. La transformación estructural de la vida pública.* Barcelona, Gustavo Gili, 1994, pp. 136-149.

[28] KANT, *Cómo orientarse en el pensamiento, op. cit.*, p. 66, son los ya ilustrados los que deben ilustrar a la sociedad, a la época; KANT, I., *Der Streit der Fakultäten* (1798), edición en español: *El conflicto de las facultades.* Buenos Aires, Losada, 2004, II, 8, p. 123, estos ilustrados son los filósofos educadores del pueblo (*Aufklärer*), instructores o profesores

colectivo que Rousseau dirá es la Voluntad General, que descubre la locura de la civilización –el fanatismo y el prejuicio, el dogmatismo y el oscurantismo– y ofrece el remedio de la racional y dulce reconciliación –la libertad de pensamiento y de palabra–. En palabras de Kant: "dejad que nuestro adversario hable sólo con la razón, y atacadle sólo con armas de la razón"[29], pues no hay ninguna autoridad extraña a la razón.

Concepción típicamente elitista ilustrada, que expresa suficientemente la confianza en los ya ilustrados, los "ideólogos" como se los llamó en Francia. Sin embargo, un inconveniente intrínseco a la propuesta kantiana es la imposibilidad práctica, ya no de alcanzar la verdad o "un sentido unitario de lo real", como escribe La Rocca[30], sino de una acuerdo práctico que tenga permanencia en el tiempo. Por la sencilla razón de que el avance de la razón está montado sobre la crítica no sobre el acuerdo; la razón progresa en la medida que censura y se censura, critica y se critica. Porque la crítica es lo que libremente hace la razón[31].

Otra vez, para impedir esta tarea demoledora y autodemoledora de la razón es indispensable una instancia no criticable, es decir, un uso privado de la razón como el de los funcionarios y las instituciones estatales, garantes de la "constitución republicana" como límite o control. Ni la tradición ni Dios o la religión pueden serlo. Todos los racionalistas, de Hobbes a Kant y Hegel, pasando por Spinoza y Locke, acaban admitiendo el poder de la soberanía para controlar, reglar y prohibir las ideas inconvenientes a la subsistencia del Estado, es decir, la "razón de Estado".

Los derechos de la razón: hacia la república

La idea de Kant acerca de la libertad de la razón se puede encontrar en toda su obra. Tomemos un escrito posterior al ensayo sobre la Ilustración, *En torno al tópico:* "Tal vez eso sea correcto en teoría, pero no sirve para

---

libres de derecho, que tienen también la tarea de hacer saber al gobierno la voluntad popular en cuanto a sus derechos. Pero DELIGIORGI, *op. cit.*, p. 61, niega que se privilegie a los filósofos, pues Kant propone un libre debate público basado en la autoridad de la razón no en la de las personas. Empero, los textos kantianos son clarísimos.

[29] KANT, *Crítica de la razón pura, op. cit.*, p. 770.

[30] LA ROCCA, C., *Kant y la Ilustración.* Isegoría, Madrid, 2006, p. 123.

[31] Véase el notable libro de KOSELLECK, R., *Kritik un Krise* (1959), edición castellana: *Crítica y crisis del mundo burgués.* Madrid, Rialp, 1965.

la práctica", de 1793. Kant reconoce, como antes Spinoza y Locke, que el hombre tiene "derechos inalienables", no sólo en el sentido de que no puede renunciarlos aunque lo quisiera, sino, fundamentalmente, porque el propio individuo titular de esos derechos es quien tiene la facultad para juzgar de ellos[32]. La inalienabilidad del derecho comporta tanto su inenajenabilidad porque son el sello de la autonomía individual, la libre autodeterminación, porque el hombre es dueño de sí mismo[33], dueño de "buscar su felicidad por el camino que mejor le parezca", según la fórmula de Kant[34].

Entre tales derechos, derechos de la Ilustración, todo individuo tiene el de criticar públicamente las resoluciones del gobierno que no lo conformen o lo contraríen. Y en esto consiste la libertad de expresión, paradigma del uso público de la razón, pues "*la libertad de pluma* es el único paladín de los derechos del pueblo", con la sola condición de ser ejercida

> dentro de los límites del respeto y amor a la constitución en que se vive, gracias al modo de pensar liberal de los súbditos, también inculcado por esa constitución, para lo cual las plumas se limitan además mutuamente por sí mismas con objeto de no perder su libertad[35].

Ese espíritu liberal ha de imperar en las repúblicas, porque los reyes y príncipes deben dejar que los filósofos expongan públicamente sus cuestiones[36], que como darles un permiso de inmunidad para la discusión racional, campo libre a la razón para que despliegue sus proyectos. En la primera *Crítica* había Kant establecido ya que el principio regulador de la razón práctica es la libertad[37].

Para Kant la libertad de la razón conforma un sistema: la libre obediencia a la ley resulta de un régimen de libertad que tiene su origen en

---

[32] KANT, I., "Über den Gemeinspruch: Das mag in der Theorie richtig sein, tag aber nicht für die Praxis (1793)", traducido al español: "En torno al tópico: Tal vez eso sea correcto en teoría, pero no sirve para la práctica". En *Teoría y práctica*, 2ª ed. Madrid, Tecnos, 1993, II, Conclusión, p. 46.

[33] *Ibidem*, II, p. 32.

[34] *Ibidem*, p. 27.

[35] *Ibidem*, p. 47.

[36] KANT, I., *Zum ewigen Frieden* (1795), edición española: *Sobre la paz perpetua*, 6ª ed. Madrid, Tecnos, 1998, suplemento al segundo artículo secreto para la paz perpetua, p. 42.

[37] KANT, *Crítica de la razón pura, op. cit.*, p. 816: "Práctico es todo lo que es posible por libertad".

la libertad de la razón que da la constitución libre. Si el hombre tiene el deber de obedecer la constitución estatal, es porque existe:

> [...] un *espíritu de libertad*, pues en lo que atañe al deber universal de los hombres todos exigen ser persuadidos racionalmente de que tal coacción es legítima, a fin de no incurrir en contradicción consigo mismos[38].

Algo queda en el cedazo pues, más acá de las tensiones, el hecho decisivo está en la postulación de la razón como "piedra de toque de la verdad". El concepto puede sonar clásico, pero solamente en la cacofonía, porque, dado el paso copernicano del comienzo, el que la razón sea la piedra de toque de la verdad cobra otro significado: pensar por uno mismo es lo mismo que buscar "la verdad en uno mismo", no la verdad de las cosas en las cosas sino la verdad que yo ya soy y que tengo. En esto consiste la Ilustración: "la máxima de pensar siempre por sí mismo es la ilustración", reitera Kant[39].

El hombre, que es actor de su bienestar, que es capaz de mejorar porque es libre en tanto dotado de razón, es el sujeto racional del nuevo proceso político que impulsa hacia una constitución republicana. En un pasaje de su escrito acerca de si la humanidad avanza hacia un estadio mejor, Kant responde afirmativamente al planteo:

> Esta causa, que interviene moralmente, es doble: en primer lugar, la del derecho: un pueblo no debe ser impedido por ningún poder para darse la constitución civil que le parezca conveniente; en segundo lugar, la del fin (que, al mismo tiempo, es deber): la constitución de un pueblo únicamente será en sí conforme al derecho y moralmente buena si su naturaleza es tal que evita, según principios, la guerra agresiva, lo cual, al menos según la idea, sólo puede hacerlo una constitución republicana, es decir, capaz de ingresar en la condición que posibilita el alejamiento de la guerra (fuente de todo mal y de toda corrupción de las costumbres).[40]

---

38 KANT, "En torno al tópico...", *op. cit.*, II, Conclusión, p. 48.
39 KANT, *Cómo orientarse en el pensamiento, op. cit.*, p. 65.
40 KANT, "Reiteración de la pregunta...", *op. cit.*, 6, p. 157.

Kant ha dado el paso de la abstracta libertad de pensar a la formulación de una constitución republicana sobre la base de esa libertad y con el propósito de garantirla y reforzarla.

Ilustración y convencionalismo

El imperativo práctico de sustituir la violencia por el pacto como acuerdo pacificador es lo que ha llevado a los filósofos a proponer la idea del contrato social[41]. Los teólogos, y los príncipes no menos, al poner los fundamentos de la asociación civil en otra cosa que no es la razón, han justificado el disenso y abierto el camino a la violencia. Para el filósofo el imperativo práctico de vivir en concordia es el modo de sacudirse la inestabilidad producida por la necesidad de dirimir las desavenencias nacidas de esta disputa generalizada. La idea de una constitución republicana sirve a tal fin, idea racional a la que deberá ajustarse la república real[42].

Una década después del ensayo sobre la Ilustración, Kant abandona la posibilidad de un paternalismo ilustrado, calificando al despotismo de régimen despreciable: la libertad de pensamiento exige libertad política. Escribe Kant:

---

[41] De hecho, algunos entienden que el supuesto contractualista funda la distinción entre uso privado y uso público de la razón, de modo tal que el uso privado (el de las autoridades) supone una base contractual que lo legitima. *Cfr.* CRONIN, C., "Kant's politics of Enlightenment", *Journal of the History of Philosophy* 41.1 (2003): 56-57; SCHMIDT, "The question of Enlightenment...", *op. cit.*, pp. 288-291. No obstante, si, como se verá, el contrato para Kant es una ficción, la distinción tan discutida será ficticia también, de donde habrá que concluir que el remedio propuesto es, lo advertimos, puramente mental.

[42] KANT, "Reiteración de la pregunta...", *op. cit.*, 6, p. 162: "La idea de una constitución, en armonía con el derecho natural del hombre, es decir, de una constitución por la cual los que obedecen la ley deben, al mismo tiempo, reunidos, ser legisladores, fundamenta todas las formas estatales, y la comunidad que se adecua a ella -pensada por conceptos puros de la razón- se denomina un ideal platónico (*res publica noumenon*), que no es una hueca quimera, sino la eterna norma de cualquier constitución civil en general y del alejamiento de toda guerra. Una sociedad civil organizada de acuerdo con ella la patentiza a través de un ejemplo de la experiencia y según leyes de la libertad (*res publica phaenomenon*). Pero sólo se la puede conquistar penosamente a lo largo de muchas hostilidades y guerras; mas, una vez lograda en su conjunto, merece el calificativo de ser la mejor posible, porque aleja la guerra destructora de todo bien".

> No un gobierno paternalista, sino uno patriótico (*imperium non paternale, sed patrioticum*), es el único que cabe pensar para hombres capaces de tener derechos, tomando en consideración, al mismo tiempo, la benevolencia del soberano.[43]

Nótese que Kant ya no respeta la distinción entre uso privado y uso público de la razón, porque la misión de diseñar idealmente la república supone desdoblar ese uso público. Esquemáticamente sería así: en la base del nuevo régimen está el uso público de la razón por parte de los filósofos que discuten y censuran la deriva de la libertad; en una instancia media, está el uso privado de la razón ejercido por los funcionarios civiles y las autoridades intermedias sujetándose a las normas de su oficio; y en la cúspide se encuentra nuevamente el uso público de la razón de los ciudadanos que pactan libremente la constitución republicana, que es la norma suprema. Digámoslo con nombres más conocidos: opinión pública, poderes constituidos y poder constituyente.

Retomemos el razonamiento kantiano. Hay que organizar la paz. En esta inquietud se funda el optimismo utópico de Kant a Habermas: establecer una comunidad de diálogo que produzca el consenso constitutivo de la república. Afirma O. Höffe que Kant busca un "orden puramente racional, la situación de derecho, que no es el Estado en general, sino la república, es decir, un Estado constitucional", no despótico[44]. En tal sentido, el pacto o contrato social, entendido como la unión civil, es un fin en sí mismo.

Como expone Kant en el "Prólogo" de *La metafísica de las costumbres*, en la filosofía práctica hay que distinguir los elementos empíricos, propios de una antropología práctica (que dan lugar a la libertad negativa como eliminación de la determinación por impulsos sensibles), de los elementos racionales correspondientes a una moralidad pura (que es la libertad positiva, determinada sólo por la razón práctica en sí misma)[45]. En

---

[43] KANT, "En torno al tópico...", *op. cit.*, II, pp. 27-28.

[44] HÖFFE, O., *Acerca de la fundamentación contractualista de la justicia política: una comparación entre Hobbes, Kant y Rawls*. En *Estudios sobre teoría del derecho y la justicia*. México, Fontamara, 2004, p. 26.

[45] El procedimiento es similar al de Rousseau: descartar los hechos, apartar la consideración de las circunstancias, salir de la historia, para entrar en el reino de la razón

esto consiste la "libertad del arbitrio"[46]. Hecho esto, Kant puede concebir la moralidad como pura racionalidad que no se deriva ni se funda en lo empírico: el principio de la moralidad es la autonomía de la voluntad, el imperativo categórico[47]. No pueden serlo el amor propio, el propio interés o la felicidad o la virtud personales porque son formas heterónomas, espureas, de la voluntad, no libres de elementos empíricos[48].

Con esta primera separación nos encaminamos a los fundamentos del contractualismo kantiano, si bien todavía hace falta separar derecho y virtud, legalidad y moralidad[49], como quien separa las normas de las acciones externas de las personas, su ordenación según la ley, de las convicciones personales que fundan las conductas de los individuos[50].

En consecuencia, el contrato para Kant parte del imperativo categórico de la autonomía de la voluntad y pretende una ordenación exterior de la conducta humana, independientemente de los valores o virtudes subjetivamente pretendidos por las personas. Para Kant el bien más elevado es la buena voluntad[51], entendida como la voluntad que actúa conforme a máximas que pueden ser universalizadas de modo que no viole la dignidad humana, esto es, los hombres considerados como un

---

pura. En las consideraciones morales Kant manda no atender a ningún fundamento material, en especial los fines. *Cfr.* KANT, I., *Die Religion Innerhalb der Grenzen der blossen Vernunft* (1793), edición en español: *La religión dentro de los límites de la mera razón*, 2ª ed. Madrid, Alianza, 1981, pp. 19-20.

[46] KANT, I., *Metaphysic der Sitten* (1797), versión en castellano: *La metafísica de las costumbres*, 4ª ed. Madrid, Tecnos, 2004, "Introducción", I, pp. 16-17.

[47] *Ibidem*, "Prólogo", pp. *5 y ss.;* "Introducción", I, pp. 13 y ss.

[48] LESTITION, *op. cit.*, pp. 87-88.

[49] *Cfr.* RILEY, P., *Will and political legitimacy. A critical exposition of social contract theory in Hobbes, Locke, Rousseau, Kant, and Hegel.* Cambridge, Harvard U.P., 1982, cap. 5.

[50] KANT, *La metafísica de las costumbres, op. cit.*, p. 39: "el derecho es el conjunto de condiciones bajo las cuales el arbitrio de uno puede conciliarse con el arbitrio del otro según una ley universal de la libertad". Y a renglón seguido añade: "Una acción es conforme a derecho (*recht*) cuando permite, o cuya máxima permite a la libertad del arbitrio de cada uno coexistir con la libertad de todos según una ley universal".

[51] KANT, I., *Grundlegung zur Metaphysik der Sitten* (1785), versión en castellano: *Fundamentación de la metafísica de las costumbres*, 2ª ed. Madrid, Alianza, 2012, p. 79: "No es posible pensar nada dentro del mundo, ni después de todo tampoco fuera del mismo, que pueda ser tenido por bueno sin restricción alguna, salvo una *buena voluntad*". Luego, el bien moral depende sólo de la volición, lo que Kant llama "principio del querer" (*Ibidem*, pp. 90-91).

fin en sí mismos[52]. De esta manera Kant pretende subordinar el derecho y la política a la moral.

El contrato es una idea universal de la razón práctica que no se sustenta en suposiciones empíricas sobre la naturaleza humana; y, por ser la moralidad pura, debe aplicarse a las personas humanas. Se convierte en una idea reguladora de la legalidad, de las leyes positivas del Estado y de las conductas individuales, porque es el principio mismo de la justicia y la norma política fundamental. Pues siendo autónomos los Estados, no puede pensarse ningún derecho originario sobre un pueblo sino a partir de la idea de un contrato también originario[53].

El estado de naturaleza preconstitucional es de la misma índole: una construcción racional elaborada sobre una privación, la del derecho y la constitución, una situación de absoluta libertad de hacer lo que se quiera y, por lo mismo, de inseguridad de la propiedad y de la propia felicidad[54]. Según O. Höffe todo lo que se habían planteado los anteriores contractualistas sobre la vida en el estado de naturaleza, en Kant es superado por vía de disolución, pues se han vuelto discusiones irrelevantes[55]. Le basta con señalar la conflictividad del estado natural de los hombres, conflicto que nace de la misma condición humana, la libre arbitrariedad, y el común ámbito de vida, la guerra[56].

Toda la Sección Primera de *Sobre la paz perpetua* consiste en un ejercicio racional: toma a los Estados como si fuesen individuos, viviendo en un estado de naturaleza, imaginando leyes que llevarán a celebrar un tratado que asegure la paz perpetua, un contrato que permita el paso al estado civil, saliendo del estado de guerra. Hecho esto, la Sección Segunda comienza con una definitiva caracterización:

> El estado de paz entre hombres que viven juntos no es un estado de naturaleza (*status naturalis*), que es más bien un estado de guerra, es decir, un

---

[52] Tal el imperativo categórico establecido en KANT, *La metafísica de las costumbres*, *op. cit.*, p. 47. La dignidad del hombre racional es irrenunciable, porque es el índice de su sublimidad moral. *Ibidem*, pp. 299, 300, 335, *passim*.

[53] KANT, *Sobre la paz perpetua*, *op. cit.*, Sección Primera, 2, p. 6.

[54] KANT, *La metafísica de las costumbres*, *op. cit.*, pp. 70-72, 135-138, y pp. 140-142.

[55] HÖFFE, *op. cit.*, p. 23.

[56] La guerra es propia del estado de naturaleza en el que no hay tribunal, sino fuerza para afirmar el derecho, afirma KANT, *Sobre la paz perpetua*, *op. cit.*, Sección Primera, 6, p. 10.

estado en el que, si bien las hostilidades no se han declarado, sí existe una constante amenaza. El estado de paz debe, por tanto, ser *instaurado*, pues la omisión de hostilidades no es todavía garantía de paz y si un vecino no da seguridad a otro (lo que sólo puede suceder en un estado *legal*), cada uno puede considerar como enemigo a quien le haya exigido esa seguridad.[57]

El pacto en Kant no explica ni expone un proceso histórico, solamente establece racionalmente el mecanismo para controlar y dominar la diversidad violenta entre los hombres; el Estado no persigue la mejora de los ciudadanos, no busca su bien, únicamente instaura procedimientos que aseguran una conducta cívica colectiva obediente de la organización colectiva. Para Kant la política, la legislación, es el medio por el cual un Estado puede establecer un contexto jurídico que haga posible la moralidad[58]. Si el principio de moralidad implica conformar la voluntad particular a los principios universales de la razón práctica, el derecho político consiste en ajustar las acciones externas a una regla coherente con una libertad igual para todos.

Una constitución de la máxima libertad humana –asegura Kant– según leyes que hagan que la libertad de cada cual pueda coexistir con la de los otros (no de la máxima felicidad, pues ésta seguiría ya por sí misma) es, por lo menos, una idea necesaria, que se debe poner por fundamento no solamente en el primer diseño de la constitución de un Estado, sino también en todas las leyes; y en ella, al comienzo, se debe hacer abstracción de los obstáculos presentes, que quizá no surjan tanto de la naturaleza

---

[57] *Ibidem*, Sección Segunda, p. 14. Kant toma de aquí y de allá, de Hobbes y de Locke.

[58] *Ibidem*, Apéndice I, p. 60: "La verdadera política no puede dar un paso sin haber antes rendido pleitesía a la moral, y, aunque la política es por sí misma un arte difícil, no lo es, en absoluto, la unión de la política con la moral, pues ésta corta el nudo que la política no puede solucionar cuando surgen discrepancias entre ambas. El derecho de los hombres debe mantenerse como cosa sagrada, por grandes que sean los sacrificios del poder dominante. En este asunto no se puede partir en dos e inventarse la cosa intermedia (entre derecho y utilidad) de un derecho condicionado por la práctica; toda política debe doblar su rodilla ante el derecho, si bien cabe esperar que se llegará a un nivel, aunque lentamente, en que la política brillará con firmeza".

humana de manera inevitable, sino más bien del abandono de las auténticas ideas en la legislación.[59]

Las leyes del Estado deben ser principios a los que los hombres puedan consentir razonablemente, mientras que las normas morales requieren de una voluntad y un esfuerzo actuales. Para Kant, lo ha visto bien Riley, el contractualismo se hace hipotético porque no involucra el consentimiento real, actual[60]. Sin embargo, el Estado debe evolucionar en la dirección del republicanismo de *La Paz Perpetua*, "de modo que un día un universo de repúblicas –dice Riley– legislará sólo aquellas cosas que son congruentes con las demandas de moralidad, aunque los motivos de la obligación moral y política seguirán siendo distintos"[61].

El contrato social es una ficción que cumple con la función de legitimar las ficciones subsiguientes, similar a la *Grundnorm* de Hans Kelsen. Primeramente, es el fundamento legítimo de toda sociedad civil, no hay otro modo por medio del cual puedan constituirse con legitimidad: "he ahí un *contrato originario*, el único sobre el que se puede fundar entre los hombres una constitución civil, legítima para todos sin excepción, el único sobre el que se puede erigir una comunidad".

Confirma Kant que la comunidad política no es natural, proviene de una convención que, en todo caso, es irreal, hipotética. En segundo lugar, del contrato emana el principio de legalidad de la legislación secundaria, en el sentido de que la voluntad popular es "la piedra de toque de la legitimidad de toda ley pública"[62].

---

⁵⁹ KANT, *Crítica de la razón pura, op. cit.*, p. 396.

⁶⁰ KANT, *La metafísica de las costumbres, op. cit.*, pp. 145-146: "El acto por el que el pueblo mismo se constituye como Estado -aunque, propiamente hablando, sólo la idea de éste, que es la única por la que puede pensarse su legalidad- es el *contrato originario*, según el cual todos (*omnes et singuli*) en el *pueblo* renuncian a su libertad exterior, para recobrarla en seguida como miembros de una comunidad, es decir, como miembros del pueblo considerado como Estado (*universi*): y no puede decirse que el Estado, el hombre en el Estado, haya sacrificado a un fin una *parte* de su libertad exterior innata, sino que ha abandonado por completo la libertad salvaje y sin ley, para encontrar de nuevo su libertad en general, integra, en la dependencia legal, es decir, en un estado jurídico; porque esta dependencia brota de su propia voluntad legisladora". Ahora Kant toma de Rousseau.

⁶¹ RILEY, *op. cit.*, pp. 18, 132 y ss.

⁶² KANT, "En torno al tópico...", *op. cit.*, II, Conclusión, pp. 36-37.

Convencionalismo y constitucionalismo republicano

La constitución republicana es sólo posible gracias a la Ilustración[63], pues la libertad que la Ilustración reclama para el uso público de la razón no se detiene en la crítica de la religión sino que alcanza a la crítica de la legislación[64]. Es cierto que Kant coqueteó con el absolutismo ilustrado prusiano en sus primeros trabajos sobre la Ilustración[65], pero con el tiempo avanzó en el diseño de una nueva legitimidad. Es evidente en su escrito de 1795 *Sobre la paz perpetua*, en el que postula los tres pilares del "contrato originario", que son derechos humanos innatos e inalienables, a saber: la libertad jurídica de los ciudadanos, la subordinación de los súbditos a una legislación común por ellos consentida, y la igualdad de todos los ciudadanos[66].

La constitución aglutina una multitud dispersa dándole la forma de pueblo, dotado de una voluntad general constitutiva del Estado[67]. Kant camina ahora en los andariveles de Rousseau: la voluntad general es ley, goza de universalidad, generalidad, no es gobierno o ejecución.

> El acto de la voluntad general no es un acto ejecutivo [entiende González Fisac]; no se trata de la voluntad de la voluntad, si puede decirse así. Lo que quiere la voluntad es el estado, la comunidad misma. En cierto modo, también podríamos expresarlo así, es una *voluntad de forma*. Por eso este

---

[63] Foucault, en su lectura de estos textos kantianos, entiende que ese es el fruto de la Ilustración, es decir, de la Revolución: "Un tal fenómeno en la historia de la humanidad no se olvida ya porque ha revelado una disposición en la naturaleza humana, una facultad de progresar tal que ninguna política habría podido sacarla del curso anterior de los acontecimientos a fuerza de sutilezas; únicamente la naturaleza y la libertad reunidas en la especie humana, según los principios internos del derecho, estaba en condiciones de anunciarlo aun cuando de una manera indeterminada y como un acontecimiento contingente". FOUCAULT, M., "Un curso inédito (1983)", *Sociología. Revista de Sociología de UNAULA* 8-9 (1985): 94.

[64] KANT, "Respuesta a la pregunta...", *op. cit.*, p. 38.

[65] *Cfr.* CRONIN, *op. cit.*, pp. 65-69.

[66] KANT, *Sobre la paz perpetua*, *op. cit.*, Segunda Sección, primer artículo definitivo de la paz perpetua, pp. 15-16.

[67] *Ibidem*, p. 18, la constitución es "[...] el acto de la voluntad general por el que una masa se convierte en un pueblo".

acto tiene que ser específico, que es lo que en el régimen republicano se expresa como separación de poderes[68].

Ahora no es Rousseau sino la vulgata liberal, pues la confusión de los poderes es propia del despotismo, de la democracia.

> El *republicanismo* [escribe Kant] es el principio político de la separación del poder ejecutivo (gobierno) del legislativo; el despotismo es el principio de la ejecución arbitraria por el Estado de leyes que él mismo se ha dado, con lo que la voluntad pública es manejada por el gobernante como su voluntad particular.

La democracia, que confunde los poderes, es:

> necesariamente un *despotismo*, porque funda un poder ejecutivo donde todos deciden sobre y, en todo caso, también contra *uno* (quien, por tanto, no da su consentimiento), con lo que todos, sin ser todos, deciden; esto es una contradicción de la voluntad general consigo misma y con la libertad[69].

La separación de poderes en legislativo y ejecutivo replica, en cierto modo, el uso público y el uso privado de la razón, pero con una salvedad: ya no hablamos de razón sino de "voluntad", como volición de lo universal (el pensar, la ley) y de lo particular (el hacer, el gobierno). Tal separación es el fundamento del carácter representativo de la república, porque el legislador no se confunde con el ejecutor de la ley[70].

La constitución republicana, entonces, gozará de representatividad, lo que quiere decir que, siendo una voluntad pública, es capaz de ponerse

---

[68] GONZÁLEZ, *op. cit.*, p. 198. Continúa así: "El acto ejecutivo, en cambio, no afecta a la voluntad. El acto ejecutivo quiere de otra manera porque no considera a los otros, no quiere poniéndose en el lugar de cualquier otro, sino que tan sólo tiene en cuenta al sujeto que detenta el poder, quiere desde sí mismo. Es decir, no tiene en cuenta la generalidad como objeto, o como fin, tanto da, que es una consideración de carácter formal, y se limita a tener, *inne haben*, el poder, que sólo atiende a los efectos que emanan de quien lo detenta y al curso que pueden o no pueden seguir".

[69] KANT, *Sobre la paz perpetua, op. cit.*, Segunda Sección, primer artículo definitivo de la paz perpetua, pp. 18-19.

[70] *Ibidem*, p. 19.

en el lugar de otro, ser la voluntad de todos, lo que no puede hacer una voluntad particular. Tal voluntad pública es la justicia que asegura la universalidad de la ley o de la norma; *rectius*, la justicia es la ley misma[71]. El pueblo de ciudadanos constituyentes piensa y legisla en el lugar de todos; pero el Estado constituido es un mecanismo que sólo mira por sí mismo y para sí mismo. Kant, como antes Rousseau, funda la razón de Estado ilustrada en la ficción de la voluntad popular: el Estado, que no hace la ley constitucional sino que la aplica, actúa por sí según sus fines fijados por el mismo pueblo soberano.

Debemos insistir en un punto: el contrato kantiano es hipotético, una idea reguladora de la razón; luego el consentimiento de los ciudadanos también es hipotético en tanto ficticio. En Kant el contrato no tiene más forma que la de la constitución republicana y el único consentimiento expreso que requiere es para declarar la guerra[72]; todo otro consentimiento es supuesto por fingido, es un presupuesto para el funcionamiento de las instituciones. Es virtual. Se trata, si se quiere, de un acto de autonomía individual, de la libertad interna de los individuos que se manifiesta en la obediencia a las autoridades establecidas[73]. El consenso es un acto de la autoconciencia, vive en el interior intangible de los individuos y se hace público en el acatamiento del poder. Estamos tentados de afirmar que el consenso, confundido en la obediencia al poder, constituye un uso privado de la razón.

Mecanicismo político y egoísmo liberal

El contrato republicano kantiano está moldeado en el procedimiento de Rousseau e inspirado, como Rousseau, en una concepción protestante del Estado en la que está ausente todo fin piadoso o moral: basta que

---

[71] *Ibidem*, Apéndice II, pp. 61 y ss., cuando Kant trata de la publicidad como medio idóneo de conciliación de la política y el derecho o moral.

[72] *Ibidem*, Segunda Sección, primer artículo definitivo de la paz perpetua, p. 17.

[73] *Ibidem*, p. 16, nota: "Por lo que respecta a mi libertad, no tengo ninguna obligación en relación con las leyes divinas, conocidas por mí a través de la razón, a no ser que haya podido prestar mi consentimiento (pues por la ley de la libertad de mi propia razón me hago el primer concepto de la voluntad divina)". De la misma manera, por un acto de la libre razón todo ciudadano se hace la idea de la voluntad política.

el Estado sea un mecanismo que ampare la libertad humana y proporcione incentivos externos a la obediencia. Las leyes de la república no son normas morales; son procedimientos normativos que garantizan el desacuerdo moral. Como ciudadano basta la obediencia a las leyes que él ha consentido. Kant lo afirma tajantemente: "el hombre está obligado a ser un buen ciudadano aunque no esté obligado a ser moralmente un hombre bueno"[74].

Rousseau había eliminado de la república los intereses privados; en cambio, Kant –como buena parte de los ilustrados–, hace del conflicto de intereses el corazón del perfeccionamiento moral de la humanidad y de la estabilidad del Estado. El motor del progreso de la humanidad, escribe en *Idea de una historia universal*, está en el propio hombre, es su insociable sociabilidad, el punto de apoyo de la competencia, que actúa más allá del raciocinio y de la volición. Si el hombre quiere la concordia, la naturaleza, a través de la discordia, lo lleva a su bien[75]. Kant ha dicho que incluso una sociedad de demonios puede vivir ordenadamente bajo una república, porque obtendrían la mutua protección de sus intereses egoístas por el antagonismo entre ellos[76]. Igualmente, los Estados, por el espíritu del comercio (el *doux commerce* de Montesquieu), en lugar de discordia, consiguen sobrepujar todas las diferencias[77]. Es la naturaleza la que produce sus propósitos, la paz, aún contra lo que particularmente todos quieren.

> Pues no se trata del perfeccionamiento moral del hombre sino del mecanismo de la naturaleza; el problema consiste en saber cómo puede

---

[74] KANT, *Sobre la paz perpetua, op. cit.*, Suplemento Primero, p. 38.

[75] KANT, "Idea de una historia universal…", *op. cit.*, pp. 17-32. El Cuarto Principio, p. 21, dice así: "El medio de que se sirve la Naturaleza para alcanzar el desarrollo de las disposiciones consiste en el antagonismo de las mismas dentro de la sociedad, por cuanto éste llega a ser, finalmente, la causa de su orden regular".

[76] KANT, *Sobre la paz perpetua, op. cit.*, Suplemento Primero, pp. 38-39: "El problema del establecimiento del Estado tiene solución, incluso para un pueblo de demonios, por muy fuerte que suene (siempre que tengan entendimiento), y el problema se formula así: "ordenar una muchedumbre de seres racionales que, para su conservación, exigen conjuntamente leyes universales, aun cuando cada uno tienda en su interior a eludir la ley, y establecer su constitución de modo tal que, aunque sus sentimientos particulares sean opuestos, los contengan mutuamente de manera que el resultado de su conducta pública sea el mismo que si no tuvieran tales malas inclinaciones".

[77] *Ibidem*, p. 41.

utilizarse este mecanismo en el hombre para ordenar la oposición de sus instintos no pacíficos dentro de un pueblo de tal manera que se obliguen mutuamente a someterse a leyes coactivas, generando así la situación de paz en la que las leyes tienen vigor[78].

Hay aquí cuatro observaciones que se imponen. Primera observación, la constitución republicana, es decir, liberal, si realista, lo es en un sentido cínico, maquiavélico, permitiendo a los individuos gozar de derechos y libertades que son el despliegue de su individualismo egoísta, suponiendo que la maquinaria estatal, al igual que el mecanicismo de la naturaleza (o gracias a él), producirá un balance, equilibrio o armonía que resulte en provecho del pueblo todo. Es la política de los premios y castigos.

Segunda observación, la propuesta kantiana invierte la relación entre moral y política. Se explica así: en el pensamiento clásico, de índole aristotélico, el problema político viene después del problema moral, de su reconocimiento y solución, ayudando la política a la moral al establecer las condiciones para la vida virtuosa, especialmente la amistad. Kant y los liberales creen que es al revés: es la constitución política republicana la que hará buenos a los hombres. Para Kant la moral no es "[la] causa de la buena constitución del Estado, sino más bien al contrario; de esta última hay que esperar la formación moral de un pueblo [...]".[79]

El remedio político que prevé el ilustrado Kant es lo mismo que "poner el carro delante del caballo", razonamiento heredero del pesimismo protestante que da vuelta la reflexión de Aristóteles: el hombre tiende al bien por naturaleza y la ciudad toma al hombre en su constitución natural y le facilita el logro de la vida buena. Según Kant y los ilustrados el hombre por naturaleza tiende al mal y sólo una constitución liberal republicana hace que sus inclinaciones malvadas resulten en su provecho. Por eso el Estado es y será siempre, para los liberales, una institución coercitiva.

Se debe aquí traer a colación la separación entre derecho y virtud. El derecho supone la constitución del Estado, su autoridad legislativa y su poder judicial y punitivo; no tiende a la felicidad (o perfección) de los individuos, porque ésta difiere de uno a otro, sino que su propósito es

---

[78]   *Ibidem*, p. 39.
[79]   *Ibidem*, p. 39.

garantizar la máxima libertad (autonomía) armonizándola para que cada uno busque su felicidad conforme la conciba. El derecho para Kant está fundado en la libertad y en ley como coacción, es decir, en la constitución:

> El *derecho* es la limitación de la libertad de cada uno a la condición de su concordancia con la libertad de todos, en tanto que esta concordancia sea posible según una ley universal; y el *derecho público* es el conjunto de *leyes externas* que hacen posible tal concordancia sin excepción. Ahora bien: dado que toda limitación de la libertad por parte del arbitrio de otro se llama *coacción*, resulta que la constitución civil es una relación de hombres *libres* que (sin menoscabo de su libertad en el conjunto de su unión con otros) se hallan, no obstante, bajo leyes coactivas; y esto porque así lo quiere la razón misma, y ciertamente la razón pura, que legisla *a priori* sin tomar en cuenta ningún fin empírico (todos los fines de esta índole son englobados bajo el nombre genérico de 'felicidad'); como a este respecto, y a propósito de aquello en lo cual cada uno cifra su fin empírico, los hombres piensan de modo muy diverso, de suerte que su voluntad no puede ser situada bajo ningún principio común, síguese de ahí que tampoco puede ser situada bajo ninguna ley externa conforme con la libertad de todos.[80]

Tercera observación: el elogio kantiano del trabajo insensible de la naturaleza es una reformulación, con otro lenguaje, de la tesis liberal de "la mano invisible": el mecanismo natural contrapesa las pasiones y compensa los intereses, el egoísmo, produciendo una sensible armonía.

> De esta suerte garantiza la naturaleza la paz perpetua mediante el mecanismo de los instintos humanos; esta garantía no es ciertamente suficiente para vaticinar (teóricamente) el futuro, pero, en sentido práctico, sí es suficiente y convierte en un deber el trabajar con miras a este fin (en absoluto quimérico).[81]

No es la Providencia divina la que acomoda las diferencias y produce el buen resultado; es la naturaleza que hace sus cosas en beneficio de los

---

80 KANT, "En torno al tópico...", *op. cit.*, II, p. 26.
81 KANT, *Sobre la paz perpetua, op. cit.*, Suplemento Primero, p. 41.

hombres con independencia de que ellos lo quieran o no[82]. La naturaleza actúa mecánicamente y las sociedades se rigen por leyes mecánicas. Con Kant han desaparecido ya todos los vestigios del viejo organicismo, estamos en pleno mecanicismo racionalista de estilo hobbesiano[83].

Es útil volver sobre un texto ya citado: el contrato original no tiene por qué ser un hecho, le basta con ser una idea de la razón[84], aunque debería decirse mejor: "una idea de la razón para justificar la razón de Estado"[85]. Es cierto que tiene la forma de una "experiencia mental"[86], pero lo que de ella resulta es una "experiencia real", el Estado príncipe de la paz, la razón de Estado que es la paz en sí misma. El pesimismo protestante late en su conclusión: los hombres no pueden progresar moralmente, bueno es que el Estado progrese jurídicamente. O, en todo caso, los hombres

---

[82]   *Ibidem*, p. 37.

[83]   Observó SCHMITT, C., *DER LEVIATHAN in der Staatslehre des Thomas Hobbes* (1938), versión en castellano: *El Leviathan en la Teoría del Estado de Tomás Hobbes*. Buenos Aires, Struhart & Cía., 1990, p. 39: "La aguda distinción entre 'organismo' y 'mecanismo' no se impone hasta fines del siglo XVIII. La filosofía del idealismo alemán, el primero de todos Kant en su 'Crítica del juicio' (1790), formuló la distinción tomando por base el antagonismo de lo 'interno' y lo 'externo', llegando a oponer el ser vivo a la cosa muerta, con la cual se despejaba la idea de mecanismo de todo carácter mítico y hasta viviente. Mecanismo y máquina se convierten entonces en puras instituciones de fines sin alma".

[84]   KANT, "En torno al tópico...", *op. cit.*, II, Conclusión, pp. 36-37 y 43-44. También como segunda parte de *El conflicto de las facultades, op. cit.*, secc. 8, p. 125: "la cosa pública que habéis concebido conforme a ella por puros conceptos racionales, y que vosotros llamáis un ideal platónico (*respublica noumenon*), no es una vana quimera, sino la norma eterna para toda Constitución civil en general y que aleja toda guerra". Por eso RILEY, *op. cit.*, pp. 143 y ss., lo denomina contractualismo hipotético. Lo defiende Onora, O., *Kant and the social contract tradition*. En E., Elisabeth (Ed.), *Kant's political theory. Interpretations and applications*. Penn State, University Park, 2012, cap. 1, pp. 25-41.

[85]   Tómese nota del cinismo de SPINOZA, B., *Tractatus theologico-politicus* (1670), según la traducción al castellano: *Tratado teológico-político*. Buenos Aires, Acervo Cultural Ed., 1977, XVI, p. 29: "rara vez se ve dictar a los soberanos órdenes absurdas, porque les importa sobre todo, para conservar el poder, velar por el bien público, y no dejarse llevar en sus decretos sino de la razón". Maquiavelo en estado puro, la conveniencia del soberano es la suprema regla de conducta política. El propio filósofo, en la *Carta 50*, a Jarig Jelles, de 2 de julio de 1674, dice –como antes Hobbes- que el derecho del soberano es equivalente a su poder sobre los súbditos. SPINOZA, B., *Epistolae*, edición castellana, *Correspondencia*. Madrid, Alianza, 1988, pp. 308-310. Traigo estas referencias para remarcar el similar cinismo de Kant.

[86]   Höffe, *op. cit.*, p. 28.

sólo pueden mejorar bajo un sistema coercitivo[87]. Lo que progresa es la legalidad, quizá con la esperanza que avance también la moralidad[88].

De la república utópica a la república liberal

En una nota calificamos a la utopía kantiana de literaria y filosófica. Su ideal es el gobierno libre de los filósofos libres y los políticos ilustrados. En tal sentido, González Fisac ha dicho que la verdadera república de la razón "es la del mundo de los escritos y de los lectores; la república en la que todos los que participan son y lo hacen como representantes de la razón misma". Esta república es un espacio público de pensamiento, "un espacio no despótico en el que lo único que puede hacerse es pensar"[89]. Kant imagina, o pretende, una comunidad pensante; una comunidad, como hemos advertido, de filósofos[90] o "doctos"[91], una república literaria.

Empero, el uso público de la razón por los filósofos demanda de un uso privado de la razón por el gobierno. Los filósofos imaginan y los políticos realizan. Kant no puede evitar, incluso desea, que el uso privado de la razón se imponga en la sociedad, por más que afirme que está subordinado a las leyes que sanciona la razón pública. Dicho de otro modo: todo sueño que en tal no se queda, encarna en otra cosa, según hemos venido apuntando, encarna en el mecanismo que se llama Estado, y que necesita ponerse en marcha. Kant lo ha diseñado y también puesto a andar. Veamos.

Para Kant, está dicho ya, el acto por el cual un pueblo se constituye como un Estado, más precisamente su "Idea", idea que se basta a sí misma para pensar en la legalidad, es el "contrato original", por el cual

---

[87] KANT, "Idea de una historia universal…", *op. cit.*, Quinto Principio, p. 23: "La necesidad que fuerza al hombre, ordinariamente tan aficionado a una libertad sin límites, a entrar en ese estado de coacción es, por cierto, la mayor de las necesidades, a saber, la que los hombres se infligen entre sí, puesto que sus inclinaciones no le permiten que puedan subsistir mucho tiempo unos al lado de los otros en libertad salvaje. Pero, dentro de un recinto tal como el de la asociación civil, esas mismas inclinaciones producen el mejor efecto".

[88] KANT, *El conflicto de las facultades, op. cit.*, segunda parte, secc. 9, pp. 126-127. Sobre las dificultades de la coexistencia de moralidad y legalidad, *Cfr.* Riley, *op. cit.*, pp. 133-134.

[89] González, *op. cit.*, p. 201.

[90] KANT, *Sobre la paz perpetua, op. cit.*, Suplemento Segundo, pp. 42-44.

[91] KANT, "Respuesta a la pregunta…", *op. cit.*, pp. 35, 37, 38.

todos, individual y colectivamente, abandonan o entregan en el pueblo su "libertad exterior", y la recuperan como ciudadanos de una república, es decir, de "un pueblo considerado como Estado". Con otra terminología, está repitiendo una idea central de Rousseau: la alienación de las facultades naturales y la ganancia de los derechos civiles. Igualmente, Kant entiende esta constitución de la soberanía contractual como la:

> relación entre un *soberano* universal (que, desde el punto de vista de las leyes de la libertad, no puede ser ningún otro más que el pueblo unido) el conjunto de los individuos del pueblo como *súbdito*, es decir, la relación del que manda (*imperans*) con el que obedece (*subditus*)[92].

El pueblo ideal, no la multitud de individuos, es un sujeto que no tiene sobre sí un gobernante, es un soberano universal, porque soberano es el mismo pueblo abstracto. Con esta imagen Kant subraya la naturaleza irreal del contrato original, por el cual los individuos abdican de una libertad de segundo orden –una libertad salvaje– para concederse a sí mismos una libertad civil, de primer rango. Según Kant por tal motivo no se puede decir que el hombre en el Estado haya sacrificado parte de su "libertad natural exterior", sino que ha abandonado por completo "la libertad salvaje y sin ley", para recuperar en la "dependencia legal", es decir, en el Estado constitucional, su "libertad en general", sin mengua alguna de ella, porque esta dependencia (coacción) que se establece proviene de la propia "voluntad legislativa" del pueblo[93].

La ficción del contrato (de la que depende la efectiva obediencia) es, para Kant, incuestionable, y quien la desafíe o contradiga es un rebelde, un subversivo, reo imperdonable de muerte:

> El menor intento en este sentido es un crimen de alta traición (*proditio eminens*) y el traidor de esta clase ha de ser castigado, al menos con la muerte, como alguien que intenta dar muerte a su patria (*parricida*).[94]

---

[92] Kant, *La metafísica de las costumbres, op. cit.*, pp. 145-146.
[93] *Ibidem.*
[94] *Ibidem*, p. 152.

Cuestionar si ha existido realmente el contrato de sujeción o sumisión al Estado, según Kant, es algo completamente vano, desde que el pueblo ya está constituido bajo la ley civil y, en todo caso, tales cuestionamientos pondrían en riesgo al Estado. El origen del poder supremo es, para las personas que están sujetas a él, inexplorable, "inescrutable" desde un punto de vista práctico; es decir, los súbditos no deben discutir (sutilizar) activamente este origen como si tuvieran un derecho controvertible (*ius controversum*) en cuanto a la obediencia que debe a ese poder.

Si el que indaga acerca del origen último del Estado lo hace para resistir a la autoridad existente, es de pleno derecho que se lo castigue bien con la muerte, bien con la expulsión (ostracismo), como fuera de la ley (muerte civil), castigado, aniquilado o desterrado con pleno derecho. Porque constituye un acto de insumisión, una quiebra del contrato, es ya simplemente un delito cuestionar esta ley. "Una ley que es tan sagrada (inviolable) que, *considerada con un propósito práctico*, es ya un crimen sólo ponerla en duda", remata Kant. Esta es la interpretación kantiana de la máxima paulina (*Romanos* XIII) según la cual toda autoridad viene de Dios "que no enuncia un *fundamento histórico* de la constitución civil, sino una idea como principio práctico de la razón: el deber de obedecer al poder legislativo actualmente existente, sea cual fuere su origen"[95].

Dicho claramente, Kant no admite el derecho de resistencia: "el poder que en el Estado da efectividad a la ley no admite resistencia (es *irresistible*)", porque ninguna comunidad organizada bajo la ley, esto es, de acuerdo a la ley del contrato social, puede subsistir sin tal poder, "sin un poder que eche por tierra toda resistencia interior". Una máxima que autorizara la resistencia, si universalizada, "destruiría toda constitución civil, aniquilando el único estado en que los hombres pueden poseer derechos en general". Si el súbdito debe sus derechos al Estado, malamente puede encararlo y enfrentarlo, pues quitada su autoridad, se pierde la ley y se evaporan los derechos civiles.

Prosigue Kant argumentando, a modo de conclusión, que:

> [...] toda oposición contra el supremo poder legislativo, toda incitación que haga pasar a la acción de descontento de los súbditos, todo levanta-

---

[95] *Ibidem*, pp. 149-150.

miento que estalle en rebelión, es el delito supremo y más punible en una comunidad, porque destruye sus fundamentos.

Y esta prohibición, agrega, es "incondicional", no admite excepción, ni siquiera en el caso de un gobernante que proceda "de modo absolutamente despótico (tiránico)", pues incluso en este supuesto el súbdito está impedido de resistir u oponerse de ninguna manera "a título de contra-violencia". Dado que hay establecida una constitución civil, "el pueblo no sigue teniendo el derecho de emitir constantemente un juicio sobre cómo debe ser administrada tal constitución"[96].

En buen romance: con la institución de la república liberal, cesa el uso de la razón ilustrada, se concluye con la censura, acaba toda crítica que importe cuestionar la república liberal[97]. Algunos[98] creen que debe distinguirse el juicio de Kant como filósofo del derecho y la política, que es condenatorio de las revoluciones, del juicio histórico favorable a las revoluciones contra el tirano, como habría sido la francesa[99]. Pero el argumento es especioso, pues ¿quién decide, sino el filósofo, el propio Kant, cuándo es por un motivo o por el otro? En última instancia, si las revoluciones son liberales, republicanas, bienvenidas; si son contra el liberalismo y la república, rechazadas como traición a la patria (parricidio, dice Kant). Es el típico argumento liberal-democrático: sólo las revoluciones liberales y democráticas son justas. El Estado liberal y democrático debe ser inmunizado contra las revoluciones injustas.

Lo singular de la tesis kantiana es que se dice en oposición a la filosofía política hobbesiana, y alcanza la crítica mezclando a Rousseau ¡con el propio Hobbes! Y, buen discípulo de ambos, pone la "razón de Estado" por delante de todo otro concepto o principio. Un pasaje de *La metafísica de las costumbres* prueba que Kant piensa el Estado de la misma manera que Rousseau: "El poder legislativo sólo puede corresponder a

---

[96] KANT, "En torno al tópico...", *op. cit.*, II, Conclusión, p. 40. De esta página son las citas en el cuerpo del texto.

[97] El único caso que admite es el de la rebelión que triunfa. Kant, *Sobre la paz perpetua*, *op. cit.*, Apéndice, p. 64. *Cfr.* LAURSEN, J. C., The subversive Kant: the vocabulary of "public" and "publicity", *Political Theory*, 14.4 (1986): 597.

[98] ARAMAYO, R. R., *Kant y la Ilustración*. Madrid, Isegoría, 2001, pp. 299-300.

[99] KANT, "Reiteración de la pregunta...", *op. cit.*, 6, pp. 156-158.

la voluntad unida del pueblo. Porque, ya que de él debe proceder todo derecho, no ha de poder actuar injustamente con nadie mediante su ley".

El Estado siempre es justo, nunca se equivoca, como la Voluntad General de Rousseau es infalible, porque no infligiría un daño a sí mismo.

> Pues si alguien decreta algo respecto de otro, siempre es posible que con ello cometa injusticia contra él, pero nunca en aquello que decide sobre sí mismo (en efecto, *volenti non fit iniuria*). De ahí que sólo la voluntad concordante y unida de todos, en la medida en que deciden lo mismo cada uno sobre todos y todos sobre cada uno, por consiguiente, sólo la voluntad popular universalmente unida puede ser legisladora.[100]

El poder soberano (del pueblo reunido o de su órgano representativo, el legislativo) es irresistible porque es irresponsable, supuesto que siempre actuará bien, tal como estableció Rousseau al sostener que la soberanía es infalible. La soberanía de derecho, sin embargo, se confunde con el soberano de hecho, porque el ejecutivo sólo aplica la ley, luego es infalible. El soberano no tiene deber alguno para con los súbditos por el cual pueda ser coercionado y obligado actuar de una manera determinada o retractarse[101]. El soberano sólo tiene derechos[102]. La obediencia al soberano es incondicional, según la máxima kantiana.

> Que se ha de obedecer a aquél que se encuentra en posesión del poder supremo de mandar y legislar sobre el pueblo, y ciertamente de un modo tan incondicionado jurídicamente que es ya punible el solo hecho de investigar públicamente el título de esta su adquisición, por tanto de ponerlo en duda para oponerse a él por una eventual falta del mismo; que es un imperativo categórico: *obedeced a la autoridad que tiene poder sobre vosotros* (en todo lo que no se oponga a lo moral interno), es la proposición escandalosa que se pone en tela de juicio.[103]

---

[100] KANT, *La metafísica de las costumbres, op. cit.*, p. 143.

[101] *Cfr.* CRONIN, *op. cit.*, pp. 73-75.

[102] KANT, *La metafísica de las costumbres, op. cit.*, p. 150: "el soberano en el Estado tiene ante el súbdito sólo derechos y ningún deber (constrictivo)".

[103] *Ibidem*, p. 217.

P. Riley entiende que el argumento no es idéntico al de Rousseau, porque en Kant la rectitud, esto es, el derecho y la justicia, no provienen de la sola voluntad popular sino de la voluntad unida del pueblo en tanto que interpreta y aplica la ley natural[104]. Vale, pero, ¿qué es la ley natural en Kant? ¿Acaso no es otra cosa que la garantía de la autonomía?[105] Habría que retomar la idea de la autodeterminación como imperativo categórico que constituye el principio fundamental del mundo moral y político kantiano, que contradice la heteronomía de la voluntad[106]. Pero será en otra ocasión.

Conclusión

Hemos llegado hasta aquí siguiendo la primacía de la razón como standard crítico y último de todo ámbito humano, de la intimidad a la política, del individualismo al cosmopolitismo. Cabría entonces averiguar si la razón tiene un standard crítico. A lo que se responde: la Ilustración ha hecho de la razón autónoma su propio standard. Es el absolutismo de la razón que J. G. Hamann, un contemporáneo de Kant, denunciara enfáticamente, el purismo de la razón que no acepta ningún presupuesto[107]. Así lo explica H. Blumenberg:

> Se haría sospechosa [en la Modernidad] la adquisición intelectual mediante algo así como un *traspaso*, en el sentido más amplio del término. Esto pertenece también al complejo de cosas que tienen que ver con la autoafirmación de la razón, que se opone aquí a una agudización extrema del factor

---

[104] Riley, *op. cit.*, p. 147.

[105] El iusnaturalismo kantiano concibe "un derecho racional que evoluciona mediante la publicidad y el acuerdo político", según la acotación de VILLACAÑAS BERLANGA, J. L., *Dificultades con la Ilustración. Variaciones sobre temas kantianos.* Madrid, Verbum, 2013, p. 47. Es decir, una ley inmanente, porque una ley natural que establezca los deberes de los hombres es contradictoria con el imperativo categórico que funda la obligación moral en la autonomía de los sujetos.

[106] De hecho, Riley no pasa de lo dicho y todo lo que expone a continuación tiene que ver con la autonomía política (el republicanismo de Kant) y no con la ley natural.

[107] HAMANN, J. G., "Carta a Christian Jacob Kraus" (1784), seguida de "La metacrítica sobre el purismo de la razón pura". En Erhard et al, J. B., *¿Qué es Ilustración?*, 5ª ed. Madrid, Tecnos, 2009, pp. 31-44.

gracia en la teología y en sus equivalentes filosóficos (desde la *illuminatio* hasta el *concursus*). Su postulado es la autopropiedad de la verdad mediante la autoproducción de la misma. El saber mediante la mera enseñanza se convierte en una forma derivada del saber proveniente de la posesión de la verdad, que todo sujeto racional podría hacer suya mediante su propia labor cognoscitiva.[108]

Cuando Kant llevó a cabo su "revolución copernicana" encumbró a la razón por sobre la realidad, barriendo a sus pies todo aquello en lo que otrora se empinara, de la gracia divina a la tradición humana; desde entonces la razón se posee a sí misma y en soledad, y en la experiencia de ese insociable autodominio ha pervertido más que construido. En otros términos, con Kant no se puede salir de la subjetividad aunque se la conciba como intersubjetividad o subjetividad reflexiva.

La razón que piensa por sí misma se ha hecho "incontinente". Kant se rebeló contra la dependencia de la razón. Pero esa razón libre y carente de supuestos y de maestros, esa razón que es maestra en inventar sus supuestos, se ha degradado de varias maneras. Para comenzar, la misma razón ejercida en público lejos de ser la razón adulta que por sí misma piensa, fue y es una razón imitadora, repetidora, mimética. Así desde el siglo XVIII. En Inglaterra se imitaban las ideas de Locke o de Bentham; en Alemania, las de Kant, Hegel o de Fichte; en Francia, las de Montesquieu o las de Rousseau; en Estados Unidos de Norteamérica, las de Jefferson o las de Madison. En Hispanoamérica se copió las ideas de todos, las de Locke y las de Bentham, las de Kant, las de Hegel y las de Fichte, las de Montesquieu y las de Rousseau, las de Jefferson y las de Madison. Y a partir del siglo XX, el cosmopolitismo kantiano ha llevado a la incontinente réplica de las ideas democráticas dominantes hasta el imperialismo del pensamiento único.

Un ilustrado de nuestros días podrá decir que esto no es Ilustración, que es lo contrario de ella, que Kant nos ha advertido ya de los "tutores

---

[108] BLUMENBERG, H., *Die Legitimität der Neuzeit (Erneuerte Ausgabe)*, edición en caste-llano: *La legitimación de la Edad Moderna*, Edición corregida y aumentada. Valencia, Pre-Textos, 2008, p. 78.

incapaces de suyo de toda ilustración"[109]. Pero lo cierto es que a este resultado nos ha traído la Ilustración con sus oleadas. En palabras de R. Koselleck, "el veredicto autónomo de los ciudadanos" se ha constituido en el poder social, y "la constante ejecución y consumación de la censura moral" hace de la crítica ciudadana la ley de la sociedad.

> El veredicto de los ciudadanos, que se justifica a sí mismo como justo y verdadero, esto es, la censura, la crítica, se convierte en el poder ejecutivo de la nueva sociedad[110].

Villacañas afirma que Kant no sigue a Rousseau pues no introduce, *Deus ex machina*, al legislador para solucionar el problema político-constitucional, que es tanto cuanto convertir la soberanía en ley; Kant, dice, apuesta a la educación política, a un poder constituyente ilustrado[111]. Sin embargo, lo que no advierte Villacañas es que el artilugio kantiano es también mítico-místico-ficticio, de lo que acusara a Rousseau. Porque, ¿de dónde saldrá ese pueblo de ciudadanos ilustrados sino de una idealización de la comunidad política? Porque si se atendiera a la comunidad política real, habría que decir que solamente los doctos están en condiciones de representar a todo el pueblo en la función constituyente, tanto en tiempos de Kant como en el nuestro. La ficción de la ilustración popular remata en la tutela real de los ilustrados y libres sobre la masa ignara, infantil, esclavizada.

La puesta de Kant es secularizar la ya secularizada puesta de Rousseau. Kant, como otros modernos, procura reemplazar el control sobrenatural de la religión por el estatal, asociando poder político a filosofía, el gobernante secular a la razón ilustrada de los filósofos. Tal es la nueva mediación política que avizoraron los ilustrados y que Kant muestra en grado sumo: una nueva elite que se dice docta y se acopla a la soberanía, dándole el barniz de sabia, culta, representativa. Por un lado el pensamiento único de dimensión universal, por el otro la voluntad particular de poder.

El hombre y el Estado ¿pueden ambos ser un fin en sí mismo? La república convencional, según Kant, es la que consigue sacar a los hombres de

---

109 KANT, "Respuesta a la pregunta...", *op. cit.*, p. 34.
110 KOSELLECK, *op. cit.*, pp. 101-102.
111 VILLACAÑAS, *op. cit.*, pp. 40 y ss.

su originario constitutivo patológico (la libertad salvaje) y convertirlos en un todo moral, es decir, social[112]. Hay que reparar en el significado de esta tesis kantiana, que es común a la Modernidad toda. La antropogénesis kantiana, la autocreación del hombre por el pensamiento libre, es la que también opera, si se permite el término, una "estadogénesis", la autocreación del Estado republicano por el librepensamiento.

Si nos preguntamos por el "primer motor" en Kant, que no es inmóvil como el aristotélico; si nos preguntamos ¿cuál es ese primer motor que pone en movimiento las poleas y los engranajes de la gran maquinaria kantiana?, deberíamos responder que es la libertad humana entendida como autonomía individual pendiente de la autonomía del Estado. De modo que el Estado constitucional republicano es el motor de la maquinaria emancipatoria del proyecto ilustrado kantiano. El Estado es el que genera el desarrollo de la libertad humana porque es un mecanismo racional, no un producto de la naturaleza sino de la razón y la voluntad de los hombres. El propio Kant es quien lo afirma cuando sugiere –lo hemos leído ya– que el Estado republicano constitucional es la condición racional para salir del estado natural de libertad salvaje. Quitemos el Estado, ¿qué queda? El salvajismo de la libertad absoluta, la pérdida de la autonomía moral, el retorno a la superstición y el entusiasmo, el despotismo.

El Estado, la república liberal kantiana, permite que hacia su interior se manifiesten las tensiones propias de la libertad de individuos que compiten entre sí; esto es, el egoísmo de la insociable sociabilidad humana. Pero les pone el límite de su propia existencia, del egoísmo cercado por la obediencia al soberano, pues éste, como vio Hobbes, es el máximo egoísta desde que es el rey de los soberbios.

El Estado, entonces, no deja de ser despótico, porque después de abandonar el primitivo intento del despotismo ilustrado acodado en Federico II, se alcanza el despotismo popular, llámese republicano o democrático o patriótico. Variantes todas del despotismo estatal, encarnado antes en

---

[112] KANT, "Idea de una historia universal...", *op. cit.*, Cuarto Principio, pp. 21-22: "mediante una ilustración continua se inicia la fundamentación de una clase de pensamiento que, con el tiempo, puede transformar la grosera disposición natural en discernimiento ético, en principios prácticos determinados y, de ese modo, convertir el acuerdo de establecer una sociedad, *patológicamente* provocada, en un todo *moral*".

el príncipe paternalista –la Ilustración sin liberalismo– y más tarde en el pueblo de ciudadanos soberanos –la Ilustración liberal–.

El método kantiano es el método de la Modernidad, el "arte de la separación" en el que se funda la filosofía moderna. En sus textos hemos leído repetidamente este procedimiento: Kant separa el hombre real (fenoménico) del hombre ideal (nouménico); la religión de la moralidad; la moralidad de la virtud; la moral del derecho; lo empírico de lo racional; la felicidad del deber; el derecho de la justicia; el ciudadano del súbdito; lo privado de lo público; etc.

Todas las antinomias del arte de la separación se fundan en la desnaturación del hombre que se hace racional y por lo tanto libre cuando se humaniza a sí mismo, creándose a sí mismo, en el acto de pensar, que lo arranca de la naturaleza y lo pone en la historia como campo librado a su libertad, a la ilimitación de sus posibilidades.

El problema de la moralidad, que es el del bien humano, queda subordinado a la legalidad o, si se quiere, a los derechos individuales. El bien del hombre lo determina finalmente el Estado que reconoce o concede los derechos y que sólo exige la obediencia sin resistencia a sus disposiciones.

Todo el edificio kantiano se sostiene en ficciones, que son una especie de "mental arte de sutura" de una realidad desmembrada por el "arte de la separación". Penetrar en la filosofía de Kant es adentrarse en un universo de suposiciones, de construcciones hipotéticas encadenadas una a la otra. La razón que activa su función visceral, el pensar, es una razón que imagina; por eso Kant representa la cumbre del convencionalismo porque lo lleva al extremo más absoluto.

El principio de inmanencia, que configura la Modernidad en su más íntimo pliegue, tiene en Kant un expositor decisivo: a partir de la inmanencia del filosofar, se progresa en la inmanencia de la moral, de la religión, del derecho y de la política[113]. Ahora bien, por su no correlato con el ser, la inmanencia racionalista conduce a la virtualidad de las construcciones ilustradas.

La razón que se funda libremente a sí misma y que ejerce esa libertad omnímodamente, es la versión kantiana de la "libertad negativa"; libertad negativa que hace las veces de "piedra angular", porque Kant pretende

---

[113] El hombre, que ha hecho de sí el principio de la verdad (el *cogito*), hace también de sí el principio de la moralidad (el *volo*). FABRO, *op. cit.*, I, p. 190.

que vincule lo privado con lo público, la libertad con la obediencia, el súbdito con el ciudadano; libertad negativa que es fundamento y también la "bóveda" del sistema, porque es el fin al que se tiende, la meta que se quiere.

Hay que insistir en esta paradoja de la libertad negativa: la no dominación remata en el dominio del Estado. Kant parte de la esquizofrenia de la libertad negativa:

> La *libertad* en cuanto hombre, cuyo principio para la constitución de una comunidad expreso yo en la fórmula: 'Nadie me puede obligar a ser feliz a su modo (tal como él se imagina el bienestar de otros hombres), sino que es lícito a cada uno buscar su felicidad por el camino que mejor le parezca, siempre y cuando no cause perjuicio a la libertad de los demás para pretender un fin semejante, libertad que puede coexistir con la libertad de todos según una posible ley universal (esto es, coexistir con ese derecho del otro)'.[114]

Y, de inmediato, se da cuenta Kant que esa libertad incoercible produce el caos porque incita a la desobediencia. Entonces, presenta el remedio, la "razón de Estado", que es llamada salud pública en vista de la libertad general:

> La sentencia *salus publica suprema civitatis lex est* conserva íntegramente su valor y su crédito; pero la salud pública que se ha de tomar en consideración *ante todo* es precisamente aquella constitución legal que garantiza a cada uno su libertad por medio de leyes, con lo cual cada uno sigue siendo dueño de buscar su felicidad por el camino que mejor le parezca, siempre y cuando no perjudique a esa legítima libertad general y, por tanto, al derecho de los otros cosúbditos.[115]

Así es como el pensamiento virtual, mecanicista, produce un orden también virtual, vía contrato social hipotético, que se convierte en una maquinaria de control social.

---

[114] KANT, "En torno al tópico...", *op. cit.*, II, p. 27.
[115] *Ibidem*, II, Conclusión, p. 38.

~

LA OBRA DE THOMAS MOLNAR EN EL PENSAMIENTO TRADICIONAL

Miguel Ayuso Torres[1]
Universidad Pontificia de Comillas

Introducción

Thomas Molnar (1921-2010), escritor húngaro naturalizado norteamericano, pero nunca "americanizado", colaboró con frecuencia –entre otras muchas cabeceras en que repartió con generosidad sus muchos saberes y pluma bien cortada– en las páginas de *Verbo*, "revista de formación cívica y de acción cultural según el derecho natural y cristiano", que ahora dirijo y fue fundada en 1961 por Eugenio Vegas Latapie y Juan Vallet de Goytisolo.

De él me he ocupado varias veces y le dediqué un obituario con algunos datos biográficos y personales de los que podemos prescindir aquí para entrar de lleno en el asunto que nos ocupa: perfilar su pensamiento al cumplirse el centenario de su nacimiento[2]. Profundo pensador político, arraigado en la historia aunque con aliento filosófico, y de vastos hori-

---

[1] Doctor en Derecho por la Universidad Pontificia Comillas y Doctor Honoris Causa por la Facultad de Derecho de la Universidad de Udine. Catedrático de Derecho Constitucional en ICADE (Madrid). Miembro del Cuerpo Jurídico Militar, fue Presidente de la Unión de Juristas Católicos por más de una década. También se desempeña como Presidente del Consejo de Estudios Hispánicos Felipe II y Director de la revista Verbo.

[2] Puede verse AYUSO, M., "La hegemonía liberal", *Verbo* 307-308 (1992): 841-855; "Del socialismo sin rostro a la hegemonía liberal", *Verbo* 341-342 (1996): 85-91; "In

zontes culturales, su denuncia de la "hegemonía liberal", propiciada por el triunfo de la "sociedad civil"[3], central en los últimos dos decenios de su vida, engarza con la temática de la crisis del Estado a que he dedicado una parte no menor de mi modesta obra[4], que he tenido ocasión de presentar problemáticamente a los alumnos de la Maestría de Gobierno y Políticas Públicas, para mi tan querida, de la Universidad Panamericana. Esas son las razones que me han movido a elegir este tema para el libro jubilar de la Facultad de Derecho de la Universidad Panamericana, en la que comenzó la mentada maestría antes de desplazarse a la Escuela de Gobierno.

Un "ensayista" no "americanizado"

Molnar forma parte de ese amplio grupo de intelectuales europeos que, con ocasión de las varias crisis que han sacudido el continente desde los años treinta, emigraron a los Estados Unidos, continuando en el nuevo coloso su producción. Nuestro autor, nacido en Budapest, y formado en Rumania y Bélgica –además de en su país natal–, marcha a América en 1949, donde vivió hasta que el derrumbe del "socialismo real" en Hungría le permitió regresar, alternando desde entonces y hasta su muerte su residencia entre su ciudad natal y Nueva Jersey. Una casa en España y una red impresionante de contactos en todo el mundo, particularmente Francia, completan el panorama de su vida.

Sin embargo, y al contrario de muchos compañeros de exilio, no fue ganado por la mentalidad del país que lo acogió; más aún, esa no "americanización" vino acompañada de un rechazo a la ideología triunfante y de la que los Estados Unidos se hicieron exportadores. En primer lugar, parece sentirse aprisionado por el corsé del conformismo americano, lo que resulta

---

memoriam Thomas Molnar", *Verbo* 487-488 (2010): 551-556; "Los 'dos poderes' en la encrucijada de la teología, la filosofía y la historia", *Verbo* 589-590 (2020): 1009-1037.

3   Puede verse el diálogo a tres bandas entre Molnar, el gran jurista español Juan Vallet de Goytisolo y quien esto escribe, a propósito del asunto, en *Verbo* 341-342 (1996), rubricado como "A vueltas con la sociedad civil".

4   AYUSO, M., ¿Después del *Leviathan? Sobre el Estado y su signo*, 2ª ed. Dykinson, Madrid, 1998; *¿Ocaso o eclipse del Estado? Las transformaciones del derecho público en la era de la globalización*. Marcial Pons, 2005; *El Estado en su laberinto. Las transformaciones de la política contemporánea*. Scire, Barcelona, 2011; *De la excepción a la crisis (y vuelta). Perfiles jurídico-políticos*. Marcial Pons, Madrid, 2021.

difícilmente comprensible desde el prisma psicológico y sociológico que preside el universo mental de sus compatriotas[5]. Además, en segundo lugar, padeció en sus carnes lo que llamó "el calvario de los escritores exiliados", referido principalmente a quienes se dedican a la creación literaria, pero que no puede por menos que poseer algún relieve autobiográfico[6].

Su obra se sitúa en ese género de ensayo filosófico y de interpretación histórica que muchos *scholars* pueden mirar con cierta displicencia, pero todas y cada una de las piezas salidas de su telar muestran un acervo cultural impresionante al tiempo que reflejan un *background* poderoso. Y es que, con frecuencia, la señal del pensamiento auténtico se escapa entre el aparato crítico para acogerse a la hospitalidad del estilo libre y suelto. Cuando, y es el caso de Molnar, los problemas de variada índole (teológicos, filosóficos, políticos, sociológicos, psicológicos, artísticos, literarios, etcétera) se engarzan con naturalidad, este tipo de ensayo alcanza su más alto nivel al tiempo que su sentido más genuino. Su prosa, tanto en inglés como en francés, idiomas en los que escribió directamente sus libros y artículos, alcanza un atractivo singular. No tiene esa facilidad discursiva de los franceses ni el conceptismo de los anglosajones, pero mezcla de algún modo ambas cualidades con un estilo en extremo sugerente. Podría afirmarse que es un autor que "dice mucho más de lo que dice".

La herejía del utopismo y las ideologías

En la pluriforme realidad contemporánea, que tan agudamente describió, destacan como dato preminente la utopía y la ideología, consideradas de algún modo como pertenecientes al mismo género. Suya es la caracterización de la utopía como "perenne herejía", que en nuestros días habría adquirido un protagonismo y extensión antes desusados. Así, respecto de la primera parte de la proposición, ha escrito:

---

[5] MOLNAR, T., "La Sociedad 'Philadelphia'", *Razón Española* 14 (1985): 357-361. Cuando en las notas, a continuación, no se indique autor es porque se trata de obras de Molnar. Las referencias se hacen a la edición original. Cuando cito por otra, en otra lengua, lo añado.

[6] "El calvario de los escritores exiliados", *Verbo* 233-234 (1985): 475-479.

> El utopismo es un sistema de pensamiento, una filosofía, con bien esta-
> blecidos conceptos acerca de Dios, del hombre, de la naturaleza y de la
> comunidad. La historia del pensamiento utopista, presente en las herejías
> religiosas, en varias doctrinas gnósticas, en el marxismo, en el evolucio-
> nismo idealista y en otras corrientes por el estilo, prueba que es un tipo
> de pensamiento perennemente entroncado en toda meditación acerca de
> esos temas y tan imposible de extirpar como la filosofía realista misma.
> Por tratarse de una doctrina recurrente, los ropajes dentro de los cuales
> se ha presentado han demostrado una variedad proteica, si bien todas
> esas variaciones han obedecido a un molde único[7].

Sin embargo, ha sido la edad contemporánea la que ha conocido
ejemplarmente el aspecto realmente terrorífico del utopismo, según el
cual no existe un más allá, pues el hombre ha arribado a un estado de
detención, "con cada uno de sus deseos satisfechos, con cada uno de sus
instintos domesticado, con cada ambición colectivizada". En el mismo,
"ya no quedan allí pruebas ni ganas para pensar, para explorar nuevas
posibilidades, de articular quejas como trampolín hacia algo no catalogado". Por eso, la utopía representa, entonces, "la inmovilización súbita,
la congelación final de la humanidad en un momento dado elegido arbi-
trariamente"[8].

La utopía de la izquierda

Queda claro, pues, que la encarnación de esta pretensión de naturaleza
utópico-ideológica no es exclusiva del marxismo. Cuando una buena parte
de los escritores reputados "conservadores", en América y en Europa, limitaban su punto de mira a la denuncia de aquél, a la percepción de nuestro
autor no escapaban ni los lazos intelectuales que unían el gnosticismo
marxista al liberalismo occidental ni la debilidad endémica de este último.
En sus estudios sobre la encrucijada de la izquierda –de 1970–, constata
que la izquierda política en el poder es rechazada, dondequiera que sea,

---

[7] *Utopia the Perennial Heresy*. Nueva York, Sheed and Ward, , 1967. Cito por la versión
castellana, Buenos Aires, EUDEBA, 1970, p. 240.

[8] *Ibidem*, p. 237.

por su ultraizquierda, encontrándose prisionera de una clase intelectual enemiga de lo concreto y que considera la utopía como solución final[9].

Este "impasse" –decía– es, ante todo, teórico, pues el fracaso de la izquierda se debe más a su horror ante el *statu quo* que a una incapacidad para gobernar. Así,

> [...] la izquierda hace todo lo que puede para minar las instituciones y las formas sociales existentes, con vistas a hacer coincidir las instituciones y las formas futuras con la idea que de ellas tiene; pero cuando el futuro toma forma, se consolida y comienza a existir sobre sus propias bases, en una palabra, se convierte también en situación, la izquierda pone en cuestión estas bases, las considera como una especie de coagulación nociva de lo que, según ella, debería permanecer siempre 'fluido'[10].

¿Hacia un tercer modelo? El "socialismo sin rostro"

En ese mismo contexto, Molnar, atento siempre a las tendencias y líneas de fuerza que muestran los acontecimientos, iba a vérselas –en 1976– con el descrédito de las dos grandes ideologías mundiales. Advierte en el prólogo que, en su intención, no hay deseo alguno de pontificar sobre "el fin de las ideologías", sino que tan sólo trata de resumir ciertas observaciones que forman "una historia del presente". El punto de partida brota de la ruina de presupuestos tales como democracia, liberalismo, capitalismo, comunismo, orden constitucional, parlamento, pluralismo, partido político, burguesía, proletariado, lucha de clases, etc. La idea a la sazón dominante, ante esta crisis sólo disimulada por la ubiquidad agresiva de los medios de comunicación –entre los que cuenta la Universidad y las editoriales–, era que el futuro habría de desenvolverse según las líneas de pensamiento

---

9   DOMENACH, J. M. y MOLNAR, T., "L'impasse de la gauche", *Esprit* (París), julio-agosto de 1969. Hay edición castellana bajo el título *La izquierda en la encrucijada*, Unión Editorial, Madrid, 1970. Una denuncia de la clase intelectual puede encontrarse en su libro anterior *The Decline of the Intellectual*, World Publishing Company, Cleveland, 1961. Del que hay dos, por lo menos, dos ediciones más (Arlington, Nueva Rochelle, 1973, y Transaction, New Brunswick, 1994).

10   *La gauche vue d'en face*, Seuil, París, 1970. Cito por la versión española, Madrid, Unión Editorial, 1973, p. 27.

liberal-democrática y marxista, o mejor, entre ambas, pues –según los profesores de ciencia política y los políticos– se verían obligadas a converger.

Frente a esta descripción, en la busca del llamado "tercer modelo", nuestro autor sostiene que el mundo no evoluciona hacia la convergencia de los sistemas liberal-democrático y marxista, es decir, hacia un "socialismo de rostro humano", sino hacia la monolitización del Estado, cuyos componentes son el Ejército, un nacionalismo celoso y un socialismo sin teoría precisa e, incluso, sin ideología. De ahí que lo bautice como "socialismo sin rostro".

Con independencia del Estado tentacular, denunciado por activa y por pasiva en el momento en que Molnar dio a la estampa su obra, y compatible con el mismo, descubre nuestro autor el mal político en el debilitamiento del Estado y de las instituciones ocasionado por el liberalismo. Por donde se llega al embargo de los Estados democráticos por los grupos de presión –"el asalto de las feudalidades" lo denomina bien expresivamente–, en un proceso paralelo al que se observa en los regímenes comunistas, donde el Estado está cautivo de un partido y de una clase política.

El "tercer modelo", pues, se vislumbra para el profesor húngaro en la tendencia hacia un régimen autoritario-burocrático-monolítico, y no oculta su alto coste: retroceso económico, casi desaparición de la sociedad civil, Estado desvertebrado, etc. Finalmente, aun cuando el triunfo de tal modelo sea pura conjetura, un conjunto de síntomas abonan cuando menos el diagnóstico: instituciones liquidadas, feudalidades campantes, sociedad homogeneizada, etcétera[11].

Los Estados Unidos, nueva utopía. El "modelo desfigurado"

En esta serie de sugestivos cuadros sobre la evolución de las ideas políticas y las ideologías, tiene especial interés el que –a fines de los setenta– dedicó a los Estados Unidos. Tomando como referencia las observaciones que Alexis de Tocqueville expuso en su libro de 1830 *De la démocratie en Amérique*, compara aquel modelo democrático con el que la evolución actual presentaba entonces. En la conclusión recordaba Molnar que, cuando Tocqueville contempló la realidad norteamericana, ésta constituía un caso asombroso de éxito, objeto de imitación.

---

[11] *Le socialisme sans visage*, París, 1976. Hay edición castellana, Madrid, Unión Editorial, 1979.

Cuando escribe nuestro autor, en cambio, la perspectiva es otra, y al lado del éxito económico y del espectáculo permanente del gigantismo parece como si el modelo de sociedad hubiera desaparecido. Por eso, casi siglo y medio después, y a pesar de la estabilidad aparente de las instituciones, la situación es esencialmente diferente, diferencia que debe interpretarse como la constatación del desgaste del modelo liberal-democrático-socialista.

Por donde engarza con el tema ya visto del repliegue y del retroceso del Occidente y de los Estados Unidos. Hoy, transcurridos otros cuarenta años, no puede decirse que careciera de razón en su diagnóstico. Por el contrario, las conclusiones parecen tímidas a la vista del desbordamiento de las circunstancias. Cierto es que el problema no concierne tan sólo a los Estados Unidos, pues su reflejo europeo resulta igualmente desolador. La pandemia de la Covid-19 y las accidentadas elecciones presidenciales de noviembre de 2020 sólo han servido para resaltar lo que para el observador atento estaba fraguándose.

Tras repasar el cuadro político (el *melting-pot*, los grupos de presión, las relaciones del presidente con el Congreso y los partidos políticos), el cuadro cultural (élites, cultura, medios de información e ideología norteamericana) y el papel planetario de los Estados Unidos, sus palabras, demoledoras, terminaban con este aviso:

> Lo que es grave, es que en ese estruendo y ese tumulto habituales no se distingue el rumor inquietante de la descomposición social. En el paisaje uniforme de la sociedad estadounidense, en esa nivelación sin élite, no hay autoridad, política o espiritual, que sirva de conciencia a la nación y la advierta de los peligros que corre. Todos hablan con la misma voz; todos tienen razón o se equivocan. Se necesitaría un nuevo Tocqueville que hiciera escuchar una voz lejana pero valiente y clara. Un Tocqueville surgido en el seno mismo de los Estados Unidos, indicándoles la vía del porvenir en el umbral del tercer centenario[12].

Queda en pie el deseo, no sé si piadoso y retórico. No se piense, sin embargo, que es sólo este libro el que ha dedicado a su país de adopción.

---

[12] *Le modèle défiguré. L'Amérique de Tocqueville à Carter*, PUF, París, 1978. Hay edición castellana, México, FCE, 1980, p. 278.

Desde los años sesenta se encuentran algunos trabajos[13], que se prolongan hasta casi el cambio de siglo[14].

La crisis de la autoridad

En la descripción de los males que corroen a los Estados Unidos, y que se extienden por Occidente y aun por todo el mundo, merced a la americanización que padece, tenemos la consecuencia de profundos desórdenes teológicos, filosóficos y morales. Nuestro autor se ha distinguido muy especialmente, en este sentido, denunciándolos. En un libro también de fines de los setenta, y consagrado a la crisis de la autoridad, observaba que asistimos por doquier a un ataque frontal y sin tregua contra la autoridad y en todas sus formas: en la familia, en la escuela, en los tribunales, en el ejército, en la Iglesia, en el ámbito general de la sociedad civil y política. De este modo, en nombre de una libertad mitificada y de una democratización sin límites, se socavan los cimientos mismos de la convivencia civilizada.

En esta crisis espiritual, de nuevo, las semillas son las de la ideología y, en concreto, el propósito de crear "hombres autónomos" para una "nueva sociedad":

> Lo que se opone a la autoridad es, pues, un principio artificial que, aunque prescribe también reglas de comportamiento, lo hace desde una 'sociedad nueva', desde una sociedad no racional, que los seres humanos nunca establecerían por y para sí y en la que ninguna de las aspiraciones naturales del hombre puede ser satisfecha. Por eso la caracteriza una coerción sin respiro, que sólo podría ceder una vez reducidos los ciudadanos al estado de robots. La autoridad, en cambio, muestra su racionalidad en el hecho de no tener que ser ejercida en todo momento, porque sus directrices coinciden con lo que el hombre considera razonable, y por ello válido y apropiado como norma de conducta. Esta racionalidad se pone aún más de relieve en la gran amplitud de la esfera sobre la que la autoridad no pretende tener ningún derecho[15].

---

[13] *The Two Faces of American Foreign Policy*. Nueva York, Bobbs-Merril, 1962; *The American dilemma, a consideration of United States leadership in world*, Potchefstroom, Centre for International Politics, 1971.

[14] *The emerging of atlantic Culture*. New Brunswick, Transactions, 1996.

[15] *Authority and its Enemies*, Arlington, Nueva Rochelle, 1976. Cito por la versión castellana, Madrid, Unión Editorial, 1977, pp. 204-205.

El bifronte humanismo

El humanismo, incluso en sus versiones católicas, como expresión del secularismo, es tema central de otro de sus libros. Para situar el problema en su virtualidad actual, trazó las bases filosóficas e históricas del nacimiento y extensión de la ideología humanista antropocéntrica, en relación con el pensamiento y la vida cristianos. La conclusión se eleva tajante:

> Para el hombre, en lo que toca al significado y a las formas de la vida decente, el humanismo no es una opción sino el suicidio espiritual y moral. Confrontarlo con la religión genera una falsa alternativa, por cuanto nunca ha existido una sociedad que descansara sobre los valores "humanísticos", sino tan sólo la liquidación de una sociedad, retrasada por los valores cristianos languidecientes.

> Por tanto, no hay elección entre religión y humanismo. Resulta fácil discursear doctamente sobre los varios modelos de sociedad, como si los planificadores tuvieran frente a sí un conjunto de piezas perdidas para formar una máquina. Lo que falta es un modelo que trascienda al hombre de modo que ningún mecanismo o ideología pueda imitarlo. Porque, frente a todos los humanismos posibles y su glorificación del hombre, es profundamente cierto que [como dijo Pablo VI] 'el hombre por sí mismo no sabe quién es. Le falta el auténtico prototipo de la humanidad. Le falta el verdadero Hijo de Dios: modelo viviente para el hombre verdadero', la base del único humanismo auténtico[16].

La tentación neopagana

En 1987 es el auge neopagano el que encuentra clarificación en su pluma. La humanidad –es la clave de su desarrollo– tiene la necesidad básica de descubrir el significado del mundo. Necesidad que no se satisface por el ejercicio de la razón, sino solamente a través del mito y del símbolo que median entre lo trascendente y lo humano. A pesar de que el mito y el símbolo fueron elementos constitutivos de la cosmovisión cristiana, fueron gradualmente

---

[16] *Christian Humanism. A Critique of the Secular City and its Ideology.* Chicago, Franciscan Herald Press, 1978, p. 164.

rechazados en la medida en que la Iglesia comenzó a enfatizar el poder del pensamiento racional. A través del ejercicio de la razón, un cristiano "racionalista" puede descubrir algunas verdades, pero la verdad racional nunca es suficiente para mover al asentimiento de la fe al Dios redentor.

Así, frente a un cristianismo racionalizado y desmitologizado, muchos han buscado mitos y símbolos alternativos para comprender el mundo. En esto consiste la tentación pagana, por lo que el único modo acertado de oponerse a ella debe ser restaurar lo mítico y lo simbólico en su papel vital para la fe[17]. Indiscutible por entonces el auge del paganismo, más delicada resultaba la atribución de culpas a la racionalización del cristianismo. Salvo que la entendamos en términos estrictamente racionalistas y no tan sólo racionales. Hay aquí una tentación también para Molnar, como se demuestra en su libro conjunto con Alain de Benoist, pese a la neta oposición que emerge del mismo[18].

Esos guiños le acompañan hasta el final. No hay que olvidar que su último libro se titula *Moi, Symmaque*[19]. Se presenta, así, como "el último de los romanos", aristócrata pagano, reticente antes el nuevo orden cristiano. Evoca, claro, la situación presente, donde parece que un mundo se acaba. Intenta ponerse en el lugar de Símaco, no para actualizarlo, ni para volver a zambullirse en la Antigüedad, sino para descubrir y dar cuerpo a la experiencia de un observador de los cambios, amplios y profundos, que no se atreve de momento a llamar "decadencia". Sin embargo, nuestro autor nunca vacila acerca del fundamento sagrado de la cohesión social y del poder político[20], fiel a la visión católica de las relaciones entre la Iglesia y el Estado[21].

La Iglesia ante los siglos

Pero es la peripecia integral de la Iglesia la que atrae su atención. La Iglesia peregrina de siglos, acosada hoy por el mundo no de frente sino artera-

---

[17] *The Pagan Templation.* Grand Rapids, Eerdmans, 1987.
[18] BENOIST, A. y MOLNAR, T., *L'éclipse du sacré.* París, La Table Ronde, 1986.
[19] *Moy Symmaque.* Lausana, L'Age d'Homme, 1999.
[20] *Twin powers. Politics and the Sacred.* Grand Rapid, Eerdmans, 1988.
[21] *Politics and the State. The Catholic View.* Chicago, Franciscan Herald Press, 1980. Hay una reimpresión reciente, con distinto título, *The Church and the State. The Catholic Tradition as an integral Element of Western Political Thought*, Cluny Media, Providence, 2018.

mente, por medio de la modernidad, la revolución y el liberalismo. Porque la embestida progresista no puede ser ignorada en sus ribetes más violentos; en cambio, de modo más persistente, solapado y sutil, se produce la infiltración de lo secular a través de la cultura de la época, ablandando a la Iglesia y penetrándolo todo. El argumento central del libro es que la separación de la Iglesia y el Estado no libró, ni mucho menos, a la Iglesia de sus servidumbres, sino que tan sólo sirvió para mudarlas –agravándolas– bajo la égida de una sociedad civil que, a estas alturas, tiene un significado bien preciso.

Y es que ésta no sólo ha neutralizado y marginado la religión cristiana, sino que la ha reemplazado por una ideología inmoral y atea que se ha convertido en "confesional" para la mayor parte de los Estados de Occidente: el contrato civil es lo único "sacro" en la sociedad civil moderna; sea liberal o socialista, el mundo, emancipado del invariante orden moral, se adora a sí mismo. Más aún, para los modeladores de la mente moderna, esta sociedad civil liberal constituye el acto final de la historia. Y la Iglesia, a este respecto, todavía no ha tomado una opción clara: de ahí la desconcertante ambigüedad, con independencia de la rectitud de intención, de tantas proclamas episcopales y pontificias, y de algunos textos conciliares. Lo notable en esta tesitura es que los católicos han llegado a sentirse como miembros independientes y prácticamente ajenos al marco magisterial e institucional de la Iglesia. Y es que la Iglesia, después de haber perdido los siglos XVIII y XIX, tampoco ha ganado el XX[22].

La situación, desde entonces, una vez más, sólo se ha agravado. Debió haberse aspirado a un "cambio de paradigma". Pero se dejó pasar la ocasión y, de resultas del cambio de pontificado, sólo se ha reforzado el desconcierto[23].

La Europa entre paréntesis

Son muchos los libros de Molnar que hemos orillado en el recorrido anterior. Libros de algún modo enlazados con los que hemos referido, tal es la trabazón y la consistencia que en su aparente inaprehensibilidad tiene la

---

[22] *The Church Pilgrim of Centuries*. Grand Rapids, Eerdmans, 1990. Un ensayo anterior, sobre un tema significativo como el del ecumenismo, en el que ya apunta las claves que va a desarrollar más adelante es *Ecumenism or new reformation?*. Nueva York Funck and Wagnalls, 1968.
[23] Véase el libro colectivo coordinado por DUMONT, B., AYUSO, M. y CASTELLANO, D., *Église et politique. Changer de paradigme*. Perpiñán, Artège, 2013.

obra de Thomas Molnar. Así, tendríamos que habernos ocupado de otros ensayos de filosofía de la educación[24], política exterior[25], filosofía política[26], filosofía pura y religión[27], etc. O haber espigado sus abundantes colaboraciones en un número impresionante de revistas de todo el mundo. Sin embargo, entiendo que no será preciso sino dedicar unas líneas a la que creo una relevante aportación de sus últimos años, y un colofón que se las verá con otro más antiguo que deliberadamente he dejado para el final.

Al sobrevolar la coyuntura europea acertó a captar lo que venía a resultar –en definitiva– la puesta entre paréntesis de Europa. Según su explicación, notablemente precisa, sólo tras los cambios del panorama europeo a fines del siglo XX –con el avance hacia su unidad, la reunificación alemana, la liberación de Europa central y la diáspora del Imperio soviético– alcanzan verdadera significación los cuarenta y cinco años de posguerra. En el este de Europa, los viejos pueblos cristianos tuvieron que sufrir la ocupación bárbara del Ejército soviético. Nada comparable ocurrió en el oeste, si bien se impuso la ideología de los vencedores: el liberalismo "made in USA". Ninguno de los modelos, sin embargo, corresponde al genio y a las tradiciones europeas; y así, al quedar periclitada la fórmula del este, abandonar las raíces de nuestra identidad para intentar ser un segundo Estados Unidos, una imitación, no puede ser sino infecundo. Su viejo desajuste con la ideología americana, en expansión en el mismo momento en que el país que la creó parece

---

[24] *The Future of Education*. Nueva York, Fleet, 1961.

[25] *Africa. A political travelogue*. Nueva York, Fleet, 1965; *L'Afrique du Sud*. París, Nouvelles Éditions Latines, 1966; *South West Africa. The last pioneer country*. Nueva York, Fleet, 1966; *Spotlight on South West Africa*. Nueva York, American-African Affairs Association, 1966; *Tiers-Monde: idéologie, réalité*. París, PUF, 1982.

[26] Por ejemplo, *L'animal politique*, La Table Ronde, París, 1974. Además de otros dos dedicados a personalidades de la cultura francesa, de significación distinta, si no opuesta, Bernanos y Sartre: *Bernanos. His political thought and prophecy*, Sheed and Ward, Nueva York, 1960, y *Sartre. Ideologue of aour Time*. Nueva York, Funck and Wagnalls, 1968.

[27] *God and Knowledge of Reality*. Nueva York, Basic Books, 1973; *Theists and Atheists: A Typology of Non-Belief*. La Haya-Nueva Nork, De Gruyter, 1980; *Le Dieu immanent. La grande tentation de la pensée allemande*. París, Éditions du Cèdre, 1982; *Philosophical grounds*. Nueva York, Peter Lang, 1991; *Archetypes of thought*. New Brunswick, Transaction, 1996; *Return to Philosophy*. New Brunswick, Transaction, 1996.

descoyuntarse, no le lleva, pues, a un ingenuo europeísmo, sino que –por el contrario– encuentra en éste la huella de aquélla[28].

De la "americanología" a la hegemonía liberal

Prosiguiendo las anteriores reflexiones, viene a explicar sobriamente las razones del desequilibrio presente entre las fuerzas civilizadoras, suministrándonos las herramientas para reaccionar de modo sensato contra el disimulado (quizá hoy menos) totalitarismo que nos sofoca hoy[29]. Así, ha explicado que la tríada institucional constitutiva de la civilización occidental –Estado, Iglesia y sociedad civil– sufre una degradación profunda. El Estado no es sino un instrumento de gestión en manos de los *lobbies*, y su democracia desencarnada pero obligatoria disimula un modo de gobierno cada vez más opaco. En cuanto a la Iglesia, considerada como sociedad, es un grupo de presión entre otros, que ofrece *un producto espiritual* en el mercado mundial de los valores. En este universo homogeneizado, sometido por entero a las leyes mercantiles dictadas por la sociedad civil reinante, la tolerancia pregonada no es sino la imposición de un consenso en el que todas las opiniones valen y se anulan a un tiempo. La vida intelectual y espiritual, en consecuencia, se empobrecen, dando lugar a una tiranía de los medios de comunicación crecientemente embrutecedora y a diversiones cada vez más vulgares.

Esta nivelación universal –concluye– resulta también progresivamente más difícil de combatir en cuanto que viene disfrazada de progreso y justificada por las leyes "objetivas" del liberalismo[30]. Esa es la "hegemonía liberal", en la que reina en solitario la llamada "sociedad civil", que ya no es la sociedad estructurada en cuerpos intermedios, sino verdaderamente una *disociedad*.

El combate contra la revolución

El ensayo de Molnar que intencionadamente –lo acabo de decir– he dejado para el final es el que se enfrenta con el problema de la revolu-

---

28 *L'Europe entre parenthèses*. París, La Table Ronde, 1990.
29 *L'américanologie*. Lausana, L'Age d'Homme, 1991.
30 *L'hégémonie libérale*. Lausana, L'Age d'Homme, 1992.

ción y la contrarrevolución. Libro extraordinariamente sugestivo y lleno de calas en problemas hondísimos. Toma como consideración inicial el hecho de que es fácilmente demostrable que el contenido ideológico de la contrarrevolución, su concepto de la sociedad, del gobierno y de las leyes, no es menos rico que el que las doctrinas revolucionarias portan. Sin embargo, durante los dos últimos siglos, las doctrinas opuestas al hecho revolucionario no han conseguido ni la misma audiencia ni igual penetración que aquéllas. Indagar las causas de este "fracaso" es el objeto de su obra, convertida en una juiciosa reflexión sobre sus méritos, pero también las debilidades, sobre todo estratégicas, que suele llevar consigo.

En la última página estampa un juicio tremendamente pesimista, buen reflejo de cómo ha concebido su propio ejercicio intelectual y dentro de qué límites lo ha circunscrito:

> [...] No hay epílogo para esta historia. Esta no ha terminado todavía; aunque triunfe la revolución, no podrá edificar un orden durable, ya que de sus turbias entrañas sólo puede nacer un estado de permanente desorden, en el que las distintas situaciones se sucederán a un ritmo desenfrenado, porque la revolución está destinada a romper cualquier orden, incluso el que ella establezca momentáneamente.

> Un régimen revolucionario sólo puede mantenerse si una clase que se beneficia de él lo dirige con férrea mano. Por esta razón una victoria revolucionaria entraña un terrible estancamiento. Por el contrario, si la revolución no consigue triunfar; se convierte en un factor de destrucción en una sociedad no revolucionaria, mina sus bases y la mantiene en un estado de terror. La tarea de los contrarrevolucionarios consiste en defender los principios que mantienen la sociedad en la estabilidad y en el orden. No se trata de una tarea espectacular, ya que la lucha contrarrevolucionaria no puede tener una victoria final, ni éxitos en el foro público. Sus victorias son las satisfacciones del corazón y del espíritu. Se trata de una tarea sin final, de una carga cotidiana. Y así, día tras día, debemos ir cumpliéndola con inagotable perseverancia[31].

---

[31] *The Counter Revolution*, Nueva York, Funck and Wagnalls, 1969. Hay versión castellana, Madrid, Unión Editorial, 1975, p. 171, por la que cito.

∿

¿EN VÍSPERAS DE UNA NUEVA OLA TOTALITARIA?: EL "PODER" Y SU NATURALEZA

Juan Francisco Montalvo Cantú[1]
Universidad Panamericana

Introducción

Se ha convertido en lugar común desde hace décadas afirmar que el mundo se encuentra en un momento convulso, pero no existe otra manera de describir las circunstancias actuales sin recurrir de una u otra manera a esta sentencia. A las dificultades políticas, económicas, sociales, tecnológicas y medioambientales se unió, desde finales de 2019 y principios de 2020, un peligro impredecible e inevitable[2], que en un corto tiempo arrojó a la humanidad al miedo y la incertidumbre absoluta: la Covid–19.

---

[1] Licenciado y actualmente postulante a Maestro por la Universidad Panamericana. Profesor contratado por la Universidad Panamericana, perteneciente al Campus Aguascalientes, México.

[2] Aunque ya desde 2019 la Organización Mundial de la Salud había alertado sobre la posibilidad de pandemias virales y la falta de preparación de los gobiernos para enfrentarse a una en caso que esta sucediera. *Cfr.* GLOBAL PREPAREDNESS MONITORING BOARD (Ed.). *A world at risk: annual report on global preparedness for health emergencies.* Ginebra, World Health Organization, 2019.

No tomó mucho tiempo para que intelectuales, principalmente posmarxistas, presentaran sus opiniones e interpretaciones al respecto de la pandemia[3], ubicándose generalmente en una de tres narrativas: (1) El capitalismo neoliberal como causante de la pandemia y ésta como propiciadora de formas autoritarias de control político para proteger al modelo neoliberal; (2) El neoliberalismo como causante de la pandemia pero ésta como posibilidad para un cambio gracias a la efervescencia inusitada de formas de organización solidarias y colectivas, y (3) La globalización neoliberal como causante de la pandemia y el Estado como único capaz de hacerle frente a sus efectos y controlarla[4].

Como respuesta a este inicial monopolio del tema por parte de la izquierda, no tardaron en aparecer pensadores e intelectuales de corte conservador que lanzaron a la arena pública sus propias interpretaciones, las cuales en algunos casos coinciden, y en otros difieren, de las posiciones desarrolladas por sus contrapartes progresistas, aunque generalmente se caracterizaron por abordar los siguientes temas: (1) Los controles estatales y los estados de excepción; (2) el uso de la crisis pandémica para movilizar las agendas progresistas en materia de diversidad sexual, aborto y eutanasia; (3) la agenda política china y su papel en el inicio de la pandemia; (4) el papel de las élites económicas en las agendas políticas, y (5) la narrativa empleada por los organismos internacionales y supranacionales, así como las facultades que se arrogaron y las agendas políticas que impulsaron[5].

---

[3]   Dos libros gratuitos recogen un buen número de los primeros artículos que intentaron interpretar la pandemia. *Cfr.* AMADEO, P. (Dir)., *Sopa de Wuhan*. Aislamiento Social Preventivo y Obligatorio (ASPO), 2020; GARCÍA GARCÍA, F. (Ed.), *Capitalismo y Pandemia. 16 ensayos publicados entre el 21 de marzo y el 16 de abril de 2020, (No incluidos en la "Sopa de Wuhan")*. Filosofía Libre, 2020.

[4]   Un desarrollo de cada narrativa y los autores que se ubican en ellas, y de donde se tomó la clasificación, se encuentra en: ARTEAGA BOTELLO, N., *et al.* "La significación intelectual de la pandemia de la Covid-19 codificaciones sagradas y profanas". *Sociológica* 35.100 (2020): 241-258.

[5]   Los textos más representativos de esta corriente son las tres obras colectivas editadas por Carlos Polo, Mónica Ballón y Carlos Beltramo en las que se recogen varias decenas de artículos de pensadores e intelectuales conservadores en las que se abordan estos y otros temas relativos a la Covid-19 y a sus consecuencias en el futuro cercano. *Cfr.* MOSHER, S., "La biografía del virus chino"; LAJE, A., "El poder en tiempos de pan-

Un tema sin embargo aparece repetido una y otra vez a lo largo de los textos, sin importar sus filias y fobias: la cuestión del Estado y el futuro que se puede esperar a corto y mediano plazo. Las respuestas son diversas, desde la seguridad de su próxima muerte, hasta la firme convicción de que la pandemia a lo único que trajo salud fue al Estado, que se ha visto fortalecido y revitalizado por el caos.

Este artículo pretende ser una aportación a esta discusión retomando el concepto del "Poder" como sujeto clave en el desarrollo de los sucesos políticos. Para este efecto la primera precisión que se hace es distinguir entre los conceptos de poder y el "Poder", así como la forma en la que ambos se relacionan y su trascendencia para el ser humano.

Realizada esta distinción, se procede a presentar dos claves para interpretar los actos políticos, no como eventos aislados sino como parte de un intento constante de el "Poder" por crecer y fortalecerse.

La primera de estas claves es "el instinto de crecimiento del Poder", que se funda en su egoísmo intrínseco y natural tendencia a la centralización, las cuales se manifiestan en un constante esfuerzo de éste por crecer e imponerse. Esta clave permite observar los continuos actos políticos y estatales como un esfuerzo activo por ampliar el área de dominio y las facultades del "Poder" sobre sus súbditos.

La segunda de las claves es la denominada "Ley de la competencia política", la cual aparece cuando los distintos "Poderes" chocan entre sí en su intento de crecer. La multiplicidad de sujetos genera un ambiente constante de lucha en el que cada uno intentará superar e imponerse al resto, so pena de lo contrario de ser dominado por sus vecinos más poderosos. En esta situación, la única forma de preservar la existencia es manteniendo el equilibrio de fuerzas, de tal forma que ningún actor se pueda imponer a otro. Esta solución deriva en lo que Jouvenel denomina "La carrera hacia el autoritarismo". Esta clave permite interpretar los actos políticos en el ámbito internacional como una constante lucha por mantener el equilibrio entre "Poderes"; al mismo tiempo que explica en el ámbito interno por qué ciertas medidas tomadas por un país para ejercer

---

demia", "II La Cura", BALLÓN, M; VILLAMOR, J. "III La Tormenta Perfecta". En C. Beltramo y C. Polo. (Eds.)., *Pandemonium ¿De la pandemia al control total?*, 1a ed. 2020.

un mayor control sobre su población terminan por ser adoptadas por sus vecinos, incluso aquellos a los que se considera enemigos o contrincantes.

Estos elementos o claves pueden dar luces al momento de analizar los eventos que se han sucedido en los dos últimos años, para demostrar que no son más que la continuación de un largo proceso de crecimiento y consolidación del "Poder" y que, en caso de mantenerse el curso actual, solo puede concluir en una nueva ola de gobiernos autoritarios.

El poder y el "Poder"

La piedra angular de este breve estudio es la distinción entre el poder y el "Poder", conceptos homófonos y ciertamente relacionados, que de no ser debidamente separados generan una amplia cantidad de confusiones que terminan por volver si no imposible, al menos sí extremadamente difícil la construcción de ideas[6].

Definición de poder

Uno de los temas en los que se han vertido los proverbiales ríos de tinta es el referente al poder, sobre todo el político; cuya naturaleza y esencia han ocupado el pensamiento de la humanidad desde el inicio de su existencia, por lo que intentar hacer un estudio pormenorizado extendería por mucho los límites de este estudio. Las definiciones que se presentan a continuación, aunque diferentes entre sí, permiten generar un concepto de poder claro y útil para los objetivos del presente.

La primera de estas definiciones es del filósofo surcoreano alemán Byung-Chul Han, quien a lo largo de su obra desarrolla la idea del poder como la "continuación del yo", la posibilidad que tiene el ente de recobrarse a sí mismo al encontrarse con lo distinto[7], o en otras palabras, de convertir al otro en un reflejo del yo. Este reflejo se expresa

---

[6]   Nunca está de más recordar la importancia de la claridad terminológica para el desarrollo de las ciencias sociales, así como las dificultades que el uso indiscriminado de términos han causado al área específica de la ciencia política, a este respecto no hay nadie que lo explique mejor que Giovanni Sartori. *Cfr.* SARTORI, G., *La Política Lógica y método en las ciencias sociales.* México, FCE, 2013.

[7]   HAN, B. C., *Sobre el poder.* Barcelona, Herder Editorial, 2017, p. 66.

en que el otro realiza las acciones que quien tiene el poder ha decidido de antemano. Pero también se cuida de señalar que el poder y la fuerza física (la violencia) son distintos, pues el poder es complejo al generar interdependencias y reciprocidad entre los sujetos, además de que deja abierto siempre un espacio a la libertad; mientras que la violencia es simple: trata al otro como un mero cuerpo, y en este sentido consigue relaciones de causalidad en las que el resultado siempre está asegurado[8].

La segunda definición de poder es del filósofo español José Antonio Marina, quien establece que el poder es "la capacidad de realizar algo, la facultad de convertir en acto una posibilidad".[9] El filósofo señala que este concepto corresponde al "poder personal", al propio de cada individuo, y que éste a su vez se desdobla en un poder autorreferente o dirigido a sí mismo (que en la Edad Media se identificaba como "poder monástico" o solitario) y un poder social o dirigido a los demás ("poder político" que domina a otros según la terminología medieval). Este último consiste en obtener un objetivo personal o colectivo que depende de la colaboración o la inhibición de otros.[10]

A pesar de las diferencias de enfoque se puede observar una línea común en ambos autores, pues para los dos el poder es primordialmente posibilidad: en Han, posibilidad primero de establecerme como un yo y posteriormente de "continuar el yo" en el otro, y por lo tanto lograr mis objetivos mediante el uso de sus fuerzas; y en José Antonio Marina, posibilidad de convertir en realidad los proyectos, primero mediante el uso de recursos propios y después sumando el de otros y dirigiéndolos hacia los objetivos determinados.

Esta concepción del poder es también compartida por autores como Bertrand de Jouvenel[11] y Francisco Javier Conde, este último señalando claramente que: "El poder forma la materia que es pura potencia.

---

[8]   *Cfr. Ibidem*, pp. 8-29.
[9]   MARINA, J. A., *La pasión del poder.* Barcelona, Anagrama, 2010, p. 21.
[10]   *Cfr. Ibidem*, pp. 21-29.
[11]   "El hombre se siente más hombre cuando se impone a los demás y los convierte en instrumento de su voluntad, medios para alcanzar los grandes fines cuya visión le embriaga". JOUVENEL, B., *Sobre el poder: historia natural de su crecimiento.* Madrid., Unión, 1998, p. 185.

Cuando desaparece, vuelve a ser materia sin forma, amorfa anarquía"[12]. y "El poder social es, pues, por lo pronto, potenciación en el sentido de posibilitación"[13].

De esta forma podemos definir al poder como: la capacidad de convertir en realidad los proyectos del yo (individual o colectivo) mediante el uso de las propias fuerzas y recursos (poder personal) o mediante la incorporación de las fuerzas y recursos de otros que con libertad (mayor o menor) se subordinan a la actualización de los mismos (poder social).

Definición de "Poder"

Una vez definido el poder se vuelve necesario definir a su homónimo el "Poder", el verdadero sujeto del presente y el objeto de múltiples y contradictorios sentimientos que van desde el amor incondicional hasta el más ardiente odio. Para definirlo es necesario acudir a quien dedicó una parte considerable de su vida a estudiarlo y quien lo bautizó con ese nombre, el ya mencionado Bertrand De Jouvenel.

De Jouvenel se preocupó a lo largo de su vida por el tema de la autoridad y la correlativa obediencia que genera, pero ante la insatisfacción que le causaban las teorías que hasta ese momento se habían desarrollado, y ciertamente conmocionado por los eventos que habían sacudido al mundo durante la primera mitad del siglo XX, decide dedicarse a un estudio pormenorizado de la historia y la evolución de lo que termina por denominar como el "Poder"[14].

Antes de definir al "Poder" es necesario señalar cómo es que Jouvenel llega a él en primer lugar. De la definición de poder señalada más arriba se deriva la necesidad fundamental de un sujeto, un "yo", en quien recae esa facultad o posibilidad, primero de definir un proyecto, y después de hacerlo realidad. Cuando se habla de un "poder personal" la identidad del

---

[12] CONDE GARCÍA, F. J., *El hombre, animal político*. Madrid, Ediciones Encuentro, 2012, p. 98.

[13] *Ibidem*, p. 99.

[14] Jouvenel es un autor poco conocido en muchos ámbitos, pero recientemente ha sido recuperado en el mundo hispánico, el profesor Armando Zerolo publicó hace algunos años una reseña de su pensamiento. *Cfr.* ZEROLO DURÁN, A., *et al.*, *Génesis del estado minotauro: el pensamiento político de Bertrand de Jouvenel*. Madrid, Sequitur, 2013.

"yo" no presenta mayores dificultades, pues claramente se trata de un individuo en concreto; incluso cuando se hace necesario el uso de la fuerza de otros, el denominado "poder social", el "yo" sigue siendo individual.

El problema aparece cuando se recuerda que el ser humano es por naturaleza político[15], lo que implica que los otros no son solamente fuerzas dispuestas a ser explotadas, sino que se trata de otros "yo" con proyectos coincidentes o contradictorios con los propios y para quienes mis fuerzas son también necesarias; por este conflicto producto de la diversidad se hace necesario construir proyectos en común con otros, de forma que el "yo" individual debe ser transformado en un "yo" colectivo, con proyectos que todos están dispuestos a actualizar, este es el espacio de la política[16].

Este "yo" colectivo dispone de las fuerzas de todos los "yo" individuales que lo conforman, estos se potencializan unos a otros y le permiten a cada individuo una mayor estabilidad y capacidad de lograr posibilidades, proyectos, mayores de los que se podrían alcanzar individualmente[17]. Pero este "yo" colectivo y los poderes de los que dispone, originalmente conformado por los individuos, no tardan en objetivarse y adquirir una existencia autónoma desligada de sus miembros[18], se convierte en una organización, "una condensación objetiva de poder, que confiere poder a quienes ocupan puestos en ella"[19].

Esta forma objetivada de poder es lo que Jouvenel denomina la "sala de máquinas", que no es sino el aparato de gobierno que la comunidad establece para hacer uso de sus poderes con el fin de alcanzar los objetivos que el "yo" colectivo se ha propuesto. Este aparato de gobierno

---

[15]   ARISTÓTELES, *Ética nicomáquea*, Julio Pallí Bonet (Ed.). Barcelona, Gredos. 2013, véase l. 1, 7, 1097b7 y sigs; ARENDT, H., *La condición humana*. Barcelona, Paidós, 2017, *sic passim*.

[16]   Esta manera de entender la política es compartida en mayor o menor medida por Conde, Han y Arendt. *Cfr.* CONDE, *op. cit.*, pp. 94-145; HAN, *op. cit.*, pp. 91-101; ARENDT, *op. cit.*, pp. 37-83.

[17]   *Cfr.* CONDE, *op. cit.*, pp. 98-100.

[18]   Respecto de este proceso de objetivación José Antonio Marina señala que los "espíritus objetivos" son "aquellas creaciones de la inteligencia que parecen adquirir una existencia autónoma y una vida propia desligada de los individuos". MARINA, *op. cit.*, pp. 110-111.

[19]   *Ibidem*, p. 109.

dispone del poder de la comunidad y el grupo que se hace con su control se convierte en el único capaz de ejercerlo, a este colectivo es al que Jouvenel bautiza como el "Poder"[20].

La definición que el autor da sobre el "Poder" es:

> Un cuerpo social permanente, al cual se tiene hábito de obedecer, que tiene los medios materiales para imponerse, y que está sostenido por la opinión que se tiene de su fuerza, la creencia en su derecho a mandar (su legitimidad) y la esperanza que se pone en su acción bienhechora[21].

A lo anterior se debe de agregar que dicho Poder se constituye "como una sociedad pequeña que domina a otra mayor y su fuerza para obligar a los individuos la recibe del concurso de los demás miembros"[22]. De esta manera se establece no sólo la distinción entre el poder y el "Poder" sino también la forma en la que se relacionan.

El instinto de crecimiento del "poder"

El "Poder" se conforma para hacerse con el control del aparato de gobierno de la comunidad y poner el poder de esta (que no se debe olvidar es a su vez el poder de todos sus miembros) al servicio de sus propios intereses, los cuales pueden o no coincidir con los de la sociedad que dominan. Cuando los intereses coinciden la comunidad cree que verdaderamente el Poder solo es un servidor suyo, olvidando que en realidad la motivación original de este no era más que el egoísmo de expandir su personalidad y facultades[23].

¿Por qué el "Poder" tiene esta tendencia egoísta o instinto de crecimiento? En realidad, no es estrictamente propio, sino que lo toma del poder al que convirtió en su razón de existir. Para entender esto es necesario señalar que el poder es egoísta y tiende a crecer por dos razones.

---

20 *Cfr.* JOUVENEL, *op. cit.*, pp. 55-58.
21 *Ibidem*, p. 73.
22 *Ibidem*, p. 68.
23 *Ibidem*, pp. 180-181.

La primera es la explicada por Byung-Chul Han cuando afirma que todo poder es centralizador e "ipsocéntrico". El poder, en cuanto tal, tiende hacia y se afirma a sí mismo, es decir, que en cuanto es poder le es inherente la mismidad, pues su objeto es siempre la "continuidad del yo" y este "yo" no puede admitir diferencias o de lo contrario desaparecería, se disgregaría en "otros"; en esto consiste su carácter "ipsocéntrico". Derivado de esto el poder se revela como centralizador, pues como no puede aceptar lo diverso tiene necesidad de imponerse sobre aquello que lo rodea y que se interpreta como una posible amenaza, todo se debe congregar en él y todo debe convertirse en él; el poder es pues egoísta porque busca reafirmarse y tiende a crecer porque para reafirmarse debe fagocitar lo distinto y "continuar el yo"[24].

La segunda razón es explicada por José Antonio Marina y proviene de la natural ausencia de límites a los deseos del hombre. La inteligencia humana es capaz de autonomizar el deseo y hacerlo funcionar por su cuenta en un circuito sin fin, en el que los actos ya no son realizados por necesidad sino por el placer que producen. A esto se une la necesidad humana de libertad y distinción que se traduce en un enfrentamiento consigo mismo y con los demás por extender su capacidad de acción.

Cada triunfo que el individuo logra se percibe como un placer, lo que lleva a identificar el dominio como culmen de la afirmación personal, transformando al poder ya no en expansión de la propia energía, sino en afán de dominación. El poder deja de ser un medio para obtener algo y se convierte en deseable por sí mismo[25]. Este es un nuevo tipo de poder cuyo objetivo es la imposición sobre otro y cuyo ejercicio es fuente de un profundo placer para quienes le son adictos[26].

Como se señaló antes, el "Poder" se conforma para hacerse con el poder de una comunidad específica, esta búsqueda termina por provocar una identificación entre ambos, de suerte que el instinto de crecimiento

---

[24] *Cfr.* HAN, *op. cit.*, pp. 105-106.
[25] *Cfr.* MARINA, *op. cit.*, pp. 16-34.
[26] En la historia abundan los ejemplos de políticos que disfrutaban el ejercicio de cualquier forma de poder, un buen ejemplo de este tipo de personaje es Joseph Fouché cuya biografía escrita por Stefan Zweig es de lectura obligada. *Cfr.* ZWEIG, S., *Fouché: Retrato de un hombre político.* Barcelona, Acantilado. 2011.

y el egoísmo del poder pasan a formar parte también de las características de el "Poder".

Esto lleva a Jouvenel a afirmar de manera contundente que:

> El Poder es imposición, su primera pasión es ampliar el área que tiene sometida, tiene periodos de letargo, pero siempre regresa, lo semejante atrae a lo semejante y por tanto la autoridad a los autoritarios y el imperium a los imperios[27].

Esta primera clave permite interpretar la historia como la constante lucha del "Poder" por extenderse e imponerse sobre los individuos y los otros poderes. Bertrand de Jouvenel en su obra ya mencionada, "Sobre el Poder: Historia natural de su crecimiento", realizó un recorrido histórico desde la Antigüedad hasta mediados del siglo XX para descubrir los constantes avances del "Poder" y demostrar su tesis. Un trabajo análogo fue realizado por el profesor Dalmacio Negro, quien centró su estudio en la historia del Estado como instrumento del "Poder" desde el final de la Edad Media hasta las primeras dos décadas del siglo XXI, demostrando igualmente un constante crecimiento del "Poder" en perjuicio de las libertades individuales[28].

En la actualidad se puede comprobar que el "Poder" no ha cejado en su afán de crecer, el caso más evidente es el de China, que puede observarse de dos formas distintas: la primera en lo que respecta al control sobre sus ciudadanos y la segunda en su esfuerzo por extender su influencia económica.

En el ámbito interno del crecimiento del "Poder" el caso chino es tal vez el más evidente en la actualidad y sus resonancias distópicas deberían de ser señal de alarma suficiente. El ejemplo en cuestión es el llamado "sistema de crédito social", un sistema casi omnipresente cuyo objeto es calificar a los ciudadanos dependiendo de sus acciones. Aquellos que actúan de forma contraria a lo mandado por el Estado, es decir al Partido

---

[27] JOUVENEL, *op. cit.*, pp. 202 y 203.
[28] *Cfr.* NEGRO PAVÓN, D., *Historia de las formas de Estado: una introducción*. Madrid, El Buey Mudo (Ensayo), 2010.

Comunista Chino, son penalizados y ven sus libertades reducidas; quienes se someten son premiados y reciben diversos beneficios[29].

Este modelo Orwelliano ya es una realidad en diversas regiones chinas y se espera que sea implantado en la totalidad del país en un futuro cercano. Que por el momento el sistema esté limitado al gigante asiático no implica que otros países no lo vayan a implantar en un futuro, sobre todo si se considera que las democracias occidentales no son ajenas a los sistemas de vigilancia y control[30].

El "sistema del crédito social" chino ha generado un amplio debate y muchas señales de alarma[31], sin embargo, no debe de sorprendernos si lo consideramos a la luz del instinto de crecimiento del "Poder", para el que todo medio que le permita controlar a sus subordinados es válido, bajo esta tesitura no deberían de sorprendernos tampoco que los Estados occidentales establezcan en un futuro cercanos mayores aparatos de vigilancia y control.

En el ámbito externo el caso chino es nuevamente emblemático, no sólo desde el 2018 se convirtió en el principal inversor y socio comercial de los países africanos[32], sino que ha logrado superar a Estados Unidos

---

[29] *Cfr.* KOBIE, N., "The Complicated Truth about China's Social Credit System", *WIRED UK*, 7 de junio de 2019, disponible en https://www.wired.co.uk/article/china-so-cial-credit-system-explained (fecha de acceso: 14 de septiembre de 2021).

[30] *Cfr.* LI XAN WONG, K. *et al.*, "We're Just Data: Exploring China's Social Credit System in Relation to Digital Platform Ratings Cultures in Westernised Democracies", *Global Media and China* 4.2 (2019): 220-232. doi: 10.1177/2059436419856090.

[31] La discusión en torno al "sistema de crédito social" se encuentra en pleno auge, y un estudio pormenorizado excede el objeto de este artículo, sin embargo una buena aproximación al tema son los siguientes artículos: *Cfr.* XINRAN, "China in Their Hands: The Social Credit System in China Risks Creating an All-Controlling Society Where Young People Will, like Generations before Them, Live in Fear", *Index on Censorship* 48.2 (2019): 74-76. doi: 10.1177/0306422019858298; KOSTKA, G., "China's Social Credit Systems and Public Opinion: Explaining High Levels of Approval, *New Media & Society* 21.7 (2019): 1565-1593. doi: 10.1177/1461444819826402; KRAUSE HANSEN, H. *et al.*, "From Universalizing Transparency to the Interplay of Transparency Matrices: Critical Insights from the Emerging Social Credit System in China", *Organization Studies* 42.1 (2021): 109-128. doi: 10.1177/0170840619878474; CHEN, W. *et al.*, "Big Data Ethics and Politics: Toward New Understandings", *Social Science Computer Review* 38.1 (2020): 3-9. doi/10.1177/0894439318810734.

[32] *Cfr.* BROWN, H. *et al.*, "Chinese Investment in Africa: New Model for Economic Development or Business as Usual?", disponible en https://doc-research.org/2018/09/chinas-approach-to-africa/ (fecha de acceso: 15 de septiembre de 2021); Shepard, W.

como el primer socio comercial de la Unión Europea desde el 2020 por primera vez en la historia[33], y su influencia en los países latinoamericanos no deja de crecer[34]. No será sorprendente si en un futuro cercano China termina por superar a Estados Unidos como la mayor economía del mundo. Pero el crecimiento económico de China no es solamente una cuestión de dinero, la expansión del gigante asiático trae aparejada una influencia que se extiende al ámbito político y ésta solo aumenta con el constante desarrollo tecnológico y digital, una realidad que no pasa desapercibida por el resto de los países, sobre todo los miembros de la Unión Europea y Estados Unidos[35].

La ley de la competencia política

La segunda clave para interpretar la historia reciente es la denominada "Ley de la competencia política", también desarrollada por Bertrand de Jouvenel y que se fundamenta en la tendencia natural del "Poder" a crecer.

La "Ley de la competencia política" no es algo reciente, sino que es una constante que se observa a lo largo de la historia y que se vuelve mucho más evidente durante la modernidad, debido a la aparición del Estado como la máxima personificación del "Poder" y la forma suprema de acumulación de recursos para ponerlos a su provecho, todo esto

---

"What China Is Really Up To In Africa", *Forbes*, 3 de octubre de 2019, https://www.forbes.com/sites/wadeshepard/2019/10/03/what-china-is-really-up-to-in-africa/ (fecha de acceso: 15 de septiembre de 2021).

[33] BBC NEWS, "China Overtakes US as EU's Biggest Trading Partner", *BBC News*, 17 de febrero de 2021, disponible en https://www.bbc.com/news/business-56093378 (fecha de acceso: 15 de septiembre de 2021); AMARO, S., "China Overtakes U.S. as Europe's Main Trading Partner for the First Time", *CNBC*, 2021, disponible en https://www.cnbc.com/2021/02/16/china-overtakes-us-as-europes-main-trade-partner.html (fecha de acceso: 15 de septiembre de 2021).

[34] *Cfr.* AVILES QUINTANAR, D. A. *et al.*, "China y el efecto de reprimarización en América Latina", *3C Empresa. Investigación y pensamiento crítico*, 23 de agosto de 2019, pp. 118-149, disponible en https://www.3ciencias.com/articulos/articulo/china-y-el-efecto-de-reprimarizacion-en-america-latina (fecha de acceso: 15 de septiembre de 2021). doi: 10.17993/3cemp.2019.080339.118-149

[35] *Cfr.* PARRA PÉREZ, A., "The digital Silk Route: China's great globalization", *IIEE* 38 (2020).

apoyado en un sistema de legitimación que persuade a una obediencia cada vez menos limitada[36].

El nacimiento del Estado sólo fue posible con la caída de la Cristiandad Medieval y con el quiebre y sustitución de los conceptos que lo habían sustentado[37]. Este proceso ha sido identificado como "Las 5 fracturas del *Ordo político medievalis*", y abarca del siglo XV hasta el siglo XVII. Estas 5 fracturas conforme al pensamiento de Francisco Elías de Tejada serían: "la ruptura religiosa del protestantismo luterano, la ruptura ética con Maquiavelo, la ruptura política por mano de Bodin, la ruptura jurídica en Grocio y en Hobbes, y la ruptura definitiva del cuerpo místico cristiano en los tratados de Westfalia"[38].

En este contexto de crisis las monarquías locales, principalmente la francesa[39], construyeron el aparato estatal para que el poder personal de un solo hombre, en este caso el monarca, se transmitiera y se ejecutara en un amplio territorio[40]. Para lograrlo se estableció un sistema sobre tres pilares: burocracia, policía y sistema fiscal. Este sistema o aparato no desapareció con la caída del monarca, sino que su titularidad fue trasladada a la Nación, que terminó por adquirir las características de una persona[41].

El beneficio del Estado, en comparación con el monarca, es que éste, al ser artificial, no cuenta con límites precisos y siempre puede seguir creciendo y aumentando su poder. Pero para continuar su crecimiento, y por tanto el del "Poder", el Estado necesita ampliar su "capital de poder", al que José Antonio Marina define como: "el conjunto de recursos

---

[36] *Cfr.* ARINA, *op. cit.*, p. 73.

[37] Sobre la forma política de la *Res Publica Christiana* se pueden confrontar: NEGRO, *op. cit.*; SAENZ, A., *La Cristiandad y su Cosmovisión*. México, Editorial APC, 2012; CROSSMAN, R. H. S., *Biografía del Estado Moderno*. México, Fondo de Cultura Económica. 2011; *Cfr.* GROSSI, P., *El orden jurídico medieval*. Madrid, Marcial Pons, 1996; TEJADA, F. E. *La Monarquía Tradicional*. Madrid, Rialp. 1954.

[38] Excede el objeto del artículo desarrollar estas rupturas, sin embargo, su enumeración y su estudio puede encontrarse en *Cfr.* TEJADA, *op. cit.*; AYUSO TORRES, M., *¿Después del Leviatán? Sobre el Estado y su signo*. Guadalajara, Universidad Autónoma de Guadalajara. 2006.

[39] *Cfr.* NEGRO, *op. cit.*, cap. X-XIV.

[40] *Cfr.* KREBS W, R., *La Monarquía Absoluta en Europa: El desarrollo del Estado moderno en los siglos XVI, XVII y XVIII*. Santiago de Chile, Editorial Universitaria. 1979.

[41] *Cfr.* JOUVENEL, *op. cit.*, pp. 149-154.

acumulados que amplía las posibilidades de acción o de producción de una persona, un grupo, una empresa o un Estado"; siendo estos recursos las "cosas, personas, posesiones o capacidades a las que se puede recurrir para conseguir una meta"[42]. El "Poder" apoyado en el Estado puede ampliar sus recursos, y por lo tanto su "capital de poder", de dos maneras: intensiva o extensiva[43].

Es en este momento en el que hace su aparición la denominada "Ley de la competencia política" y que proviene de una realidad evidente: los "Poderes" no se encuentran aislados en el mundo, sino que éste está fragmentado en muchos gobiernos, que debido a sus respectivas tendencias de crecimiento inevitablemente terminan por enfrentarse. Estos enfrentamientos generan dos principios, el primero, relativo a la ampliación extensiva: "todo aumento territorial de un Estado, al aumentar su base de recursos, obliga al resto a buscar un aumento similar para restablecer el equilibrio" y el segundo, sobre la ampliación intensiva:

> [...] el aumento en el grado de extracción de las fuerzas y riquezas de un pueblo por parte de su Estado, cambia la relación de sus medios con los de sus vecinos, por lo que estos también tienen que adquirir sobre sus pueblos unos derechos análogos para restablecer el equilibrio[44].

Recapitulando, todos los "Poderes" son egoístas y tienden a crecer, pero para crecer es necesario que aumenten su "capital de poder" y los recursos que lo componen, las dos formas de hacerlo son aumentando la influencia territorial o aumentando la capacidad de extraer las fuerzas y riquezas de sus súbditos. Pero el crecimiento de un "Poder" siempre implica el enfrentamiento con los que lo rodean, pues al extenderse encontrará en sus fronteras una diversidad por la que se siente amenazado y a la que naturalmente tratará de imponerse.

Todos los Estados que han ejercido la hegemonía en sus respectivas regiones lo han logrado porque aumentaron su "capital" y sus recursos mediante una presión más intensa sobre sus pueblos que la que ejercieron

---

[42]   MARINA, *op. cit.*, p. 104.
[43]   *Cfr.* JOUVENEL, *op. cit.*, p. 190.
[44]   *Cfr. Ibidem*, pp. 205-207.

sus vecinos sobre los suyos. Esta ampliación de recursos les permitió extender su influencia (directa o indirectamente) sobre el territorio aledaño, lo que a su vez les provocó un nuevo aumento de recursos y una renovada capacidad de expansión. La única manera en la que se le puede hacer frente a estos "Poderes" o Estados hegemónicos es logrando alcanzar un nivel igual (o superior) de "capital" y recursos, de tal forma que sea imposible que uno se pueda imponer al resto, asegurando una coexistencia basada en la igualdad de medios[45].

Esta fatalidad de expansión y enfrentamiento constante lleva a Jouvenel a afirmar que en el ámbito internacional existe una "carrera hacia el totalitarismo", en la que todos los Estados se encuentran en un constante intento por igualar o superar el capital y los recursos de sus contrincantes, de lo contrario sufren el riesgo de ser devorados por los más fuertes. Cuando se enfrentan, como ha sucedido a lo largo de la historia, sociedades totalitarias con sociedades libres, estas últimas terminan acercándose al modelo de las primeras con el objeto de igualar sus fuerzas. Cuando se rehúsan a hacerlo su desventaja se vuelve evidente y si ésta se mantiene termina por dar la victoria al totalitario[46].

La "Ley de la competencia" no es cosa del pasado, ni se reduce al enfrentamiento militar, en la actualidad se puede observar en las relaciones entre Estados Unidos, China, Rusia y la Unión Europea, donde cada uno de estos, busca constantemente reafirmarse y ampliar su zona de influencia, para lo que se ve forzado a adoptar los medios de sus contrincantes.

Como ejemplo de esto podemos citar el caso de la Unión Europea, especialmente en tres eventos recientes: el primero es su esfuerzo masivo por establecer el denominado "Recovery Fund" de 2020 también conocido como NextGenerationEU que busca no solo apoyar a los países miembros para salir de la crisis provocada por la Covid-19, sino fortalecer la unidad ad intra del organismo y ponerlo al nivel competitivo necesario para enfrentarse a China y a Estados Unidos en el ámbito económico y digital[47]. Este esfuerzo es algo nunca antes visto en la historia de la Unión

---

[45]   *Cfr. Ibidem*, pp. 207-219.
[46]   *Cfr. Ibidem*, p. 50.
[47]   Todos los documentos relativos a este proyecto se pueden consultar en las siguientes páginas de la Unión Europea, las cuales además presentan los elementos más importantes de forma didáctica. EUROPEAN COMISSION, "Recovery Plan for Europe",

y algunos, como Diego López Garrido, lo señalan como un paso más hacia la constitucionalización de la Unión Europea con el objeto de convertirla en algo más cercano a un Estado que a una confederación blanda, con los beneficios para la consolidación de poder que esto implica[48].

El segundo ejemplo, y el más ilustrativo, se puede observar en la *COMUNICACIÓN CONJUNTA AL PARLAMENTO EUROPEO, AL CONSEJO EUROPEO Y AL CONSEJO Relaciones UE-Rusia: Rechazo, contención e implicación* un informe dirigido al "Alto Representante de la Unión para asuntos exteriores y de política de seguridad" de julio de 2021 en el que se presenta la relación actual entre Rusia y la UE, el constante intento de la primera en interferir en la segunda y en su área de influencia, así como las líneas de acción que se recomienda tomar para hacer frente a la amenaza que implica tener este vecino. El documento es un clarísimo ejemplo de como la UE mira con recelo a sus vecinos y lo consciente que es de que la expansión de estos implica un decrecimiento para ella[49].

El tercer y último ejemplo es otro documento igualmente dirigido a la misma autoridad, pero esta vez referente al otro gran actor geopolítico mundial, China. La *COMUNICACIÓN CONJUNTA AL PARLAMENTO EUROPEO, EL CONSEJO EUROPEO Y EL CONSEJO UE-China – Una perspectiva estratégica* de marzo de 2019 presenta brevemente la situación de las relaciones económicas y políticas entre la UE y China, así como las áreas de oportunidad que deben ser explotadas. Aunque el informe resalta los beneficios y aspectos positivos de la relación con China, no olvida que a pesar de la separación territorial, la influencia china en el continente europeo debe de mantenerse controlada, particularmente en lo que respecta a la competencia económica y, lo que resulta más interesante,

---

European Commission, disponible en https://ec.europa.eu/info/strategy/reco-very-plan-europe_en (fecha de acceso: 13 de septiembre de 2021); *Cfr.* EUROPEAN COMISSION, "A European Green Deal", *European Commission*, disponible en https://ec.europa.eu/info/strategy/priorities-2019-2024/european-green-deal_en (fecha de acceso: 13 de septiembre de 2021).

48   *Cfr.* LÓPEZ GARRIDO, D., "La silenciosa constitucionalización de la Unión Europea", *Revista de las Cortes Generales* 109 (2020): 187-208. doi: 10.33426/rcg/2020/109/1529

49   *Cfr.* EUROPEAN COMMISSION *et al.* COMUNICACIÓN CONJUNTA AL PARLAMENTO EUROPEO, AL CONSEJO EUROPEO Y AL CONSEJO Relaciones UE-Rusia: Rechazo, contención e implicaciónJOIN/2021/20 final. European Union. Brussels. 2021. b.

en lo relativo a la "infraestructura crítica y de base tecnológica". El informe en concreto propone dos acciones en esta materia para asegurar la seguridad de la Unión y los estados miembros: una agenda común de seguridad en las redes 5G (para evitar el acceso chino a las mismas) y un control estricto de la participación de inversión extranjera (léase china) en infraestructura crítica[50].

La expansión china y la alarma de Estados Unidos y la Unión Europea al respecto no es sorprendente si se observa a la luz de la "ley de la competencia". Aunque territorialmente ninguno de estos tres sujetos está en vecindad inmediata con el resto, sus áreas de influencia y sus intereses chocan cada vez más. La presencia china en África y América Latina reduce considerablemente la fuerza de Europa y Estados Unidos, esta pérdida de posibilidades de acción se experimenta a su vez como una pérdida de poder[51], y por lo tanto como una amenaza directa a estos Estados, su única posibilidad para evitar ser devorados, o pasar a la irrelevancia[52], es llegando a igualar los recursos de China, algunos de los cuales son fruto directo de su despotismo. De esta manera "la carrera hacia el totalitarismo" continua.

Conclusión

La discusión que reavivó la pandemia de la Covid-19 sobre la naturaleza y la supervivencia del Estado, así como sus grotescas o benéficas manifestaciones de voluntad para controlar la enfermedad no deben de ser consideradas como un mero producto del azar; sino parte de una historia mayor. La historia del hombre mismo, de su poder y del "Poder" que ha generado y del cual, o forma parte o sufre su dominio.

---

[50] *Cfr.* EUROPEAN COMMISSION *et al.* COMUNICACIÓN CONJUNTA AL PARLA-MENTO EUROPEO, EL CONSEJO EUROPEO Y EL CONSEJO UE-China – Una perspectiva estratégicaJOIN/2019/5 final. European Union. Strasbourg. 2019. a.

[51] La impotencia, es decir la falta de poder, siempre se experimenta como una ausencia de posibilidades, en el caso de la política internacional, las posibilidades son de influir en otros países para que estos actúen conforme a mi voluntad. *Cfr.* MARINA, *op. cit.*, p. 14.

[52] Estas son las únicas dos opciones que le quedan a aquellos que se enfrentan a la tendencia centralizadora del poder. *Cfr.* HAN, *op. cit.*, p. 105.

La disputa sobre la naturaleza del Estado no es cosa menor, el mismo Jouvenel identifico y sustentó que los momentos de crecimiento del "Poder" son aquellos en los que se discute su naturaleza, los elementos que lo conforman y que son causa de la obediencia; pues únicamente en estos momentos se vuelve posible el encontrar nuevas legitimidades que justifiquen la ampliación de facultades que el "Poder" anhela[53].

El "Poder" es el gran actor oculto de la dramaturgia política, sus pasiones y tendencias son el motor de la historia, cada acto político es un intento por conquistarlo, detenerlo o acrecentarlo y de esta manera deben ser interpretados los acontecimientos.

Claramente el "Poder" evita las luces del escenario, pues como Byung-Chul Han señala: "El poder incrementa su eficiencia y su estabilidad ocultándose, haciéndose pasar por algo cotidiano u obvio"[54], y es esta cotidianidad la que le permite al "Poder" aumentar de forma impercep-tible sus atribuciones, pues mientras se crea que éste actúa en beneficio de todos, sin una voluntad propia, ninguna facultad parecerá demasiado amplia o peligrosa.

Éste es el peligro que se corre en la actualidad cuando se olvida la existencia del "Poder" y se clama por la protección de Estados, Naciones u organismos supranacionales en contra de enfermedades, ideologías, países o instituciones; pues se le dota de los medios no solo para seguir creciendo sino para hacerlo de forma legítima, haciendo cada vez más difícil el poder limitarlo. Solo cuando uno desenmascara al "Poder", cuando pone en evidencia sus intenciones, termina la farsa y se le limita y fuerza a cumplir verdaderamente con el objetivo para el que original-mente fue creado: la consecución de los proyectos comunes, o lo que es lo mismo, el bien común.

---

[53]   *Cfr.* JOUVENEL, *op. cit.*, p. 72.
[54]   HAN, *op. cit.*, p. 45.

~

EPÍLOGO

José Mauro González-Luna Mendoza[1]
Universidad Panamericana

En el contexto de la celebración del 50 aniversario de la Facultad de Derecho de la Universidad Panamericana, reproduzco estas sentidas y pensadas líneas para personas sensatas y libres que deliberan prudencialmente; que aprecian y viven la herencia espiritual de la que habla Gabriel Marcel, esa que se funda en la gratitud, la simpatía y la bondad; que basan sus juicios en la objetividad de las cosas no en deseos exóticos, hedonismos, ideologías de moda carentes de sustento científico y ontológico, ni en barbaries nihilistas disfrazadas de progresismo. En suma, escribo para personas de buena voluntad.

A diario se renueva la lucha en torno a Dios, según expresión de Jorge Siegmund, especialmente en ciertos casos, como el de considerar un derecho la acción de abortar.

Tema por demás polémico el que se aborda entre dos fundamentalismos: el que exige cárcel para la madre por violentarse el derecho a la vida del no nacido, y el que exige se considere un derecho la decisión de abortar. La posición de Carlo María Martini que su servidor sigue, se ubica en el justo medio aristotélico que se opone a ambos extremos.

---

[1] Maestro en Derecho por la Universidad de Harvard (PII). Jurista de reconocido prestigio y con gran trayectoria profesional en la abogacía mexicana, así comoe en el mundo de la enseñanza y de la filosofía política.

Toda vida humana es sagrada y debe ser protegida y amada, según ordenamiento de la razón y del sentimiento. Toda, desde el momento de la concepción de la persona humana. A la esencia de la persona pertenece solo la capacidad mental de razonar, de autoconciencia, pero no el actual ejercicio de dicha capacidad, como afirma W. Brugger.

Pensar es un elemento manifestativo de la persona, no constitutivo. Toda actividad de conciencia "supone la realidad en acto del ser personal, y no viceversa". El profesor de la Escuela de medicina de Harvard, M. Matthews-Roth ha señalado, entre otros muchos científicos de renombre mundial: "es científicamente correcto decir, que una vida humana individual comienza en la concepción". Y así lo reconoce con claridad, entre otras, la Convención Americana de Derechos Humanos (Pacto de San José), en su artículo 4,1.

La diferencia entre la persona en su etapa adulta, y en la cigótica, es de forma, no de esencia o naturaleza, como lo afirma categóricamente el Colegio Americano de Pediatras de los Estados Unidos. El desarrollo humano constituye un proceso continuo, "un tiempo infragmentable", como apunta Bergson; un proceso que comienza con la fertilización y culmina con la muerte, y para el creyente, con la eternidad. Fragmentar el proceso es mera arbitrariedad para hacer nugatoria la protección del concebido no nacido, persona siempre, desde el comienzo.

El concebido no nacido es una persona cuya vida debe protegerse y amarse. Su derecho fundamental a la vida no es cuestión de ideologías, ni de modas deseosas, ni de concesiones estatales. Es un derecho que pertenece a la naturaleza humana, y es propio de cada persona, a la luz de la filosofía perenne que salva a la humanidad, como dice Chesterton en Ortodoxia, de la locura, del naufragio del pensamiento y la vida. Filosofía de la buena frente a mitologías contemporáneas, charlatanerías seudo culturales, muy populares eso sí estas últimas.

La privación de la vida humana es siempre una catástrofe, obviamente para quien la sufre, pero también para quien la perpetra y para quien vive conscientemente en sociedad. Así, el aborto provocado es un acto que conmociona el orden personal y social, que lamenta todo el orbe del ser. Es en verdad un lamentable, gravísimo crimen contrario a la ley natural, que estremece y espanta.

Un genuino ejercicio de ponderación constitucional –no el remedo del mismo durante la discusión de los ministros de la Suprema Corte el

7 de septiembre de 2021– entre el supuesto derecho a decidir abortar y el peso específico del derecho fundamental del concebido no nacido, arroja como resultado inequívoco: que el detrimento al derecho de este último, es absoluto, devastador para el que quiera ver a la víctima inerme aniquilada. Víctima destrozada por una especie de aspirador que le arranca a pedazos la vida. Y, por ende, el derecho del concebido no nacido debe prevalecer sobre toda otra pretensión de destipificar el crimen, el asesinato.

El supuesto derecho a decidir, a privar de la vida al indefenso, no puede encontrar por sentido común elemental, fundamentación válida alguna, ni en la Constitución ni en los Tratados Internacionales de derechos humanos. Se basa en la imaginación judicial que, a través de malabares conceptuales e ideológicos, cree ver una fundamentación constitucional inexistente.

Y, sin embargo, es el aborto una acción que trasciende todos los ámbitos, porque se enmarca en el misterio de la maternidad, en la relación inconmensurable que se traba entre la madre y el concebido no nacido quien es un ser distinto al de la madre, como la ciencia lo comprueba, cuyo cuerpo no es parte del cuerpo de la madre. Habita en éste cual recinto acogedor, cual primer hogar, dependiendo extrínsecamente del cuerpo bendito de ella para desarrollarse, como todo ser humano nacido que depende del medio para respirar, para nutrirse.

Y dado ese misterio, el aborto es un delito cuya sanción, cuya pena en puridad, es el acto mismo de truncar una vida humana, así como la secuela emocional que deja en la madre. Un acto que marca para siempre, que estruja todo el orden de la creación y el de la madre, consciente o inconscientemente.

En este contexto, Carlo María Martini, cardenal católico, sabio, humanista, papable en su momento, dijo un día, que era necesario distinguir en el campo de un derecho de vanguardia, entre delitos punibles con privación de la libertad, y el delito del aborto, cuya sanción no debiera ser la cárcel para la madre, en virtud del mal menor, de un compadecerse generoso que suple a la justicia en este caso. No significando ello nunca, "una licencia para matar", ni la negación de su carácter de delito como instrumento en que subyace una pedagogía moral, ni la negación del valor objetivo de la verdad de la vida humana del concebido no nacido, "tejido en las honduras de la tierra", según el Salmo.

Razonamiento de avanzada, deliberación prudencial de altos vuelos, pensar equitativo el del insigne cardenal. Además, la idea de Martini;

es una variante ambiciosa de los conceptos de excusa absolutoria y de "estado de necesidad" que eximen a la madre, a nadie más, de cárcel.

No hay un derecho al aborto, al que eufemísticamente llaman interrupción del embarazo; no hay tal derecho a decidir sobre la vida del concebido no nacido. Afirmar que lo hay como lo hace la Suprema Corte, es sostener que hay un derecho constitucional a cometer crímenes por decisión de un tribunal complaciente con ideologías de moda que abrevan en el nihilismo o relativismo de hoy, ayer presentido por el Nietzsche que anunció la muerte de Dios.

Estar en contra o a favor del aborto no es cosa de conservadores o liberales como se cree frívolamente, es una cuestión profunda que mide la grandeza humana: la capacidad de discernir el bien del mal, de deliberar rectamente para vivir una vida honorable y libre; es decir, es cosa de capaces o incapaces, prudentes o insensatos, conscientes o irresponsables, de quienes viven conforme a la razón y de quienes lo hacen conforme al instinto, al deseo caprichoso. Y todo ello, no obstante que somos polvo, pero "polvo que piensa".

Lo que hay conforme al pensamiento de Carlo María Martini, es un entender profundo, compasivo, en virtud del misterio de la maternidad, de la pena que es la acción misma de abortar, de la tolerancia, del lamento intrínseco que clama al cielo. Abortar entiéndase bien, es un crimen evidente, no es un triunfo de la libertad, sino su derrota en un mundo en estado de ignorancia, enajenación e inconciencia, pues solo la verdad nos hace realmente libres. Y los Pilatos de hoy, preguntarán de nuevo, ¿Y qué es la Verdad?

La supuesta muerte de Dios equivale en realidad a la muerte de lo mejor del ser humano: su conciencia. Si Dios no existe, todo se vale ha dicho Dostoievski, incluso permitir sacrificar a la persona del concebido no nacido en aras de la voluntad de poder. ¡Qué contraste con el esmero en la protección de huevos de tortuga, como decía una defensora valiente de la verdad, de la vida!

A la barbarie hoy se le llama acción progresista, conquista, triunfo, como ayer en el nazismo, se llamó "solución final" al aniquilamiento en cámaras de gas de millones de hombres y mujeres no considerados dignos de vivir. Las palabras y su sentido derrumbados al servicio del poder, la moda y la ideología. Olvidan los ministros de la pequeña Corte desde su olimpo, que hay una justicia superior que, pasado el tiempo, impide que la iniquidad quede impune.

El cardenal Martini juzgó en su momento que el papel de la Iglesia católica es formar la conciencia de las personas, ayudarlas a "discernir el bien del mal en cualquier circunstancia". Papel basado en la divinidad y soberanía de quien la encabeza, y en el testimonio de santos y mártires, cuyas vidas son ejemplo para la Iglesia peregrina, harto pecadora, incluyendo laicos y pastores, pero siempre en trance de levantarse del polvo. Palabras prudenciales en tiempos extraviados. Y de la mano del apremiante papel formador de conciencias rectas, la familia, la escuela, las universidades, el derecho en su pureza prístina, en su función directiva.

Por otro lado, el Estado y la sociedad tienen la obligación de acompañar a la mujer encinta, mostrándole la alternativa de dar en adopción al bebé en lugar de abortar, de apoyarla en verdad, moral y materialmente, sin regateos, sin adoctrinamientos, sin imposiciones, sino generosamente.

Finalmente, cabe señalar que el derecho humano a la objeción de conciencia frente al aborto, para efectos de la no prestación de los servicios correspondientes por parte de los profesionales de la salud, encuentra base en el respeto a la dignidad humana, en la libertad de profesar convicciones fundamentales que es reconocida en la Declaración Universal de los Derechos Humanos, y no en simples concesiones graciosas del poder judicial. Negarle el sentido de derecho fundamental, es una insensatez, nacida o de ignorancia culpable o de fanatismo antirreligioso.

Ojalá que en el porvenir, con una conciencia formada, los pueblos aprendan a discernir el bien y el mal, y no opten más por el mal del aborto, sino por el mejor bien, el de la defensa y protección de toda vida humana, sagrada e irrepetible: "Antes de haberte formado en el seno materno, te conocía, y antes de que nacieses te tenía consagrado" (Jeremías, el profeta de las lamentaciones).

Siempre debemos recordar a las víctimas de la historia; a los abortados que ama el Altísimo y que portan en sus almas el laurel del martirio nuevo; a las niñas, mujeres y hombres afganos traicionados por las superpotencias; a los que gritan "Patria y Vida" en la Cuba oprimida; a los fallecidos por la Covid-19 y cáncer, y cuyas muertes eran muchas evitables con medidas públicas adecuadas; a los migrantes pobres, de color, reprimidos ante la indiferencia generalizada de izquierdas y derechas, y a tantos otros de los que habla Max Horkheimer en libro memorable cuando encomia a la víctima por antonomasia: Cristo, ante quien toda rodilla se dobla.

UNIVERSIDAD
Panamericana

50 AÑOS DE HISTORIA DE LA FACULTAD DE DERECHO UNIVERSIDAD PANAMERICANA

Volumen 1

CONTRIBUCIONES INTERDISCIPLINARES DESDE LA HISTORIA DEL DERECHO Y LAS IDEAS POLÍTICAS

Manuel Andreu Gálvez

Coordinador

CENTROS CULTURALES DE MÉXICO, A.C.,
Jérez 10, Insurgentes Mixcoac, Benito Júarez,
Ciudad de México, México, CP. 45010
Tel: 52 (55) 5482 1600